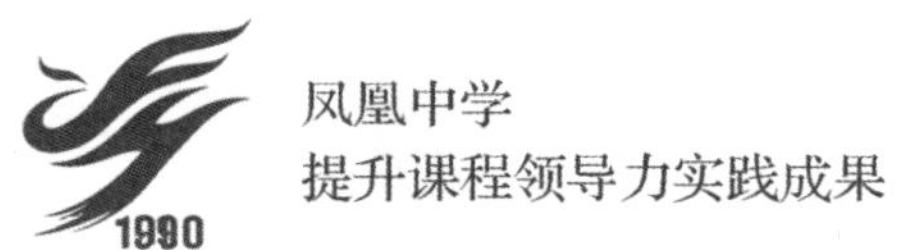

凤凰中学
提升课程领导力实践成果

助行课程

建设与实践

主编
彭泽刚

副主编
孔凡春　高普红

上海科学技术出版社

图书在版编目（CIP）数据

“助行课程”建设与实践 / 彭泽刚主编. -- 上海 : 上海科学技术出版社, 2020.9
ISBN 978-7-5478-5045-9

Ⅰ. ①助… Ⅱ. ①彭… Ⅲ. ①中学一学校管理一研究一云南 Ⅳ. ①G637

中国版本图书馆CIP数据核字(2020)第156194号

“助行课程”建设与实践
主编　彭泽刚

上海世纪出版(集团)有限公司
上 海 科 学 技 术 出 版 社 出版、发行
(上海钦州南路 71 号　邮政编码 200235　www.sstp.cn)
上海展强印刷有限公司印刷
开本 787×1092　1/16　印张 13.5
字数 300 千字
2020 年 9 月第 1 版　2020 年 9 月第 1 次印刷
ISBN 978－7－5478－5045－9/G・1001
定价：48.00 元

编委会名单

前　　言

经合组织(OECD)早在2015年启动了“教育2030：未来的教育与技能”项目，项目中关于“面向2030的学习指南”讨论，旨在明确一种新的学习框架，描述需要用什么样的目标来塑造未来的一代。教育部《关于全面深化课程改革，落实立德树人根本意见》中也指出：中小学课程改革从总体上看，整体规划、协同推进不够，与立德树人的要求还存在一定的差距。主要表现为课程目标有机衔接不够，课程教材的系统性、适应性不强；与课程改革相适应的评价制度不配套，课程资源开发利用不足，支撑课程改革的机制不健全等。因此，深层次的课程改革是落实“五育并举”与立德树人的迫切需要。

进入新世纪，培养优秀学生过程中形成的人才培养观念和教学范式，也成为撬动中国教育改革的一股力量。毫无疑问，要创办有中国特色未来教育，呼唤创办有特色的学校教育，必须对学校现有的教育范式进行改革。于是，“助行课程”建设与实践，立足当代基础教育改革的时代背景，植根于学校固有的历史与文化传统，面向未来，应运而生。

“助行课程”建设的出发点是人，终点指向也是人。满足学生核心素养发展需要，是课程建设与实践的价值追求。“助行教育”是学校课程建设的灵魂，学校将“助行教育”思想贯穿到课程的建设与实践中，以育人目标为指向设计与构建课程，构建充满生机活力的特色课程结构体系，着眼学生发展，进行资源整合和学科拓展延伸，形成了特色的课程理念、课程目标和课程结构，系统构建了“助行课程”体系。

“助行课程”建设与实践是基于国家课程、地方课程、校本课程的架构为基础的。在课程功能结构上包括基础型、拓展型和探究型三类课程。基础型课程(学科课程＋地方课程)、拓展型课程(学科拓展＋综合拓展)、探究型课程(综合实践活动＋研学行)。基础型课程的内容体现国家对公民素质的发展；拓展型课程着眼于满足学生向不同方向与不同层次发展的需要以及适应社会多样化的需求，体现不同的基础需求；探究型课程着眼于学生学会学习，激励学生自主学习、主动探究和实践体验。通过课程的实施，完成课程目标和育人目标。

“助行课程”还强调学生的生活体验。如何增强学生的体验？学校开展了课程资源供给丰富的课堂教学研究,这里所指的课程资源,主要指服务于教师课堂教学的资源。"助行课程"同时关注学生潜能的激发,着眼未来,着眼未来既是我们课程的起点,也是课程的最终指向。

"助行课程"不但注重学生,也关心老师,助力师生共同成长。阿基米德说过:"给我一个支点,我可以撬动地球。"我们以"助行课程"的建设与实践为支点,撬动了学校教育整体变革。"助行教育"强调"助行合一","助行合一"即教学相长。在教的方面,爱生乐教、敬业善教、因材施教;在学的方面,自主学习、合作学习、探究学习。

总之,"助行教育"来源于孔子因材施教的教育思想,是在继承传统教育精髓基础上,吸纳当代国内外先进的教育理念,旨在办适合学生发展规律的教育,促进学生个性发展,着眼于未来教育变革的教育实践及思想方法。我们基于学校历史文化与现实背景进行的"助行课程"建设与实践探索,直抵学校发展新的生长点,促使学校破茧成蝶,涅槃重生,助力师生成长。"助行教育"已经成为乡村学校教育教学改革的成功范例,并正在引领同类型乡村教育探寻未来变革与发展之路。

编著者

2020 年 8 月

目　　录

第一章

发　现

课程建设的现状与问题是课程建设的起点。由于地域、校情等差异性客观存在，统一的课程改革方案需要不同地区、不同学校加以改造，以适应本地区、本学校的课程实际。也就是说，基础教育课程改革的时代背景和学校历史文化背景，要与学生需求的课程建设相匹配。由于课程的建设与实践没有固定的方法和操作步骤，更没有现成的最好模式。因此，需要我们在实践中加以探索，需要我们去发现。

第一节　课程建设的时代背景与学校的历史文化

一、课程建设的时代背景

当今世界正处在大发展大变革大调整时期。世界多极化、经济全球化深入发展，科技进步日新月异，人才竞争日趋激烈。我国正处在改革发展的关键阶段，经济发展方式的加快转变，对国民素质的提高、创新人才的培养需求显得尤为突出，也提出了更高的要求。受日益频繁的各种思想文化交融的影响，在学生成长环境发生深刻变化的同时，青少年学生思想意识更加自主，价值追求更加多样，个性特点更加鲜明。基于此，教育改革发展的核心就是要解决好培养什么人、怎样培养人的重大问题，重点是面向全体学生，促进学生全面发展，着力提高学生服务国家、服务人民的社会责任感，勇于探索的创新精神和善于解决问题的实践能力。

《关于全面深化课程改革，落实立德树人根本任务的意见》(教基〔2014〕4 号)，全面深化课程改革，落实立德树人根本任务，要坚持系统设计，整体规划育人各个环节的改革，整合利用各种资源，统筹协调各方力量，实现全科育人、全程育人、全员育人；要坚持重点突破，聚焦课程改革的关键领域和主要环节，针对制约课程改革的体制机制障碍，集中攻关，重点推进；要坚持继承创新，注重课程改革的连续性和可持续性，适应新时期教育发展的新要求，要求学校积极开拓，大胆试验。

《关于深化教育教学改革全面提高义务教育质量的意见》(国办发〔2019〕20 号)要求：

学校要坚决贯彻落实立德树人根本任务，落实“五育并举”的文件精神内涵，全面深化学校的课程教学改革，建设丰富多样的学校课程体系，促进学生全面健康发展，扎实提高义务教育阶段的教育教学质量；学校和教师需要树立科学的教育质量观，转变教育教学方式方法，不断深化课堂教学改革，构建德智体美劳全面发展的教育体系，不断在实践层面完善立德树人的学校实践运作机制；学校应该坚持全面发展，为学生终身发展而奠基的教育思想，坚持面向全体学生、面向每一个学生，办学生喜欢的学校，办社会满意的学校，让每个学生得到终身发展。

《基础教育课程改革纲要（试行）》中强调：改变课程实施过于强调接受学习、死记硬背的机械训练的现状，倡导学生主动参与、乐于探究、勤于动手，培养学生搜集和处理信息的能力，获取新知识的能力、分析和解决问题的能力以及交流与合作的能力。

《关于深化教育改革全面推进素质教育的决定》和《关于全面加强和改进学校美育工作的意见》（〔2015〕71 号）明确指出：美育不仅能陶冶情操、提高素养，而且有助于开发智力，对于促进学生全面发展具有不可替代的作用。要尽快改变学校美育工作薄弱的状况，将美育融入学校教育全过程。中小学要加强音乐、美术课堂教学，高等学校应要求学生选修一定学时的包括艺术在内的人文学科课程。开展丰富多彩的课外文化艺术活动，增强学生的美感体验，培养学生欣赏美和创造美的能力。地方各级人民政府和各有关部门要为学校美育工作创造条件，继续完善文化经济政策，各类文化场所（博物馆、科技馆、文化馆、纪念馆等）要向学生免费或优惠开放，鼓励文化艺术团体到学校演出高雅健康的节目。农村中小学也要充分利用当地文化资源，因地制宜地开展美育活动。

《关于国务院在颁布的〈“十三五”国家科技创新规划〉》中要求：以增强科学兴趣、创新意识和学习实践能力为主，完善基础教育阶段的科学教育，鼓励青少年广泛参加科技活动，加强青少年时期的科技创新教育，提升青少年科学素质。

经合组织（OECD）也于 2015 年启动了“教育 2030：未来的教育与技能”项目，项目中明确的学习框架包括知识、技能、态度和价值观；个人和社会的福祉；变革性能力，通过反思、预期和行动的过程，调动知识、技能、态度和价值观，以便发展与世界接触所需的相互关联的能力。

OECD 在 PIAS2015 科学框架指出，测试指向学生对科学的兴趣、对科学探究方法的价值认识以及自我环境意识，能够运用内容性、程序性和认知性知识，解决生活中的科学问题，从而展现科学地解释现象、评价和设计科学探究、科学地解释数据和证据等科学素养能力等。

二、学校历史与文化

昭阳区凤凰中学，位于昭通城南郊秀丽的凤凰山北麓，采山之灵秀；西邻厚重的望海楼文化水体公园，汲水之精华；登高望远，凤岭飞霞，雨公云鬟。凤凰中学于 1990 年 3 月成立，2011 年 1 月整体搬迁到新校区，学校占地 72 亩。凤凰中学的发展经历了起步阶段、发展阶段、涅槃重生三个阶段。

（一）峥嵘岁月，风雨兼程

1. 凤凰中学的成立

“昨夜西风凋碧树，独上高楼，望尽天涯路。”凤凰中学创建于 1990 年，其前身是 1983 年建立的原县级昭通市农业中学。当时为解决改革开放初期经济发展急需人才及农村基层人才匮乏的矛盾，国家要求每县要有一所农业中学，每创办一所农业中学，省级财政给予 2 万元的补助。昭通市农业中学正是在这样的背景下，利用省级财政补贴、将双院子小学改造建成的。当时校舍极为简陋，1984 年开始第一届招生，先后开设了畜牧兽医、烟草、果树栽培、裁剪缝纫等专业。到 1990 年，由于昭通市农业中学规模过小，已经不适应社会经济发展需要，同时，人民群众对初中教育的需求十分迫切，根据政府规划，每一个乡镇都要有一所中学。为此，将农业中学迁址到旧圃镇沙坝村，成为县级昭通市职业中学。凤凰校区则更名为昭通市凤凰中学。从此，开启了凤凰中学成长发展的征程。

2. 凤凰中学的初期发展概况

1990 年 3 月，凤凰中学成立后，昭通市教育局抽调沙坝职业中学的秦明邦、王树成、许大鹏、马贤忠、马仲平、雷明友、刘玉德到凤凰中学，与留校的游顺祥、孟文波、冯蜀燕、孙永芬、张大鹏、张林、王彪等负责学校筹建的各项工作。

凤凰中学首任校长王国泰，副校长秦明邦，教导主任王树成，会计马贤忠。1990 年 9 月，凤凰中学正式招生，首届招收学生 200 名，编为 4 个教学班，全校教职工 20 人。新的凤凰中学扬帆起航，光荣担起凤凰人民赋予的崇高使命。

1990 年凤凰中学举办的第一届学生体育运动会

“路漫漫其修远兮，吾将上下而求索。”从 1990 年到 2000 年的 10 年发展岁月中，每届招生规模在 2～4 个班之间，教职工人数大约 40 人左右，在校生人数一直保持在 300～400 人。1997 年 8 月，第四任校长霍金华上任后，为改变学校没有规范的管理制度、没有考评制度、管理传统粗放型的局面，确立了“制度管理、规范管理”的治校思路。带领学校管理团队，由副校长孔凡春具体负责，先后拟定出《凤凰中学教学常规细则》《凤凰中学职称评审方案》《凤凰中学中考升学奖励办法》等管理规章制度，从 1998 年开始实施。从此，学校管理逐步走上规范化、制度化的道路，为学校的可持续发展奠定了坚实的制度基础。

由于凤凰中学是一所城郊接合部的农村初级中学，学校区位优势不突出，硬件设施较差，只能招收在昭通地区、县级昭通市各级优质学校择优录取后的学生，学校的生源一直非常薄弱，虽然教职工辛勤努力，辛勤付出，但学校中考成绩难有突破，发展缓慢，逐步被边缘化，成为一所农村的薄弱学校。面临窘境，凤凰人凭借一种锲而不舍的拼搏精神，依然在艰苦的环境中砥砺前行。

薪火传衍，风雨兼程。2000 年 8 月，谢舟昀校长上任后，立即着手对学校管理进行改革。在一定程度上提升了学校的升学率，提高了学校的社会声誉，学校在艰难困境中永不言败，从不气馁，依然风雨兼程。

“长风破浪会有时，直挂云帆济沧海。”学校的发展需要不断的变革，需要有魄力的改革。在抓内部管理改革方面，开始实行聘任制（学校校长聘任班主任、班主任聘任科任教师）、实施提取津贴进行再分配、规范并严格执行职称评审制度、制定各级优秀教师评定办法及年度履职考评推优方案、完善中考升学奖励办法、制定后勤人员学期工作绩效考评办法等一系列制度。在 2000 年至 2005 年期间，学校管理制度不断完善，规范化管理也得到稳步的发展。

（二）凤凰涅槃、浴火重生

1. 迁址新建成为学校发展新的起点

“沉舟侧畔，千帆竞驰。”2006 年 2 月彭泽刚校长上任后，学校驶入发展的快车道。到 2006 年 9 月，班级规模已经发展到 16 个班，学生人数增加到 900 余人，教职工从 40 多人增加到 50 人。在执行原有各项制度的基础上，推进质量持续提升，学生人数不断增加，到 2008 年，在校生人数已经发展到 1 100 人。

但此时学校占地面积仅约 8.5 亩，校园极为狭小，且无法扩建。学生活动场地严重不足，学校教室、体育场地、实验室等基础设施已经远远不能满足教育教学的需要，没有教师办公室、语音室、美术室等功能室，教育教学受到严重的制约，学校迁址新建显得非常迫切。在校长彭泽刚的努力和各级领导的关心下，学校迁址新建项目规划得以立项。2008 年年底完成项目前期各项准备工作，2009 年新校区开工建设，2011 年 1 月 22 日，学校整体迁入新校区。迁址新建是学校发展中具有里程碑意义的事件。

新校区是一次性设计、一次性投资、一次性建成的。学校建筑风格独特，造型别致，现代中透出几分古朴与典雅，洋溢着浓厚人文气息。校园内建有标准的教学楼群、学生宿舍、餐厅、运动场，配有先进的安防系统，建有标准的理、化、生实验室，音、体、美等功能室齐备。学校占地 72 亩，可容纳 2 400 名学生就读。

随着城镇化的推进，凤凰中学独特的区位优势日益凸显，迁址新建为学校获得了重大的发展机遇。校长彭泽刚将这一机遇概括为“三个新”，即新起点，新希望，新征程。

2. 教学改革为学校发展注入新的动力

阿基米德说过：“给我一个支点，我可以撬动地球。”正如山东齐鲁师院的徐洁教授

凤凰中学新校区全景

说:“凤凰中学的课堂教学改革,直抵学校发展新的生长点,吹响人格与智慧的协奏曲,实现了生命律动与价值超越。”凤凰中学正是通过课堂教学改革这个支点,撬动了学校的崛起。

2010 年是学校发展的关键之年,一场轰轰烈烈的课堂教学改革如火如荼地开展起来。一方面,学校迁址新建工程正在建设中;另一方面,学校借助云南省现代教育示范学校项目的契机,积极探索课堂教学改革。学校课改开始于 2010 年秋季学期,以“自主、合作、探究”学习模式为课改理念,以根本扭转教师传统“满堂灌”教学方式为突破口,以学校主要管理者(校长、支部书记、教学副校长)组成课堂教学评价组扎实跟进课堂教学为保障,同时,制定并不断完善凤凰中学“助行”课堂教学评价体系,制定《凤凰中学“助行课堂”教学评价表》,严格按照评价表开展课堂教学评价,将教师课堂教学评价纳入绩效考核。

“衣带渐宽终不悔,为伊消得人憔悴。”改革需要勇气,改革更需要定力。当改革的第一声春雷在凤凰山脚响起,惊醒了许多安于现状的教师,有的愤怒扰了清梦,有的埋怨没事找事儿,有的等着看笑话。德国著名哲学家叔本华告诉我们:“战胜困难就是充分体验生存的快乐。”教育改革不仅是战胜困难,又往往与道德并行。学校管理者面对困难的大无畏与坚定如一,无法不让我们想到诸如“教育情怀”“无私奉献”“责任担当”“历史使命”之类的词语。课改的关键因素之一是课程领导的水平与观念。这是一场意志与意志的较量,需要校长具有承担改革风险的勇气,需要校长有长期奋斗的毅力,需要校长有忍辱负重的精神。作为一把手的彭泽刚校长,他始终以极强的责任感和满腔热情成为最美的领头凤凰,率先扎进教育改革的熊熊烈火中,勇于探索,以身作则,与副校长孔凡春一道,带领学校领导班子冲在最前线,成为教师追随的一面鲜红的旗帜,指引大家前行。

他山之石，可以攻玉。为推进课堂教学改革，促使课改成果早日显现，尽快促进教师拥有先进的教育理念及课改操作方法，加强教师培训，培养专业教师团队显得十分重要。学校将教师团队建设作为学校可持续发展战略，每学期坚持分批次派出教师到教育发达的山东、上海、武汉等地名校进行访学培训，这一做法一直坚持至今。邀请全国知名教育专家、本地教育名家、学校各部门管理者对教师开展培训。“走出去”与“请进来”的教师培训夯实了课改的基础，通过课改实施，又开阔了教师的眼界，课堂教学改革与教师培训两者相得益彰，教师职业素养得到了快速的提升。凤凰中学不断地发展，成就了一大批的名师、名班主任、市级骨干教师、省部级优课名师。

全国著名教育专家冯恩洪教授曾 11 次亲临凤凰中学，指导课改。山东齐鲁师范院校徐洁教授也多次莅临我校，为课改排忧解难。上海校本课程专家韩立芬教授，更是数次莅临我校指导校本课程的开发和编写。著名教育家魏书生为我校题词“乐在学中，为而不争”，香港真道书院邱日谦教授为我校题词“以生命燃点生命”。在这些专家学者和各级领导的支持帮助下，凤凰中学的课改硕果满枝，成为昭阳区、昭通市课改的标杆学校。

“一分汗水，一分收获；种豆得豆，种瓜得瓜”，皇天不负苦心人，凤凰中学的课改再次印证了“天道酬勤”这一亘古不变的真理。2010 年在校生规模为 1 200 人，到了 2019 年，我校学生已达 2 574 人；教师人数从 2010 年的 72 人增加到 2019 年的 191 人；普通高中的上线率从 2010 年的不到 20%达到 2019 年的 66%，升入本市一级完中的学生人数逐年上升；教师从手写教案到使用电子文档开展教学设计，再到现在全员编制使用导学案，实现了网络教学资源共享，教师从繁重的备课工作中解放出来，质量分析更加快捷、科学、精准。

“千淘万漉虽辛苦，吹尽狂沙始到金。”前所未有的改革，全体教职员工辛勤耕耘，换来了学校空前的发展，制度也更加完善，各项工作都有章可循。学校各功能室的建设管理趋于完善，档案管理规范化、正向电子化方向发展。自 2006 年以来，学校开展的重要活动都以年度书刊的形式固化下来，如每年汇编《凤凰中学教育简讯》；《昭阳教育》专门为我校刊发了一期《昭阳教育特刊：凤凰中学教师论文选编》；出版画册《崛起的凤凰中学》、师生美术作品专集《凤凰墨韵》《凤凰美韵》，以及《凤凰中学教师高效课堂论文集》《凤凰中学现代教育示范学校高效课堂创建工作成果选编》；刊印校报《凤凰摇篮》24 期；完成了国家级课题《三分教育管理模型探索与实践研究》等课题研究。办学成果与文化积淀渐显丰硕。

3. 破茧成蝶，涅槃重生

“若非一番寒彻骨，怎得梅花扑鼻香。”凤凰中学在磨砺中书写了辉煌。2010 年 3 月，学校列为省教育厅确定的“云南省现代教育示范学校项目学校”；2011 年 9 月，被昭通市教育局确定为“昭通市高效课堂创建活动市级试点学校”；2014 年 11 月，被云南省教育厅授予首批“我们身边的好学校”（全省 40 所）；2015 年 3 月，被云南省教育厅授予“云南省德育示范学校”；2015 年 9 月，中共昭阳区委、昭阳区人民政府评定为“昭阳区首届名校”，2016 年 3 月，被云南省人民政府教育督导委员会评定为“云南省现代教育示范学校”。校长彭泽刚被评为昭通市“首届名校长”，先后被评为云南省教育厅组织遴选的

“未来教育家”培养对象、中国教育学会在全国组织遴选的首批30位“乡村教育家”培养对象。目前,彭泽刚校长为昭通市“名校长工作室”主持人、“云南省名校长工作坊”坊主、教育部首批中小学校长“国培计划”培训专家。“一花独放不是春,万紫千红春满园。”凤凰中学的发展成果辐射到周边的学校,辐射到昭通各县区,辐射云南文山、红河等州市。我们希望能与各方同仁携手并进,共创教育美好未来。截至2019年底,我们总共接待了一万余名国家、省、市县区的专家和教育同仁来校指导、观摩和交流,星星之火成为燎原之势。

在改革中,我们虽然遇到了前所未有的阻力,饱受煎熬,但我们一直坚守,终于涅槃重生,苦尽甘来。

(三)凤凰和鸣,润泽无声

1.“凤凰和鸣”的文化理念

学校与学校之间的真正差距,并不是物质条件的差距,而是学校文化之间的差距。当一批批学生从学校走出去的时候,带着的不仅仅是个人的智慧和学识,同时也带着学校特有的文化烙印。所以,文化才是一所学校生生不息的源泉。

校名“凤凰中学”四个字由全国著名书法家、昭通著名文化学者陈孝宁老先生亲笔题写,笔力苍劲,雄浑有力。学校正大门前三个平台,93级台阶。这里的“3”和“9”都是有着深刻寓意的。“9”即九年义务教育,“3”为三年制初中;93级台阶,分为三个平台,寓意起步阶段、发展阶段、涅槃重生阶段。每个平台有31级台阶。《道德经》中有云:“道生一,一生二,二生三,三生万物。”寓意我们在面向未来的可持续发展之路上,探寻教育发展之“道”。

我们还着力打造人性化、园林式的育人环境,校内建设了美轮美奂的彩色喷泉,喷泉吐珠溅玉,如春笋潇潇,水帘流霞飞彩。校园内和校门外的独具特色的亮化工程,在璀璨夺目的霓虹灯的映衬下,为学校增添了无穷的魅力。学校教学楼外形就是一只涅槃重生、展翅翱翔的凤凰。“凤凰”元素已经深深地融入我校学校文化中,时刻浸润着师生心灵。

我们秉持“凤凰和鸣”文化理念,植根于学校发展的历史,基于学校发展的现实,着眼学校发展的未来,我校也在探索中凝练形成了凤凰中学的自己的文化体系,即我校的精神文化“一训三风”。

校训:正行思学。所谓正行,即身正令行;思学,即学而不思则罔,思而不学则殆。蕴含了正行、行正、思学、学思。正行思学,学思行正,作为独具特色的回文校训,寓意教育从起点指向育人的终点,又从终点回归教育本源,契合教育发展与育人之规律,扎根于中国传统文化,又立足当代,可谓独树一帜。在于培养一种身心全面发展的理想的人格,追求人性臻于完善的教育理想。彰显自我超越、勤于耕耘、敢于奉献、勇于担当、志存高远、追求卓越的文化特质。

校风：厚德立人，博学立教，特色立校。所谓厚德立人，意在强调落实“厚德为先，育人为本”的育人理念，以德育人、以德化人，期望全校师生以高尚的道德立身。博学立教的“博学”即广泛学习，学识渊博之意，全面贯彻教育方针，全面提高教育质量，全面深化教育改革是博学立教的核心内涵。特色立校是指凤凰中学历经的发展变化，形成了自己特有的办学风格。

教风：爱生乐教，敬业善教。爱生是前提，乐教是动力，爱生乐教是教风的灵魂；敬业是基础，善教是保证，敬业善教是教风的核心。

学风：主动勤学，合作探究。主动勤学是一个人成才的重要前提条件，是成功的基石。合作探究是凤凰中学课改的核心理念。小组是能力的平台，合作交流是生成的关键，分组学习是情商提升的重要途径和保证。二者结合也形成了我校特色的课堂文化。

凤凰中学的校训、校风、教风、学风与办学理念等共同构成了学校教育核心价值体系。我们还系统设计了校徽、校旗、校歌、校服等学校文化的主要标识系统，处处蕴含“凤凰文化”“凤凰”元素。比如，校园书吧名为“凤鸣书苑”，凤鸣声声，书声琅琅；校歌取名《凤凰摇篮》，寓意莘莘学子在校园里快乐学习，就像摇篮一样，让一只只“凤凰”幸福成长，怀揣远大的理想和志向，奋发向上，展翅高飞，飞向未来。

校园文化建设已经从以前的快餐式展板宣传文化，向整体设计、主题突出、分步实施的系统化的文化规划与建设方向发展，凤凰中学的文化建设，必将迈上一个崭新的高度。

2. 展望未来、砥砺前行

“众里寻他千百度，蓦然回首，那人却在灯火阑珊处。”凤凰中学一路走来，在风雨中跋涉，在困境中奋起，在涅槃中重生。正如全国著名作家周远清在《腾飞，凤凰》中写道：“金沙江浇灌着磅礴乌蒙，历史悠久的昭通，文化古老，钟灵毓秀，神奇富饶。在凤凰中学优美的校园里，每一朵鲜花都绽开了希望，每一片绿叶都摇曳出生机，每一扇门窗都打开了历史的追忆。回眸历史，仅是弹指一挥间，在学校的成长中，却是峥嵘岁月。风雨兼程，薪火传衍，桃李满园！”

一所多元特色办学的学校正在崛起。在凤凰山脚下，我们播下了科学和文明的种子；在乌蒙高原，我们正孵化着未来的希望。展望未来，我们将不忘初心，砥砺前行，为凤凰人民交上一份满意的答卷！

第二节　课程资源与分布

一、地域文化资源分布

地域文化资源是学校课程建设的重要源泉之一。这里所说的地域文化资源主要指自然、人文和社会习俗等方面的资源。

昭通地域宽广，东西宽 241 千米，南北长 234 千米，自然资源占有量综合指数居全省第一。境内乌蒙磅礴、金沙浪拍、山清水秀，自然旅游资源呈现出多姿多彩的特点，既有地势平坦、面积达 767 平方千米的昭鲁坝子，又有高耸入云、海拔 4 040 米的巧家药山。主要自然景区(点)有：黄莲河景区、西部大峡谷温泉、大山包黑颈鹤国家级自然保护区、药山国家级自然保护区、天星国家级森林公园、铜锣坝国家级森林公园、渔洞高原水库景区、豆沙关、三江口、小草坝等。这些景观各有差异，风光各有特色。

此外，昭通是中国野生天麻品质最佳区，中国南方最大的苹果种植基地，动植物资源丰富，有不少珍禽异兽，宝树奇花，如小熊猫、黑虎、珙桐、绥江含笑树、人面竹等，具有很高的观赏价值。

昭通还有丰富的历史积淀，清官亭、省耕塘、观斗山石雕群、文阁庙、托孤清真寺、朱提遗迹等，独具风韵的人文景观和多姿多彩的壮美山川交相辉映。深厚的历史文化底蕴，造就了一大批个性鲜明、气质独特的人文旅游资源，拥有国家级重点文物保护单位 1 个，省级 9 个，主要分以下几类：

第一，历史文化遗迹系列：过山洞古智人遗址、野石村新石器大型遗址、乐马厂古银矿遗址、汉孟孝琚碑、晋霍承嗣壁画墓、象鼻岭崖墓群、汉晋画像砖石、朱提堂狼铜器、唐袁滋摩崖石刻、宋乌蒙王阿杓墓、威信观斗山明代石雕群、清官亭等。

第二，民俗文化系列：就昭通而言，杜宇传说、珍珠坝传说、劳动号子、“三川半”文化、南高原风情、金沙江奇石文化、九香虫文化等千姿百态的风土人情。

第三，风云人物系列：昭通地灵人杰，古往今来在各个领域产生了不少知名人物，他们的生平可供人们缅怀评点，他们的活动旧址及遗迹可供人们瞻仰参观。如军政人物龙云、卢汉，革命先烈罗炳辉、刘平楷，英雄模范人物孔凡松、徐洪刚，敦煌学专家、国学大师姜亮夫，中国第一个女乒单打世界冠军邱钟惠等等。

第四，英雄与红色革命系列：石达开过境遗迹、李蓝起义遗迹、关河同志军反清起义遗迹、望海楼会议旧址、扎西会议旧址等。

所有这些都为我们的学校课程建设提供了丰富的素材。

二、人力资源与分布

凤凰中学除有丰厚的地域课程资源之外，还具备较好的人力课程资源。人力资源主要包括社区名流、政府领导、志愿者、专家学者、专业人士等资源，也包括教师资源、家长资源、社区资源等。

教师资源是校本课程中最主要的人力资源，我校有 191 名教师，大多具备本科及以上学历，具备足够的教学研究能力。

家长资源也是一种不可忽视的人力资源，通过鼓励家校合作，使家长更加理解校本课程的开展。家长资源带来的便利条件，可以扩展校本课程的内容和空间。家长资源有人文资源和人员资源两种。人文资源是人民认可、喜爱的文化性内容。人员资源是运用各种资源的动力、媒介和人际关系。凤凰中学有 2 400 多名学生，家长资源比较丰富，如果能够有效利用，将能有力推动我校校本课程的长足发展。

不同的人力资源都有其不可替代的作用，只要我们能合理利用，一定能促进凤凰中学的长足发展。

第三节　课程研究实践与探索

课程是指学校学生应学习的学科总和及其进程与安排。课程是对教学目标、教学内容、教学活动方式的规划和设计，是教学计划、教学大纲等诸多方面实施过程的总和。广义的课程是指学校为实现培养目标而选择的教育内容及其进程的总和，它包括学校老师所教授的各门学科和有目的、有计划的教育活动。狭义的课程是指某一门学科。

从课程的性质来看，课程可以分为学科课程、活动课程、综合课程、核心课程、潜在课程。从课程开发的主体来看，可以将课程分为国家课程、地方课程与校本课程。从课程的功能来看，课程可分为基础型课程、拓展型课程和探究型课程。凤凰中学在课程研究实践与探索方面主要着手三方面的工作。

一、课程体系的构建

《关于深化教育教学改革全面提高义务教育质量的意见》(国办发〔2019〕20 号)要求学校要坚决贯彻落实立德树人根本任务，落实“五育并举”的文件精神内涵，全面深化学校的课程教学改革，建设丰富多样的学校课程体系，促进学生全面健康发展，扎实提高义务教育阶段的教育教学质量；学校和教师需要树立科学的教育质量观，转变教育教学方式方法，不断深化课堂教学改革，构建德智体美劳全面培养的教育体系。

在这一《意见》的指导下，我校的“助行课程”体系依据国家课程方案，在课程内容设置上分为立德助行课程群、启智助行课程群、健体助行课程群、美韵助行课程群、科创助行课程群这五大课程群。

“助行课程”，是国家课程和地方课程的校本化实施的体现，是学校办学思想、育人目标的体现。学校将国家课程、地方课程、校本课程三类课程进行整合与优化，按照课程功能分为基础型课程、拓展型课程和探究型课程的课程架构体系。在国家课程校本化实施方面，我们以基础型课程为基础，对课程进行拓展，比如，设置阅读与欣赏、思维导图、演讲与口才、经典诵读、英文原声欣赏等课程科目，提供给学生选择适合自己发展的课程科目进行学习。在地方课程校本课程实施方面，我们着眼于提升学生综合素质、提供学生学科课程之外不同的课程学习经历，促进学生个性特长的发展。着重从培养学生的通识素养、专业志趣和个性特长三个维度，丰富学生的课程选择和学习经历。

二、国家课程的校本化实施

为了实施国家课程的校本化，2016 年凤凰中学各学科组撰写了“学科实施方案”，阐述了各学科的单元学习目标及学科存在问题，制定了学科课程发展规划，有力推进了凤凰中学的课程建设。2018 年成立了美术组的工作室，组建了水墨丹青、彩绘之友、刀下生花、黑白格调、创梦衍纸等 5 个工作室。2019 年秋季学期，美术学科又增加五彩悦绘工作室，美术学科拓展为六门课程，全校 2 400 多名学生实行走班教学。此外，体育与健康课程，完成国家课程方案规定的教学目标，通过对学科课程的校本化实施，到 2019 年开设了魅力足球、田径、邹家拳等拓展型课程。

在校本课程建设方面，2013 年春季学期，凤凰中学成立了教科室，负责学校课程的建设与开发，当时语文、数学、英语、物理、生化、政治、史地、艺术、体育共 9 个学科组开始启动分类指导教学。我校是以兴趣特长为基础对学生进行分类的，每个学科组根据学科特点，开设了一个兴趣小组，全组老师共同来完成此项任务，各学科组组建起了兴趣小组，教科室排出课表，各组老师初步摸索上兴趣课的方法，学校开始了分类指导的实践。由于当时分类指导教学刚刚启动，没有经验，加之教师观念的滞后，学校具体操作措施也缺乏指导性，所以成效不大。一个学期以后，我们也积累了一些经验，重新制定了关于开展兴趣小组的系列方案。

到了 2013 年的秋季学期，兴趣小组发展成为特长班。借鉴了一些先进学校的做法，逐步调整思路，我们的具体做法是，由全校老师做出自己的课程方案，教科室根据学校实际和课程的可操作性。在老师申报的课程中审核确定了 22 门课程，即剪纸艺术、拼贴、舞蹈、播音与主持、走进张爱玲“荒凉”的文学世界等，制作出课程展板，组织全校学生进行选课。依据选课结果，教科室排出课表，老师们按表上课。教科室对特长课进行了跟踪调查，并撰写分析报告，总结了开课经验，找出了不足和需要完善的方面。

在 2014 年春季学期，增加了课程分类，剔除了部分不适合开设的课程，保留 20 门课程，同时要求值班行政对课程教学情况进行检查，以督促老师们能认真完成教学内容。

到了 2014 年秋季学期，我校特长课程增加到了 27 门，舞蹈基本功与民族民间舞、钢琴入门、基础素描、手工扎染等；还成立了“凤凰摇篮”文学社、“一米阳光”爱心社、“校园是我家”环保社。特长班的开课都是安排在课余时间进行的，主要是在中午和下午第四节。

经过四个学期的努力，我们的特长课程初步形成了一定的规模，很多课程也有了一定的成果，但也存在资源、经费、时间、地点、学生、开课内容等方面的一些问题，我们又做了一次特长课开课调查的分析报告，总结经验，找出问题，思考解决办法。

2015 年春季学期，我们在上海方略教育机构的支持下，得到校本课程专家韩立芬教授的远程视频指导，教科室拟出 70 门备选课程，即机器人、电子制作与家电维修、生活中的物理、初中英语语法与应用、英语口语训练、疯狂英语等，70 门课分为三个系列，分别是健康身心、艺术人生、实践生活，根据师生选课结果，最终开设了 48 门特长课。针对九年级同学，还专门开设了中考专题、培优补差、病句的辨析与修改等专题课程。我们努力追求实现"人人有特长"这一目标，对开设课程进行了分类，形成科学素养类、人文素养类、体育健康类、思维训练类、语言类、艺术类、综合实践类、社团类等八大系列。做出了特色课程的导示图、课程总表、特色课程分类一览表。

教科室初步制定出凤凰中学校本课程编辑方案，校本课程撰写要求，包括课程背景与分析；课程理念(办学理念、课程理念)、课程目标(学生发展目标：因材施教、博学乐思、明辨正行)、教师发展目标、学校发展目标；课程结构(整体性)、课程内容关系(逻辑性)、课程结构特点(适切性)；课程设置(微型课程、短课程、长课程)、实施要求(实施前、实施中、实施后)、资源配置(人力资源、学习资源、场地资源)。教科室提供撰写范本，安排开课教师对课程内容进行收集、整理、完善。初步尝试的校本课程走班制，发展为凤凰中学"助行广场"特色课程，一些学科校本课程初具雏形。

2015 年秋季学期，我们做了师生开课意向调查表，增开了活动类课程，特别是丝网花、羽毛球、篮球、乒乓球、跳绳、叶脉书签制作等，共开设 40 门特长课。虽然课程数量上有所减少，但质量却进一步提升，特别是足球课程，机器人课程等持续推进，并初见成效。还发展出凤凰韵律、国学名粹、数学乐园、助你学英语、激情赛场等学科课程。部分课程的教师已开始整理成果，形成校本课程，如叶脉书签制作，部分特长班师生的作品进行了校内及校外的展览，更进一步激发了师生的热情。

2016 年至 2019 年，我们用三年的时间，对所开课程进行打磨，课程朝精品化方向发展。在校本课程专家韩立芬教授的指导下，我们的校本课程从实践到理论不断深入进行研究。目前成熟的课程有乌蒙骄子、彩绘之友、刀下生花、水墨丹青、翰墨雅韵、黑白格调、叶脉书签制作、篮球训练营、丝网花的制作等。

在校本课程实施过程中，教科室也制定了一系列的课程量化评价标准。评价是校本课程开发过程中的一系列价值判断活动，是提高校本课程开发与实施质量的保证。课程评价的目的不仅是为了考查学生学习目标的达成度，更是为了检验和改进学生校本课程学习和教师的教学，改善教学设计，完善教学过程，从而促进学生的发展和课程建设的发展。对学生的评价突出综合性和整体性，从知识与能力、过程与方法、情感态度与价值观等方面评定，以全面考查学生在该课程实施过程中的综合素养。要评价学生出勤、学生参加活动情况、学生学习情况、学生学业成绩等。

为了能让分类指导有效进行，教科室制订了"凤凰中学分类指导实施方案"，成立了领导组，制定奖励机制和管理机制，成立后勤保障小组，对学校行政、教务处、教科室具体做了明确分工。为校本课程的实施提供有力保障。教科室提出校本课程撰写要求，提供撰写范本，安排教师撰写校本课程制定编写进度计划。学期末，开课教师写出书面的特长课开课总结，总结经验、指出不足、提出建设性意见。

经过全体师生的共同努力，我们的校本课程成效显著。教师们从反对到接受，再到积极支持，思想发生了一系列的转变，对特长课进行了深入的思考，并结合自身特点，进行了有效的探索，教师个人得到了发展，部分教师的课程成果显著。陈静老师的拼贴、何长洪老师的扎染、白丽珍老师的民族民间舞、王淼老师的剪纸艺术和脸谱制作、张静老师的钢琴、李寿敏老师的基础素描、李丽媛老师的国画，作品较多，且成果显著，部分还在各级赛事中获奖。

学生们在参加特长班的过程中，培养了自己的兴趣爱好，甚至转化为一种学习的动力，部分参加特长班的同学，在省内各级比赛中，取得了优异的成绩。136 班陶莎同学在各级赛事中多次获奖，在 2013 年获云南省第四届学校体育舞蹈锦标赛、体育舞蹈两个项目的第二名和第三名；获云南省第十三届中学生运动会“优秀运动员”荣誉称号；在 2014 年，获云南省第五届学校体育舞蹈锦标赛，总决赛第一名、昆明赛区校园恰恰舞第二名、个人单项第六名；在 2015 年，陶莎同学又代表凤凰中学参赛，在普通中学组共获 8 个奖项，后获云南省第六届学校体育锦标赛总决赛校园恰恰舞第一名；吴雪同学的《春花》，获昭阳区师生书画比赛一等奖；138 班郭世刚同学获“金沙环宇杯”中国丽江首届国际民间传统武术文化节项目，A22M1 组第二名，B21 翻子拳器械 M1 组第二名；150 班王博宇同学在昭通市第一届中小学生围棋比赛中获第五名，在昭通市迎新杯围棋棋王赛个人赛中荣获第八名。凤凰中学获云南省第六届学校体育舞蹈锦标赛总决赛“优秀组织奖”。2015 年体育中考，我校获昭阳区第一名。

我们的课程目标是：努力完善各类课程，最大限度发展师生特长，开学生满意的课程，达到“人人有特长，生生有爱好”的良好学习氛围，最终形成具有“凤凰特色”的校本课程。复合型教师团队建设、校本课程建设、评价制度保障是凤凰中学分类指导教学的三大关键环节。我们为之付出了努力，制定了凤凰中学学科组考核方案，各学科组形成良好的竞争机制。分类指导的发展也促进了课堂改革的进程，课改使凤凰中学教学质量发生了巨大的变化，尤其是 2013～2014 年，连续两年学校以每年 50 名左右的位次前进，现在的教学质量综合排名已经位于昭通市前列。

课程建设是缘于深化课程改革的需要、学校发展的需要，提升课程建设者与学生发展的需要。如何提升课程领导力？实践证明，我们植根于学校实际，开展课程研究实践与探索的行动策略是一条可行之路。课程建设的核心目标是为了学生的发展，为了更好地满足学生个性化、差异化的发展需求，适应课程改革发展的需要，体现因材施教。凤凰中学充分利用校内外的课程资源，因地制宜地进行课程建设与开发，经过 7 年时间研究实践与探索，取得了丰硕的成果，课程建设进入了一个新的阶段。

三、课题研究及成果

从 2010 年进行课改以来，利用创建“云南省现代教育示范学校”的契机，开始实行课堂教学模式改革。在改革过程中，彭泽刚校长提出了“三分教育管理模式”，即分层差异化教育、分组合作学习、分类指导教学。其中基础是分层，核心是分组，难点是分类，促进了学校教育教学的发展，提升了学校的内涵。

凤凰中学的课程研究实践与探索涉及学校课程计划编制、学科建设、课程评价、课程管理、课堂教学跟踪评价等方面。在进行课程研究实践与探索中，我们边学习、边研究、边实践，在实践中完善提升，开展了一系列的课题研究。凤凰中学的课题研究始于 2012 年，从区级课题、市级课题、到省级课题、再到国家级课题的研究。老师们的研究领域从小到大，内容也从教育实践到教育理论层面。教师们的研究能力日趋增强，和学校的“课改”息息相关，逐步深入。在这一过程中，教师获得了成长，课题研究成果日益丰硕，既提高了教师的研究能力，又助推了课程建设。表 1 - 1 是凤凰中学近十年的部分课题研究成果，只列举了部分结题的课题。

表 1 - 1 凤凰中学课题统计表(部分)

序号	课题名称	立项编号	结题时间	主持人	参与者	结项等级	认证机构	级别
1	“三分教育”模式探索与实践研究	16XW3106020ZB	2018.8.14	彭泽刚	孔凡春、高普红、赵春燕		中国教育学会	国家级
2	农村留守儿童和农民工子女教育问题研究	YB2014018	2018.4	高燕	王雪淞、张敏、刘平海、赵春燕、沈远江、李朝丽、范怀俭	良好	云南省教育厅	省级
3	凤凰中学初中语文教与学的行动研究	YB2014011	2018.4	洪昌惠	耿昭美、游光存、田维波、赵泽莲、陈书碧、马莉、高顺娥、杨云香、杨辉	合格	云南省教育厅	省级
4	中学学生实验能力培养的研究		2016.12	李文尧	杨庆坤、郑丽萍、冯蜀燕、李宏		昭阳区教育局	区级
5	城郊中学学生辍学原因分析及保学策略研究		2015	彭泽刚	陈国、游顺祥、李世成、白丽珍、李葵、朱绍敏、高普红、黄德明、张静、杜光永、解天翠		昭阳区教育局	区级
6	新课程下有效转变教学方式和学习方式的研究		2015	洪昌惠			昭阳区教育局	区级

（续表）

序号	课题名称	立项编号	结题时间	主持人	参与者	结项等级	认证机构	级别
7	农村留守儿童和农民工子女教育问题研究		2015	高燕	张敏、范怀俭、郭梅、王雪淞、刘平海、沈远江、滔玉、赵春燕、李朝丽		昭阳区教育局	区级
8	新课程下有效转变教学方式和学习方式的研究		2015	杨忆			昭阳区教育局	区级
9	中小幼班主任工作的研究			万宗兰			昭阳区教育局	区级
10	城郊中学学生德育现状分析及策略探究		2012	陈国忠	游顺祥		昭阳区教育局	区级
11	把舞蹈融入音乐课的教学方法研究		2011.1	白丽珍	许勤	三等奖	昭阳区教育局	区级

从上表可以看出，参与凤凰中学课题研究的人员有本校教师，也有外校教师。研究的学科领域与内容极为丰富。范围涉及面广，有语文、英语、数学、物理、化学、历史、音乐等学科的教育教学领域；研究的内容极为丰富，有教育教学、德育实践、社会问题等，不一而足。可以看出，老师们的视野逐渐在扩大，思考也更加深刻。开展课题研究对于学校和教师的发展具有极其重大的意义，主要有以下几个方面：

(1) 有利于教育理念的形成。教育理念是教育主体对于“教育应然”的理性认识和主观要求，它支配着教师的教育教学活动。开展课题研究可以促使教师更清楚地认识和思考自己的教育理念，并自觉地选择更科学的教育理念。

(2) 有利于教育理论的学习和运用。课题研究也是为了解决课程建设实践中的热点或难点问题，教师必须学习相关的教育理论，并在理解的基础上，运用教育理论来分析和指导教学实践。这种学习是基于教师解决问题的需要而产生的，学习材料是自己选择的，学习所得理解更深刻，又能灵活地运用，因而能有效地提高教师的理论水平。

(3) 有利于教师的个人成长。在研究过程中，教师以理论学习为先导，以探索实践为重点，把敬业爱生融入提高课堂教学质量之中，在课题研究中形成了自己的特色，积累了较多的卓有成效的做法和经验，既丰富和推进了研究，又提高了自己，以艰辛的付出换回了丰硕的成果，也为学校的教育科研注入了新的活力。

(4) 有利于教研团队的建设。有了课题的研究,教研组的教研就有了明确的主线,避免了以往研讨主题宽泛,为开课而研讨,耗时又低效的教研活动。通过开展课题研究,促进教师积极参与教科研的实践,自觉学习理论,更新教育观念,以科研带教研、以教研促教改,自觉地去改进自己的教育手段和教学方法,进行反思教学,努力做一名“科研型”教师。

在课程研究实践与探索中,我们进行了很多努力。比如,学校设计了“凤凰中学教师听课本”,让老师们在课堂中寻找问题,并能进行思考和研究。每一学期让每位教师交一篇教学反思或教学案例等,让教师们养成发现问题、分析问题、解决问题的习惯,夯实研究基本功。每个学科组每学期都有进行主题教研的任务,由学科教师担任主讲教师。教科室鼓励教师或学科组申报课题,并聘请专家进行专业指导,对学科组进行考核,学校也给予政策和经费及奖励激励,形成了良好的教研氛围。

2019 年 7 月,凤凰中学与中国教师研修网合作,启动“云南乡村好老师校本研修计划”项目,以凤凰中学为基地建立了校本研修共同体联盟。昭阳区的苏家院中学、洒渔中学、大寨子中学、盘河中学等校已经加入到共同体中来。目前已经开展了语文、数学、英语、物理、化学五个学科的校本研修培训,邀请了全国知名的学科建设专家进行了入校指导,形成“人人有课题,个个能研究”的良好氛围。少数教师通过自己的勤奋努力,研究成果丰硕,甚至还有专著出版。学校的课改成果也日渐丰富,校本课程相继编辑出版。

我们有理由相信,在凤凰中学全体教职员工的努力下,凤凰中学未来可期,也必将涌现出更多学者及优秀教师,播洒汗水,留芳乌蒙!

第四节　学生及家长的需求分析

一、调查的背景与意义

《基础教育课程改革纲要》指出:“从小学到高中设置综合实践活动并作为必修课程,其内容主要包括信息技术教育、研究性学习、社区服务与社会实践以及劳动与技术教育。强调学生通过实践,增强探究和创新意识,学习科学研究的方法,发展综合运用知识的能力。增进学校与社会的密切联系,培养学生的社会责任感。”学校课程改革的关键就是创造符合现代青少年身心健康、适合学生全面发展的课程体系。我们不能忽视由于学生的个性特长没有得到良好的引导、应有的重视和健康的发展,由此可能导致的沉迷网络游戏、抽烟喝酒的不良习性,以及校园欺凌等恶性事件,甚至是刑事案件。

结合凤凰中学地处城乡接合部及学校已经实施的“助行课程”,我们采用了对特长发展的活动需求和活动感受两个方面的指标对凤凰中学学生和家长特长发展需求进行调查分析。

二、调查方法与样本状况

(一) 调查方法

本次调查的对象是凤凰中学学生及家长。采取问卷调查法,分别对七、八、九年级随机抽取部分学生及家长进行问卷调查。共发放调查问卷700份,其中有效问卷631份,有效问卷率为90%。对回收的问卷进行了整理,并输入计算机进行数据分析处理。

(二) 样本状况

调查的学生及家长情况如下:学生样本总数为325个,其中男生141人(占43%),女生184人(占57%);七年级有132人(占41%);八年级有115人(占35%);九年级有78人(占24%)。家长样本总数306个,其中农村261个(占85%),城市45个(占15%);七年级学生家长有128人(占42%);八年级学生家长有112人(占37%);九年级学生家长有66人(占21%)。

三、数据分析

(一) 活动需求

活动需求是了解学生及家长对特长发展需求状况的重要指标。本次调查采用了"需求内容的广泛性""需求性质的自愿性""参与活动的参与度"等指标,从学生和家长两个方面分别考查学生对于活动的喜欢类型、参与意愿与参与度的需求。

1. 学生方面

表1-2显示,学生样本中,喜欢艺术类的占35.7%,喜欢科学技术类的占13.2%,喜欢体育健康类的占19.7%,喜欢其他的占31.4%。从数据中看出,学生对于艺术类和其他

表1-2 喜欢类型(学生)

喜欢类型	样本数	百分比
艺术类	116	35.7%
其他	102	31.4%
体育健康类	64	19.7%
科学技术类	43	13.2%
总计	325	100.0%

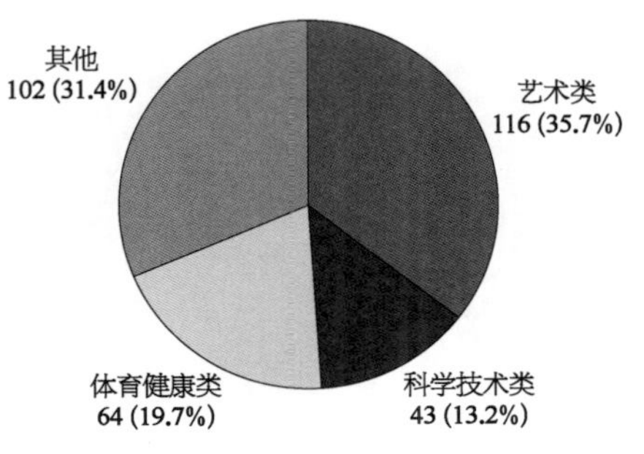

喜欢类型统计图(学生)

类的需求大,对于体育健康类需求一般,对科学技术类需求较小。同时表明学生喜欢的类型丰富,兴趣广泛。

表 1-3 可看出,在学生眼里,家长或老师对学生兴趣特长的重视程度并不高,其中非常重视的只有 19.1%,一般的占 68.3%,不重视的占 36.7%。这里家长或老师的重视程度是学生自己认为的,重视程度低说明学生对特长发展需求的紧迫性,家长和教师对学生特长发展的重视程度远远没有达到学生的预期。

表 1-3　家长及老师重视程度(学生)

重视程度	样本数	百分比
一般	222	68.3%
非常重视	62	19.1%
不重视	41	12.6%
总计	325	100.0%

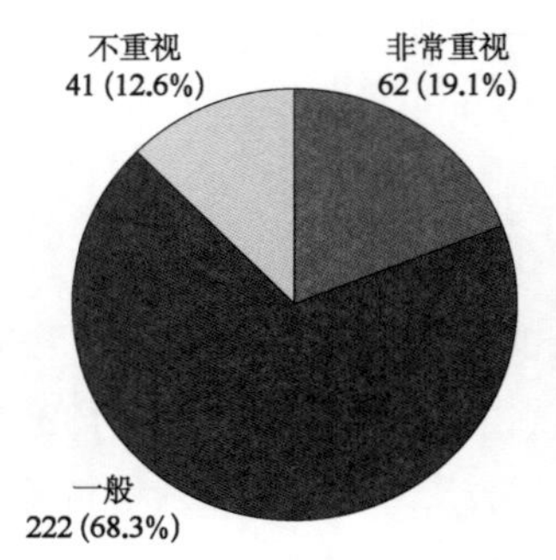

家长及老师重视程度统计图(学生)

表 1-4 可看出,学生对于活动的参与度较高。其中愿意参与的高达 67.7%,不愿参与的只有 7.7%,看情况参与的占 24.6%。参与学校特长课的高达 81.8%,没参与的只有 18.2%。而参与度是体现学生对于特长发展需求的重要因素,参与度高的学生特长自然能得到有效的发展。而参与度的高低决定了学生特长发展的状态。

表 1-4　参与意愿及参与度

参与意愿	样本数	百分比	是否参与	样本数	百分比
会	220	67.7%	是	266	81.8%
看情况	80	24.6%			
不会	25	7.7%	否	59	18.2%
合计	325	100.0%	合计	325	100.0%

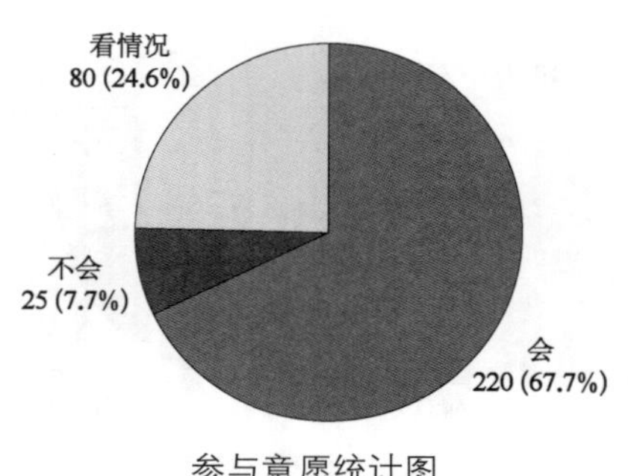

参与意愿统计图

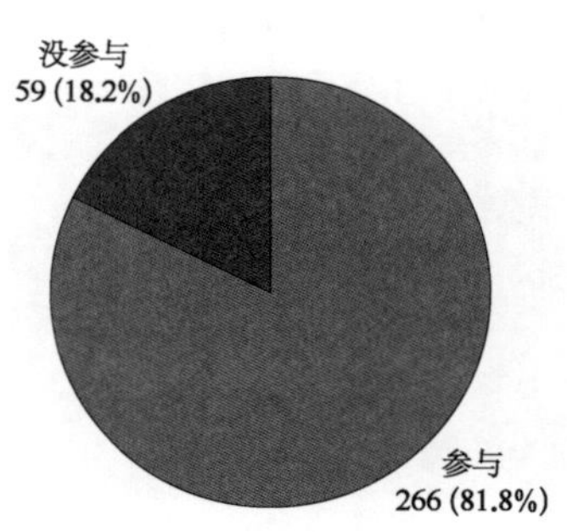

参与度统计图

2. 家长方面

表 1－5 显示,家长样本中,家长每个月在孩子特长培养方面花销 300 元以下的占 37.6%,300～1 000 元的占 21.6%,1 000 元以上的占 6.9%,想培养但经济不允许的占 34.0%。凤凰中学地处城乡接合处,绝大多数学生家庭经济收入较低。从数据可以看出学生家长对孩子的特长发展是重视的,需求是迫切的。

表 1－5 经济支出

经济支出	样本数	百分比
300 元以下	115	37.6%
300～1 000 元	66	21.6%
1 000 元以上	21	6.9%
想培养但经济不允许	104	34.0%
总计	325	100.0%

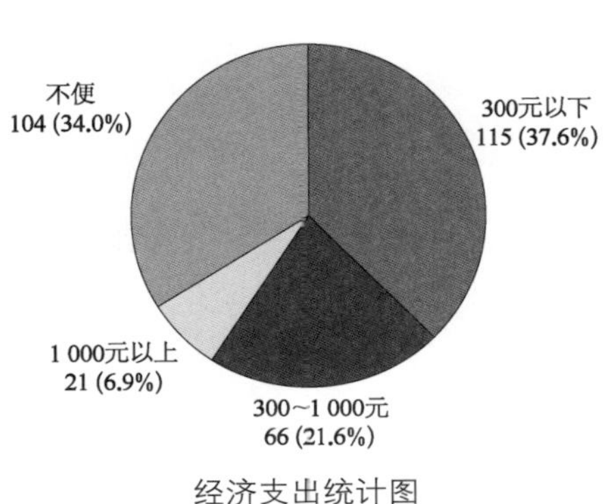

经济支出统计图

表 1－6 显示,家长样本中,认为孩子喜欢艺术类的占 31.4%,喜欢科学技术类的占 8.8%,喜欢体育健康类的占 19.3%,而喜欢其他的占 25.5%,不知道孩子喜欢什么类型的占 15.0%。从数据中看出,家长认为孩子对于艺术类和其他的需求大,对于体育健康类需求一般,对科学技术类需求较小。这和学生样本的喜欢类型数据相符,说明家长非常关注孩子的特长发展。

表 1－6 喜欢类型(家长)

喜欢类型	样本数	百分比
艺术类	96	31.4%
科学技术类	27	8.8%
体育健康类	59	19.3%
其他	78	25.5%
不知道	46	15.0%
总计	306	100.0%

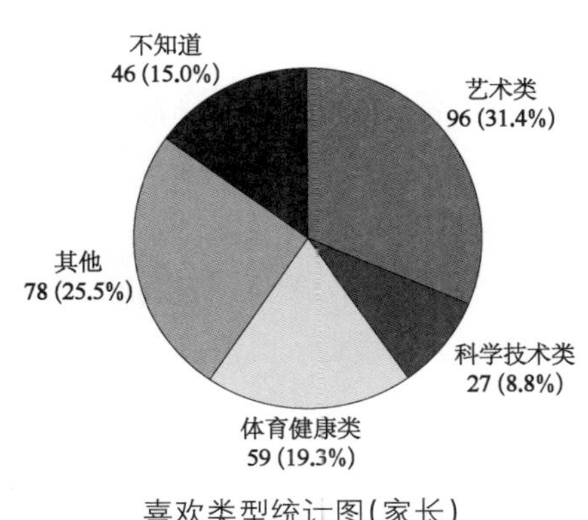

喜欢类型统计图(家长)

表 1－7 可看出,家长对孩子兴趣特长的重视程度较高。其中非常重视的占32.4%,一般的占 57.2%,不重视的只有 10.5%。虽然有近三分之一的家长非常重视学生的特长发展,但结合学生对家长的预期还是差很远。

表 1－7　家长重视程度

重视程度	样本数	百分比
非常重视	99	32.4%
一般	175	57.2%
不重视	32	10.5%
总计	306	100.0%

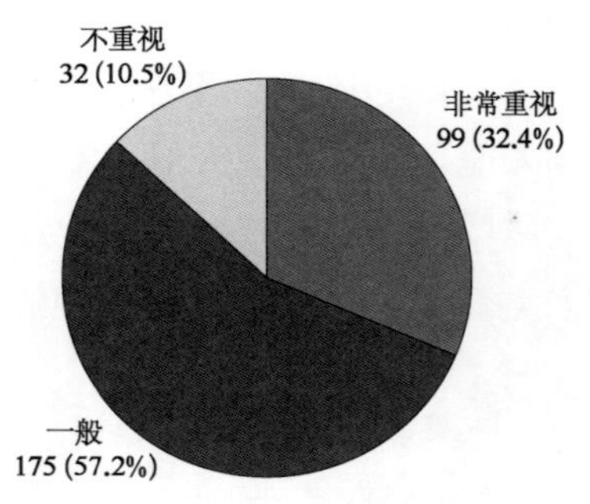

家长重视程度统计图

表 1－8 可看出，学生一直参加课外特长培训的占 7.2%，参加过的占 42.5%，从没参加过的占 50.3%。数据表明学生的特长发展受家庭环境的影响。

表 1－8　课 外 培 训

课外培训	样本数	百分比
一直参加	22	7.2%
参加过	130	42.5%
从没参加过	154	50.3%
总计	306	100.0%

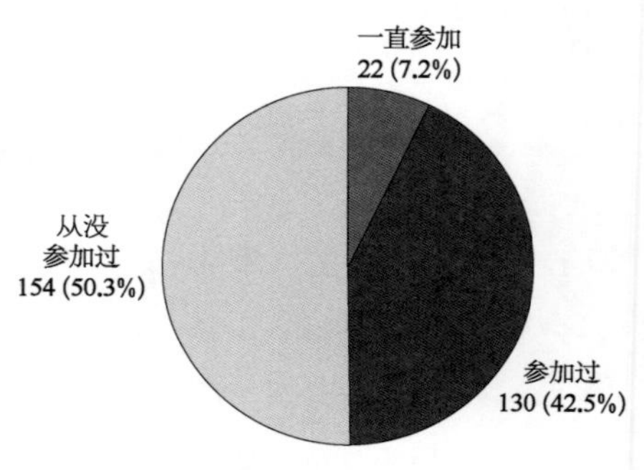

课外培训统计图

(二) 活动感受

学生在活动中越能感受到愉悦和趣味，其越能全身心地投入。自我实现不是某一伟大时刻的问题，不是在某日某时，号角一吹，一个人就永远、完全地步入了万神殿。自我实现是一个过程的问题，它是一点一滴微小进展的积累。本次调查从参加学校特长课的意愿、活动中的感受和活动后的收获等方面，全面调查学生和家长对于特长发展中的心理需求和特长发展的意义认识。

1. 学生方面

表 1－9 可看出，学生对于参加学校特长课的理由还是以自愿喜欢为主。其中自己喜欢的高达 80.9%，家长要求的占 14.2%，学校或老师要求的只有 4.9%。而学生参加理由越自主，表明了学生对特长课就越喜欢，其接受课外活动的心理就越大。

表 1－9 显示，在活动中认为非常愉悦的占 31.1%，愉悦的占 50.8%，不愉悦的只占 6.5%，还有认为没有感受的占 11.7%。在活动结束后，认为收获很多，交到了很多朋友，并且期待下一次的占 26.2%；认为很开心，学到了很多东西，并且期待下一次的占 54.2%；

表 1－9　参加特长课的理由

参加理由	样本数	百分比
自己喜欢	263	80.9%
家长要求	46	14.2%
学校或老师要求	16	4.9%
总计	325	100.0%

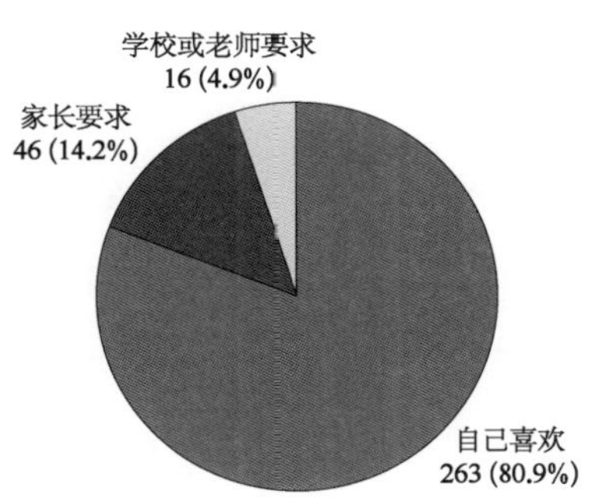

参加理由统计图

而感觉一般，没有再次参加的想法的占 16.0%；没什么收获，表示再也不想参与了的仅有 3.7%。由此，我们可以看出其中大部分的调查对象认为丰富的特长课程能够比较符合他们的兴趣，对他们具有一定的吸引力且能够学有所获。

表 1－10　活 动 感 受

活动中感受	样本数	百分比	活动后感受	样本数	百分比
非常愉悦	101	31.1%	收获很多	85	26.2%
愉悦	165	50.8%	很开心	176	54.2%
不愉悦	21	6.5%	感觉一般	52	16.0%
没有感受	38	11.7%	没收获	12	3.7%
总计	325	100.0%	总计	325	100.0%

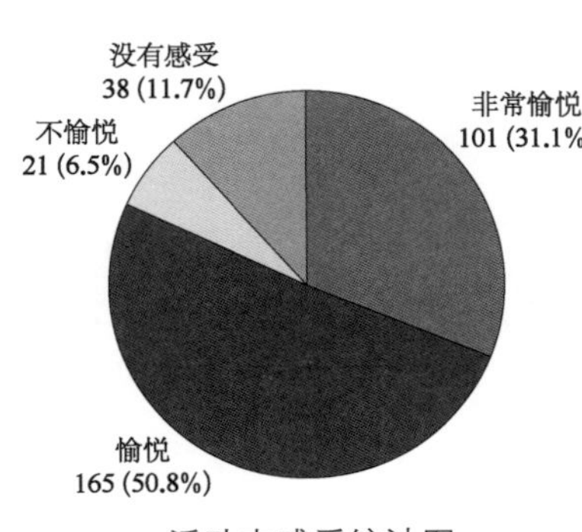

活动中感受统计图

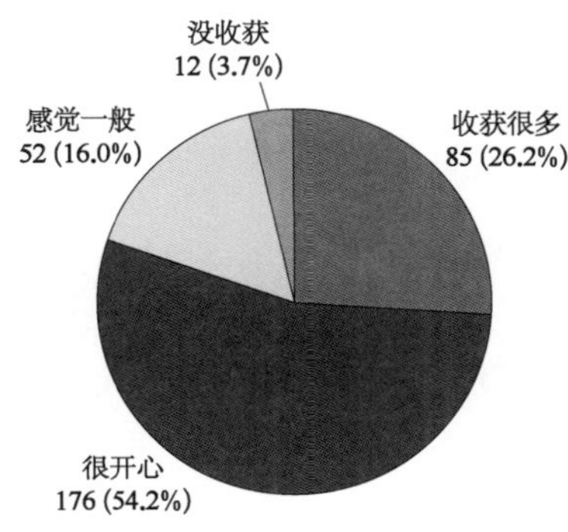

活动后感受统计图

另外，关于对特长课的抗拒度，从表 1－11 中可以看出参与调查的学生中，其中对特长课不抗拒并且有兴趣的占 68.6%，而对特长课不抗拒但也没兴趣的占 17.8%，表示没感觉的占 11.7%，对特长课表示抗拒的只占 1.8%。因此，从这些数据中我们可以发现大部分学生非常喜欢特长课，并且表现出浓厚的兴趣。

表 1－11　抗 拒 度

抗拒度	样本数	百分比
不抗拒比较有兴趣	223	68.6%
不抗拒但无兴趣	58	17.8%
没感觉	38	11.7%
抗拒	6	1.8%
总计	325	100.0%

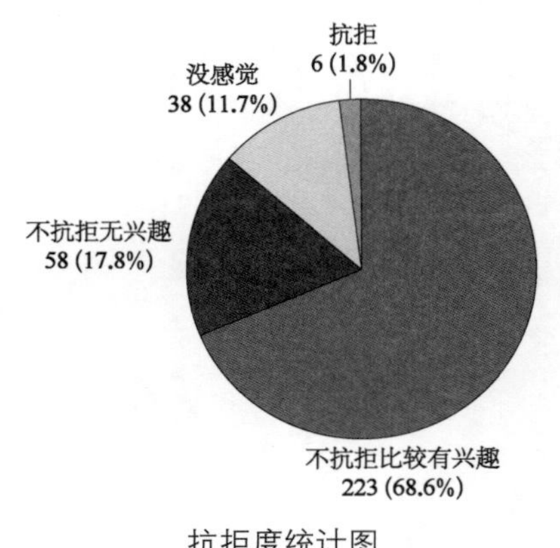

抗拒度统计图

2. 家长方面

学生个性特长的发展离不开家长的支持。家长的观念和态度会极大地影响孩子的特长发展。在学校为学生提供兴趣特长活动时,家长支持孩子参加的调查显示,支持的占76.1%,不支持仅占3.6%,看情况的占20.3%,见表1－12。

表 1－12　家 长 支 持 度

参加特长课	样本数	百分比
支持	233	76.1%
不支持	11	3.6%
看情况	62	20.3%
总计	306	100.0%

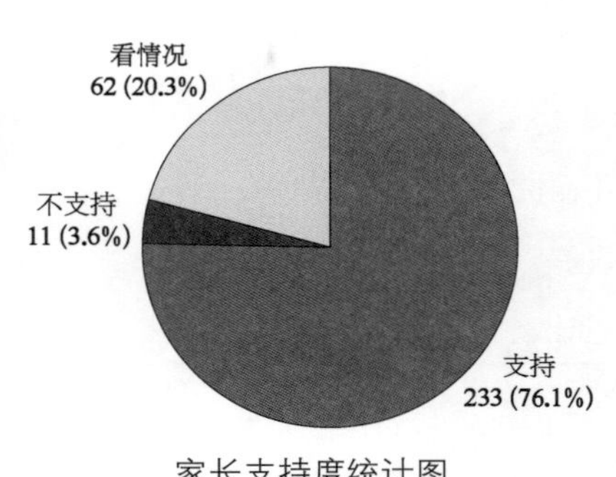

家长支持度统计图

表1－13显示,家长认为孩子参加特长课对学习会造成影响的占23.9%,不会的占76.1%。在认为孩子的特长发展对他以后的生活的重要性方面,非常重要占23.9%,重要占63.7%,不重要占12.4%。数据表明家长能够正确看待特长发展对学生的影响,家长对孩子特长发展的看法很大程度影响孩子的看法。

表 1－13　是否耽误学习和对成长的意义

是否耽误学习	样本数	百分比	对成长的意义	样本数	百分比
会	73	23.9%	非常重要	73	23.9%
不会	233	76.1%	重要	195	63.7%
			不重要	38	12.4%
总计	306	100.0%	总计	306	100.0%

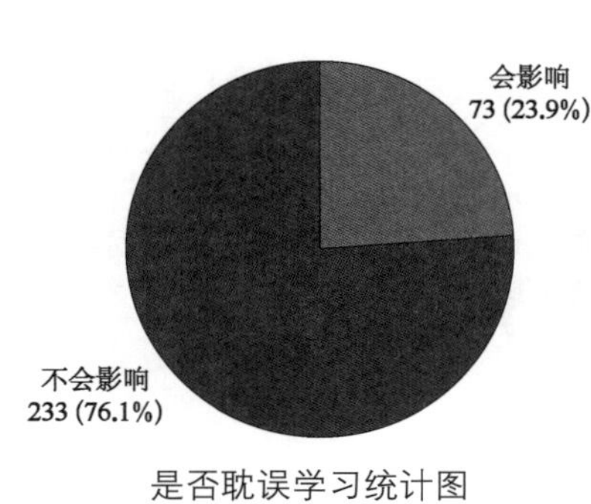

是否耽误学习统计图

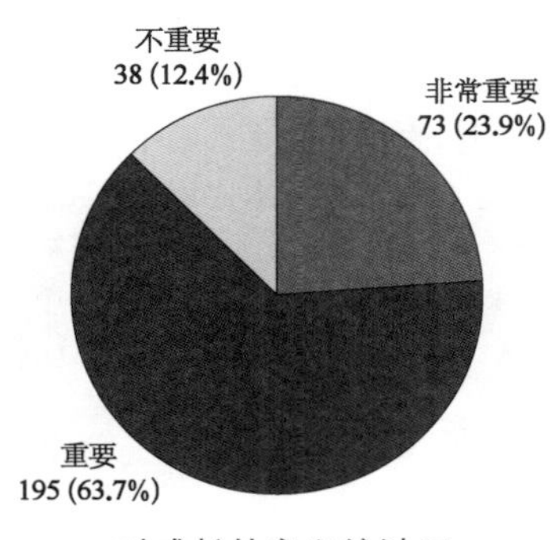

对成长的意义统计图

通过调查分析可以知道学生的特长发展需求的情况很大程度上是取决于家庭、个人和学校的各方面,学生依据自己的兴趣参与,在参与的过程中获得愉悦的心情和成功的体验,并期待下一次的参与。

四、主要发现与基本结论

通过本次调查的数据分析,我们得出以下几点结论。

(1) 特长课程是学生特长发展的需要。中学生正处于生理与心理的全面发展时期,对他们特长发展的关注,符合教育方针的要求,符合人的全面发展的需求。调查数据表明,即使是农村家庭,家长和孩子都意识到特长发展对于个人成长的重要性。

(2) 特长课程是学生健康成长的需要。特长活动在学生的成长中必不可少,学生参与活动的热情反映了他们对特长活动的需求程度。研究数据表明,学生参与活动越积极,其越可能往外向方面发展,其中活动越偏重兴趣特长,越能影响他们的个性发展。通过调查数据分析可以看出,大多数的学生认为丰富的特长课程更能找到符合自己的兴趣的课程,利于自己特长的发展和个人的成长。

(3) 特长课程是学生自我实现的需要。自我实现是长期积累才能达到的,这种积累是自我认知的积累,更是自我肯定的积累。自我实现需要有不断的成功体验和浓厚的兴趣。大部分的学生非常喜欢特长课,从数据中可以看出绝大部分学生在特长课中更能拥有愉悦的心情并获得成功的体验,从而更能找到自我。

(4) 特长课程需要考虑环境因素。学生特长发展需求不是单一的个人兴趣问题。通过调查分析可以知道学生的特长发展需求情况很大程度上还取决于家庭和学校的各方面,如家长的态度、学校的教学设备和师资力量等均对其需求产生重要影响。

附：凤凰中学学生特长发展需求问卷

同学\家长，您好！我是凤凰中学学生特长发展需求调查组的调查员，我们正在进行一项中学生特长发展需求的调查。本次调查主要是为了了解中学生对特长发展的看法需求，以便更好地了解当代中学生，以及其对特长发展的需求。

问卷无对错之分，每题只能选择一个答案；并采取不记名方式，不涉及个人隐私，本问卷所获数据，仅供学术研究，不作他用。填完这份问卷可能需要耽误您几分钟时间，您的支持与配合，我们将不胜感激。

学 生 卷

请在相符的选项上划√

1. 请问你的性别是？
   A. 男　　B. 女
2. 请问你现在就读哪个年级？
   A. 七年级　　B. 八年级　　C. 九年级
3. 请问你的兴趣特长属于以下哪一类？
   A. 艺术类　　B. 科学技术类　　C. 体育健康类　　D. 其他
4. 请问你的家长或老师重视你的兴趣特长吗？
   A. 非常重视　　B. 一般　　C. 不重视
5. 请问进入初中前，你参加过课外兴趣特长班的培训吗？
   A. 一直参加　　B. 参加过　　C. 从没参加过
6. 请问假如学校有符合你需求的兴趣特长活动，你会主动参与吗？
   A. 会　　B. 不会　　C. 看情况
7. 请问你是否参加了我们学校的特长课？
   A. 是　　B. 否
8. 请问你参加特长课的理由是什么？
   A. 自己喜欢　　B. 家长要求　　C. 学校或老师要求
9. 请问你在特长课中的感受如何？
   A. 非常愉悦　　B. 愉悦　　C. 不愉悦　　D. 没有感受
10. 请问你在特长课结束后的感受？
   A. 收获很多，交到了很多的朋友，并且期待下一次
   B. 很开心，学到了很多东西，并且期待下一次
   C. 感觉一般，没有想再次参加的想法
   D. 没什么收获，表示再也不想参与了
11. 请问你对于现在的特长课抗拒吗？
   A. 不抗拒，比较有兴趣　　B. 不抗拒，无兴趣
   C. 没感觉　　D. 抗拒

家 长 卷

请在相符的选项上划√

1. 请问你家在？
   A. 农村　　B. 城市
2. 请问你的家庭每个月给孩子兴趣特长培养方面的花销有多少？
   A. 300 元以下　　B. 300～1 000 元
   C. 1 000 元以上　　D. 想培养但经济不允许

3. 请问你是否知道你的孩子的兴趣特长属于以下哪一类？
A. 艺术类 B. 科学技术类 C. 体育健康类 D. 其他
E. 不知道
4. 请问你重视你的孩子的兴趣特长吗？
A. 非常重视 B. 一般 C. 不重视
5. 请问你的孩子进入初中前参加过课外兴趣特长班的培训吗？
A. 一直参加 B. 参加过 C. 从没参加过
6. 请问假如学校有符合你的孩子需求的兴趣特长活动，你会让孩子参与吗？
A. 会 B. 不会 C. 看情况
7. 请问你认为孩子参加特长课会影响他(她)的学习吗？
A. 会影响 B. 不会影响
8. 请问你认为孩子的特长发展对他(她)以后的成长重要吗？
A. 非常重要 B. 重要 C. 不重要

第五节 课程建设亟待解决的问题

凤凰中学自 2013 年秋季学期起，开始建构“助行课程”体系，尝试实施“助行课程”实践与探索，至今已历时六年。六年中经历了不少的挫折和反复，花费了管理者大量的精力和心血。我们将国家课程、地方课程和校本课程按照课程功能进行整合，分为基础型课程、拓展型课程和探究型课程三类。拓展型课程和探究型课程从最多时候的一学期开设 48 门课程，到 2018 年每学期稳定在 25 门左右(这里不包含德育的部分课程)。从我校课程门数的变化即可看出我校“助行课程”发展在不断趋于成熟，成效显著。但是，从我校“助行课程”建构的发展历程以及现在课程的开设情况来看，我校“助行课程”体系建构仍存在下列一些亟待解决的问题。

一、教师的课程理念和知识储备需要不断更新

国家课程体现国家意志，地方课程是有益的补充，校本课程的开发则有利于促进学生个性发展、促进教师专业成长、形成学校特色。最终的目标是通过校本课程建设，早发现、早培养，培养学生的兴趣特长，激发学生的潜能，培育学生的强势智慧。建构“助行课程”体系，实施与开发“助行课程”，都需要教师课程观念不断更新。

“助行”特色课程的建设，需要课程开发教师有发展的眼光与较高的站位，开发一些能够启迪心智、能有效培养学生创新精神和实践探索能力的课程，通过这类课程促进一部分学生的超常发展。

长期以来，教师习惯于完成国家课程的教学任务。大多数教师自走上教育教学工作

岗位起，主要工作就是承担某一学科的教学，并且由于多数学校没有校本课程开发的意识，不少教师从未进行过课程开发，导致教师创新研究及校本课程开发能力不足。

要开发出有价值的校本课程，教师要加强自身专业知识的学习和提升，精通所学专业知识。另外，校本课程组织形式上是以活动课为主，所以教师在组织能力方面也要不断提升。后者是多数中小学教师的短板，应在自身的不断学习和各类培训学习中来加以弥补。

二、课程内容和教学方法与学生的实际需求还有差距

在我校校本课程建设的六年中，大多数老师花费大量心血开设了学生喜欢参与的课程，学生的兴趣爱好得到发展。但是，也有相当部分课程的开设是不够成功的。表现为，部分课程在开设之初学生人数众多，但开课一段时间后，参加学生人数锐减，有的课程甚至动用严苛的考勤都难以奏效。如学科类的"英文原声电影"，钢琴演奏技巧的"指尖之韵"，运动促健康的"快乐体操"，益智活动类的"象棋"等就是这样。

初中阶段的孩子，尤其是大多数来自农村家庭的孩子对自己的爱好特长尚处于朦胧模糊的状态，家长对孩子的职业愿景也缺乏指导，学生的生涯规划教育滞后，学生仅仅凭借课程名称和课程简介，实在难以准确找到自己喜爱的课程。很多学生只能根据课程名称及自己的一时兴起而随意选择一门课程，参与学习一段时间后才发现并不是自己喜爱喜欢的课程；因课程开设班级的人数限制等原因，学生无法选择适合自己的课程，故而中途改弦更张或者干脆放弃。

引导学生选择适合自己的课程有以下一些方法：其一，课程名称尽量体现课程特点，学生从课程名称就能大致找准自己的爱好方向；其二，课程介绍除简介学习内容外，还要尽可能介绍教学活动组织方式，同时说明参与课程需要自行准备的物品、知识技能储备等，要阐述清楚课程学习结束后达到的目标；其三，在学生选课时由开课教师对所开设课程进行详细的介绍，让学生全面把握课程内容及教学活动方式。

三、课程评价体系尚不完善

尽管我们已经探索实践了六个年头，老师们也花费了不少精力和汗水，也只能说是为部分孩子的校园生活增加了一些色彩，丰富了初中阶段的学习生活。真正在特色教育方面，向高一级学校输送出的专门人才非常有限，其中对特色课程缺乏科学有效的评价体系是重要因素之一。当然，建立起从小学、到初中、再到高中的特长学生的招生通道，也显得非常迫切。

"助行课程"评价体系的建立需要一个过程，需要观念的转变，需要制度的支撑。我校"助行课程"不能采用普通的考试方式进行评价，评价机制也还欠缺，需要不断完善，对学生某一发展特长则需要全新的评价体系，而这一评价体系涉及众多基础学科知识的融合。

不管怎么评价，学生核心素养的提升应该作为“助行课程”评价的一项重要量标。目前，初中阶段学生的特长发展评价体系需要开展专门的研究。

可喜的是，凤凰中学聘请了全国著名的校本课程建设专家韩立芬老师对我校“助行课程”的结构、开发和实施进行指导，一批校本课程开发教师正在迅速成长，“助行课程”体系正在不断发展和完善。

四、校本课程开发缺乏经费的有力支撑

我区义务教育保障经费不得用于教师超课时或超工作量津贴，而义务教育阶段学校为“零收费”。在教师的意识中，校本课程开发、兴趣班等活动等都是在国家课程之外的额外工作，对教师来说是创新型任务和劳动，工作压力大，任务艰巨。如果管理者不能给予担负这些工作任务的教师一定的补助，工作将难以为继。我校实施“助行课程”6 年以来，用于教师开设课程的费用主要靠校长筹集，面临很大的压力。找到一种可持续解决经费支撑的有效途径，对于推进校本课程建设非常迫切。

第二章

创　新

创新是课程建设的生命。“助行教育”将学校教育视为一个无限广阔的空间，在这一空间里，教与学是一对相互依存的关系，教育者和学生是教育前行路上的同伴，教育者为学生的成长提供可供选择的教育资源，比如，课程资源、教师资源和环境资源等，在教育者的引领或者帮助下，学生朝着未来的目标前行。学校也将成为学生实现幸福人生的“梦工厂”而不是“高考流水线”。教育的过程就是帮助学生放飞梦想的过程，在这个意义上，“助行教育”就是帮助学生放飞梦想的教育。

第一节　助行教育的思想内涵

“助行教育”来源于孔子因材施教的教育思想，是在继承传统教育精髓基础上，吸纳当代国内外先进的教育理念，旨在办适合学生发展规律的教育，促进学生个性发展，着眼于未来教育变革的教育实践及思想方法。凤凰中学教育教学实践活动正在以“助行教育”课堂改革为支点，撬动学校教育整体变革，促进学校的快速发展。“助行教育”在关注学生的差异发展和学业能力提升方面取得了显著成效，已经成为乡村学校教育教学改革的成功范例，并正在引领同类型乡村教育探寻未来变革与发展之路。

一、助行教育的核心概念

“助行教育”的思想体系就是关于“助行教育”核心观点、主要思想及其理论基础的总和。

（一）助行

“助”即帮助、辅助。出自《论语·先进》。孔子云：“回也，非助我者也。”这里特指教师引领学生学习成长的一切理念与行动，“助”者，“教”也，传道授业解惑。“行”即“笃行”。《礼记·中庸》有云：“博学之，审问之，慎思之，明辨之，笃行之。”笃行，是为学的最后阶段，就是要努力践行所学，做到“知行合一”。“助行”强调“知行合一”，助中有行，行中有助，追求助与行、教与学的辩证统一，实现教学相长。

（二）助行教育

何谓“助行教育”？它是继承了孔子因材施教的教育思想，充分吸纳传统教育精髓，并着眼于当前教育改革的潮流，旨在探寻适合学生发展规律的教育，是尊重学生的个体差异，重在促进学生个性发展，着眼于未来教育变革的教育实践及思想方法。“助行教育”是将“助”与“行”的教育哲学观融入教与学的实践中的教育。

“助行教育”将学生的成长过程看成是一次人生特定阶段的学习之旅，学生在教育者的帮助下，让他们在前行中体验、发现和创造，在不确定性中生成发展的最大可能。

“助行教育”将学校教育视为一个无限广阔的空间，在这一空间里，教与学是一对相互依存的关系。教育者和学生就是教育前行路上的同伴，教育者为学生的成长提供可供选择的教育资源，比如，课程资源、教师资源和环境资源等；为学生学习搭建了不同的平台，比如，可供选择的个性化课程，在教育者的引领或者帮助下，学生朝着未来的目标前行。学校也将成为学生实现幸福人生的“梦工厂”而不是“高考流水线”。教育的过程就是帮助学生放飞梦想的过程，在这个意义上，“助行教育”就是帮助学生放飞梦想的教育。具有以下一些特质：

首先，“助行教育”强调“以人为本、止于至善”。我们的基础教育，必须牢固确立学生在教学中的主体地位。基础教育出现的问题，有这样那样的原因，但最深层、最根本的原因，还是没把学生作为主体，我们在办学过程中想问题干事情，更多考虑的是社会、是教师、是家长、而不是学生。当前，我们最应该做的事情，就是拨云见日，发现学生，让学生显山露水，真正成为主角。教学的出发点是学生，落脚点还是学生。我们的教育，终极目标是让学生在快乐和幸福中学有所成。

将“助行教育”倡导的“以人为本、止于至善”思想蕴含到课程中去，也就形成了凤凰中学“助行课程”哲学观：以人为本，止于至善。我们认为教育即课程，基于这样的认识，凤凰中学课程好比是由学校课程、教师课程、学生课程共同构成的一个椭圆整体，居于核心的是学生，中间是教师，最外围是学校领导团队。

教师建构实施课程，为全体学生服务，教师是课程的动态建构者、课程的生成者，是课程实施的主要角色；学校管理团队领导课程，为全体师生服务；学生是课程实施的核心主体，是课程的最终归宿或指向，没有学生，课程便失去存在的价值。

以人为本。“学生立场”是我们的育人观。学校课程最终要以促进人的发展，以人的发展服务为宗旨。“一切为了孩子，为了一切的孩子，为了孩子的一切”，应当成为教育工作者的基本信念，并贯穿于课程实施的始终。课程实施的目的不是追求百分之多少的优秀率、合格率，是

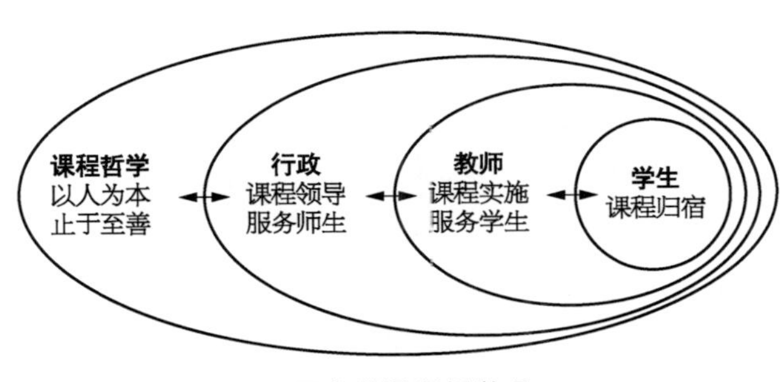

凤凰中学课程哲学观

培养出一个个有鲜明个性的活生生的人，是追求每个学生的生动、活泼、自动地发展。而这也是教师与学生共同的生命历程、共创的人生体验。

课程教学中应坚持：爱心即教育，态度即能力，习惯即成绩，体验即成长，兴趣即动力。所以学校课程的实施应尊重教师专业自主权，尊重学生的主体地位，尊重师生的日常生活和学生的生活世界。

“止于至善”是一种以卓越为核心要义的至高境界的追求。《礼记·大学》：“大学之道，在明明德，在亲民，在止于至善。”至善的根本在于研究创新，与时俱进；至善的表现在于因材择学，不断完善教学方法，追求创新；至善于学，成就学生。

同时，“以人为本，止于至善”，要求我们既教书，也要育人，所以“助行教育”强调立德树人。凤凰中学校训“正行思学”，是全体师生应当自觉共同遵守的基本行为准则与道德规范，蕴含着师生的道德理想、学术人格和历史责任。

“正行”即身正令行，语出《论语·子路》。孔子云：“其身正，不令而行；其身不正，虽令不从”。“正者，政也。子帅以正，孰敢不正”(《论语·颜渊》)。《礼记》云：“大学之道，在明明德，在亲民，在止于至善……心正而后身修，身修而后家齐，家齐而后治国，治国而后天下平。”行者，品行，品德，笃行也。树正品，行正道，才能育知行合一之正人。

“思学”即学与思辩证统一，《论语·为政》云：“学而不思则罔，思而不学则殆”。思者，考也。《礼记》云：“博学之，审问之，慎思之，明辨之，笃行之。”学者，博也。孔子曰：“吾尝终日不食，终夜不寝，以思，无益，不如学也。”只重思考而不注重学习，就有可能误入歧途而招致疲乏及危险。程子云：“博学、审问、慎思、明辨、笃行五者，废其一，非学也。”子夏曰：“博学而笃志，切问而近思，仁在其中矣。”

“正行思学”蕴含了正行、行正、思学、学思、学思行正。作为独具特色的回文校训，寓意教育从起点，指向育人的终点，又从终点回归教育本源，契合教育发展与育人之规律，扎根于中国传统文化，又立足当代，可谓独树一帜。

其次，“助行教育”尊重个性差异。教育的根本功能是促进人的发展。我们需要思考教育要培养什么样的人的问题，那么，我们究竟要怎样促进人的发展呢？这是教育实践中历久弥新的问题。人是有差异的，要培养适应未来社会发展的人才，教育需要促进个体差异的发展越来越引起人们的关注。

凤凰中学实施的“助行教育”是以全面发展为基础的。为了让学生完成国家课程标准的基本要求，我校开足开齐课程，体现的正是我们落实全面发展的思想。但是，在关注面向全体学生全面发展的基础上，要体现教育公平，我们必须正视学生的差异。大教育家孔子非常注重人的个性差异，主张“因材施教”。为了更好地尊重学生个性差异，促进学生的特长发展，激发学生的潜能，凤凰中学实施了分层教学、分组合作学习、分类指导的“三分育人范式”。

再次，“助行教育”注重学生的实践体验。著名的教育家陶行知主张“做中学”，强调“从老师对学生的关系上说，做便是教，从学生对老师的关系上说，做便是学”。“助行教育”同样关注学生的实践体验。

教育即成长。每一个学生都要经历生命发展的各个阶段，都要经历从童年到青年再到成年的过程，都要接受各种考验与磨砺，每一个学生都将面对成功与失败，都要完成从一个自然人到社会人的转变。我们要创造适合学生的教育，需要通过课程改革和课程重构，让课程适应每一个学生的个性发展、特长发展，通过课程的实施，让学生在充分体验基础上，找到自己前进的方向。让课程就像一盏明灯，照亮学生前行，应对复杂多变的社会环境与生活，为学生未来发展打好基础，使学生成长为一名具有担当的身正令行的少年。

最后，“助行教育”关注教学内容与教学方法的创新。目前，基础教育改革深入推进，在不断地由繁到简，不断地向教育规律靠近。这个规律就是培养什么样的人、怎样培养人。教育改革必须坚持以立德树人为目标，以教育的创新为牵引。教育的创新，既包括创新教学内容和教学方式，也包括创新人才的培养模式。

自 2010 年实施课程教学改革，“助行教育”的思想在课堂教学改革实践中不断得到丰富和完善。“助行教育”的思想体系主要包括：办学理念、办学宗旨、育人目标、课程哲学、课程理念、课程目标、学校文化等。“助行教育”思想在我校实践中不断内化，已经渗透到学校教育的各个环节，浸润着师生的心灵，促进师生精神成长，培育了学生独特的品质，形成了特色的学校育人文化，助推了我校的发展。

进入新世纪，培养优秀学生过程中形成的人才培养观念和教学范式，也成为撬动中国教育改革的一股力量。毫无疑问，要创办有中国特色的未来教育，呼唤创办有特色的学校教育，对学校现有的教育范式改革势在必行，凤凰中学的教育改革正是立足基础教育，着眼未来之举。因此，我校的“助行教育”是植根传统、立足现代、面向未来。

“助行教育”的教与学的特征(教与学是核心关键词)，在教的方面是爱生乐教、人本施教、因材施教；在学的方面是自主学习、合作学习、探究学习。

二、助行教育的理论基础

“助行教育”具有广泛的理论基础和实践基础。党的教育方针、学生发展核心素养理论、孔子“因材施教，有教无类”的教育思想、马斯洛和 C. R.罗杰斯的人本主义理论、杜威从做中学教育思想、陶行知的生活教育理论和美国心理学教授霍华德·加德纳的多元智能理论等都是助行教育思想的来源。

(一) 党的教育方针

培养什么人，如何培养人，历来是党和国家教育的根本问题。党的十八大以来，以习近平同志为核心的党中央，要求全面贯彻党的教育方针。要“坚持教育为社会主义现代化建设服务、为人民服务，把立德树人作为教育的根本任务，全面实施素质教育，培养德智体美全面发展的社会主义建设者和接班人，努力办好人民满意的教育。”把立德树人作为教育的根本任务，培养德智体美全面发展的社会主义建设者和接班人。党的教育方针深刻回答了培养什么样的人、为谁培养人以及如何培养人等一系列重大问题，是中国特色社会主义教育理论的精髓，是推进我国教育现代化的指导思想和行动指南。

“才者，德次之资也；德者，才之帅也”。要把立德树人内化到学校的建设、管理和教学等全方位事务中，做到全方位覆盖，最终实现以树人为工作的核心任务，以立德作为工作的根本目标。

教育改革发展的核心就是要解决好培养什么人、怎样培养人的重大问题。要全面深化课程改革，要坚持系统设计，实现全科育人、全程育人、全员育人；落实“五育并举”，构建德智体美劳全面培养的教育体系；不断在实践层面完善立德树人的学校实践运作机制；学校应该坚持为学生终身发展而奠基教育思想，坚持面向全体学生、面向每一个学生，办学生喜欢的学校，办社会满意的学校，让每个学生得到终身发展。

（二）学生发展核心素养理论

何谓“素养”？关于“素养”一词，《现代汉语词典》解释为：“平日的修养”。从中国文字辞源的意义上来“说文解字”，“素”为未染色之丝，“养”乃长久的育化。“素养”是指一个人的修养，从广义上讲，包括道德品质、外表形象、知识水平与能力等。《汉书·李寻传》“马不伏历，不可以趋道。士不素养，不可以重国。”在今天，“素养”的含意大为扩展，它包括思想政治素养、文化素养、艺术素养、业务素养、身心素养等各个方面[1]。

“核心素养”(Key Competencies)其实是一个舶来品。时下，核心素养已经成为我国基础教育界的新热点，成为大家眼中借以深化基础教育课程改革、落实素质教育目标的关键要素。

学生发展核心素养，主要指学生应具备的，能够适应终身发展和社会发展需要的必备品格和关键能力。核心素养是关于学生知识、技能、情感、态度、价值观等多方面的综合表现，是每一名学生获得成功生活，适应个人终生发展和社会发展都需要的、不可或缺的共同素养。研究学生发展核心素养是落实立德树人根本任务的一项重要举措，也是适应世界教育改革发展趋势、提升我国教育国际竞争力的迫切需要。

1. 国外关于学生发展核心素养的理论

关于核心素养的观点，经合组织(OECD)1997年12月启动了“素养的界定与遴选：理论和概念基础”(Definition and Selection of Competencies：Theoretical and Conceptual Foundations，即DeSeCo)项目。在持续多年的讨论和研究之后，OECD于2003年出版了最终研究报告《核心素养促进成功的生活和健全的社会》(Key Competencies for a Successful Life and a Well-Functioning Society)，将有关学生能力素养的讨论直接指向

[1] 吴再柱.对“核心素养”的三个追问[J].未来教育家，2016年6月刊.

“核心素养”，并构建了一个分别涉及“人与工具”“人与自己”和“人与社会”三个方面的核心素养框架，具体包括“使用工具互动”“在异质群体中工作”和“自主行动”共三类九种核心素养指标条目。从整体上看，DeSeCo 项目组对核心素养的描述又比较散乱，没有形成严谨的指导性学理体系。

作为与终身学习战略并行的教育变革的指导体系，核心素养已成为近十年来欧盟教育发展的支柱性理念。欧盟希望以核心素养取代传统的以“读、写、算”为核心的基本能力，引发并指导各成员国的课程变革。2006 年 12 月，欧洲议会(European Parliament)和欧盟理事会(European Council)通过了关于核心素养的建议案，向各成员国推荐母语、外语、数学与科学技术素养、信息素养、学习能力、公民与社会素养、创业精神以及艺术素养等八大核心素养体系，每个核心素养均从知识、技能和态度三个维度进行描述。在这一建议案中，核心素养被定义为：在知识社会中，每个人发展自我、融入社会及胜任工作所必需的一系列知识、技能和态度的集合。

新加坡核心素养的核心是价值观。新加坡“21 世纪素养的结构模型”是同心圆型：以核心价值观为核心，它包括尊重、负责、正直、关爱、坚毅不屈、和谐；核心价值观圆外与之相邻的，是社交与情绪管理技能，包括自我意识、自我管理、社会意识、人际关系管理、负责任的决策；再往外是公民素养、全球意识和跨文化交流技能，包括活跃的社区生活、国家与文化认同、全球意识、跨文化的敏感性和意识；批判性、创新性思维，包括合理的推理与决策、反思性思维、好奇心与创造力、处理复杂性和模糊性；交流、合作和信息技能，包括开放、信息管理、负责任地使用信息、有效地交流。

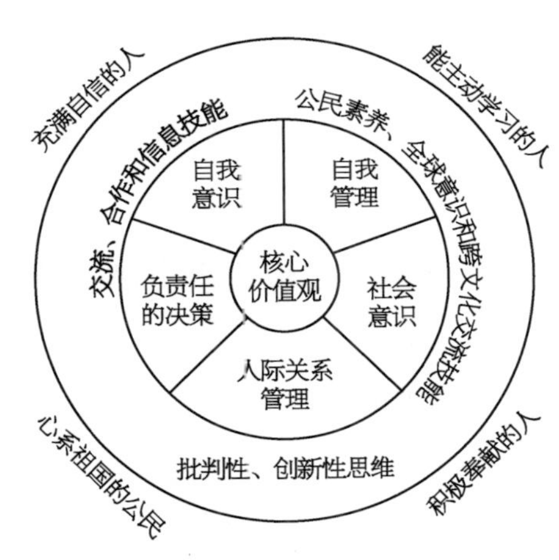

新加坡核心素养图

发达国家将提升核心素养摆到非常重要的位置，围绕核心素养进行课程设计和整合，探索促进核心素养发展的学习、教学和评价模式成为世界基础教育课程改革的共识。

2. 国内关于学生发展核心素养理论

整体上看，国内学者关于核心素养认识的方法和风格，与 OECD 和欧盟如出一辙。在关于“双基”、跨学科性、功能指向(问题解决指向)等方面，国内学者对核心素养的认识基本上是对 OECD 和欧盟观点的进一步解读或是简单翻版，并无太多新意[1]。

2016 年 9 月 13 日上午，中国学生发展核心素养研究成果发布会在北京师范大学举行，“中国学生发展核心素养”总体框架正式发布。中国学生发展核心素养，以科学性、时代性和民族性为基本原则，以培养“全面发展的人”为核心，分为文化基础、自主发展、社会

[1] 李艺，钟柏昌.核心素养到底是什么？有何特定内涵？谈“核心素养”[J].教育研究，2015(9)：17～24.

参与三个方面。综合表现为人文底蕴、科学精神、学会学习、健康生活、责任担当、实践创新六大素养，具体细化为国家认同等十八个基本要点。根据这一总体框架，可针对学生年龄特点进一步提出各学段学生的具体表现要求。至此，核心素养从理论研究到贯彻立德树人的教育实践，逐步得以落地。

（三）因材施教的思想

因材施教是我国古代的一条重要的教育教学原则，其源于教育家孔子"因材施教，有教无类"的教育思想，后被历代儒家教育思想所继承和发展。孔子是儒家思想的创始人，也是教育史上首先提出因材施教的教育家。他认为"性相近也，习相远也"。因此，孔子在教育教学过程中，关注学生的个体差异。据《论语》记载，孔子在教育教学过程中，根据弟子的个性差异，施以不同的教育。如"柴也愚，参也鲁，师也辟，由也喭""由也果，赐也达，求也艺"等，孔子重视发扬每个学生的长处[1]。

英国著名的哲学家、教育理论家艾尔弗雷德·怀特海在《教育的目的》中说："如果在教育中排出差异化，那就是在毁灭生活"。差异发展的核心内涵是"从学生差异出发，为了差异发展，而开展有差异的教学"。学生的个体差异是教学活动的起点，更是一种取之不尽的教学资源；教育公平是差异发展教育的价值追求，而实施差异发展教学则是实现教育公平的必要手段。主体教育理论家就提出了"差异发展"的教学策略，将个体的主体性发展与差异发展紧密联系起来。因此，因材施教，差异性发展是"助行教育"的基本特征之一。

（四）马斯洛和C. R.罗杰斯的人本主义理论

人本主义理论于20世纪五六十年代在美国兴起，七八十年代迅速发展。人本主义理论是美国当代心理学主要流派之一，由美国心理学家A. H.马斯洛创立，现在的代表人物有C. R.罗杰斯。

人本学派强调人的尊严、价值、创造力和自我实现，把人的本性的自我实现归结为潜能的发挥，而潜能是一种类似本能的性质。人本主义最大的贡献是看到了人的心理与人的本质的一致性，主张心理学必须从人的本性出发研究人的心理。

马斯洛对人的基本需要进行了研究和分类，将之与动物的本能加以区别。马斯洛认为人类行为的心理驱力不是性本能，而是人的需要，他将其分为两大类、七个层次、类似一座金字塔，由下而上依次是生理需要、安全需要，归属与爱的需要，尊重的需要，认识需要，审美需要、自我实现需要。人在满足高一层次的需要之前，至少必须先部分满足低一层次的需要。第一类需要属于缺失需要，可产生匮乏性动机，为人与动物所共有，一旦得到满足，紧张消除，兴奋降低，便失去动机。第二类需要属于生长需要，可产

[1] 曾继云.差异发展教学研究[M].北京：首都师范大学出版社，2006.

生成长性动机，为人类所特有，是一种超越了生存满足之后，发自内心的渴求发展和实现自身潜能的需要。满足了这种需要个体才能进入心理的自由状态，体现人的本质和价值，产生深刻的幸福感，马斯洛称之为“顶峰体验”。马斯洛认为人类共有真、善、美、正义、欢乐等内在本性，具有共同的价值观和道德标准，达到人的自我实现关键在于改善人的“自知”或自我意识，使人认识到自我的内在潜能或价值，人本主义心理学就是促进人的自我实现。

罗杰斯则认为人有一种天生的“自我实现”的动机，即一个人发展、扩充和成熟的趋力，它是一个人最大限度地实现自身各种潜能的趋向。

（五）杜威从做中学教育思想和陶行知的生活教育理论

约翰·杜威，美国著名哲学家、教育家，实用主义哲学的创始人之一，功能心理学的先驱，美国进步主义教育运动的代表。“从做中学”是杜威全部教学理论的基本原则。杜威认为，“所有的学习都是行动的副产品，所以教师要通过‘做’，促使学生思考，从而学得知识。”杜威把“从做中学”贯穿到教学领域的各个主要方面中去，诸如教学过程、课程、教学方法、教学组织形式等，都以“从做中学”的要求为基础。杜威认为，最好的教育就是“从生活中学习、从经验中学习”。“从做中学”也就是从活动中学、从经验中学，这使得学校里知识的获得与生活过程中的活动联系了起来。“从做中学”这一宝贵思想产生了深远的影响，至今依然有着重要的现实意义。

中国近代教育家、思想家陶行知先生在美国哥伦比亚大学留学时，师从杜威、梦禄、克伯屈等美国教育家。回国后积极研究西方教育思想并结合中国国情于 1926 年创立了“教学做合一”的生活教育理论。提出了“生活即教育”“社会即学校”“教学做合一”三大主张，“生活教育”理论是陶行知教育思想的理论核心。“教学做合一”十分重视“做”在教学中的作用。陶行知先生的“做中学”理论中的“做”，指的是生活社会实践，强调在社会实践中学习。而“做中学”也是国家科学教育改革项目，这里的“做”，指的是基于动脑、动手的科学探究，强调在动手做学习中让学生建构自己的科学概念和认知模型。总之，杜威和陶行知的思想虽然各有不同，但也存在着继承和发展关系。

（六）多元智能理论

多元智能理论是美国心理学教授霍华德·加德纳提出的一种关于智力的新理论。加德纳认为，智力测验的频繁使用，使得它把人进行了分类并贴上了标签，用来判断人的弱项和短处而非长处。在 1983 年的《智力的结构：多元智能理论》一书中，加德纳把智力定义为“是在某种社会和文化环境的价值标准下，个体用以解决自己遇到的真正难题或生产及创造出某种产品所需要的能力”。他认为，一方面，智力不是一种能力而是一组能力；另一方面，智力不是以整合的方式存在而是以相互独立的方式存在的。在此基础上，他阐述了关于智力的种类及其基本性质的多元智能理论。

加德纳认为我们每个人都拥有八种主要智能：言语——语言智能、逻辑——数理智能、视觉——空间智能、身体——动觉智能、节奏——音乐智能、交流——人际交往智能、自知——自省智能(自然智能)。他提出了“智能本位评价”的理念，扩展了学生学习评估的基础；他主张“情景化”评估，改正了以前教育评估的功能和方法。加德纳的“多元智能”理论是对传统的“一元智能”观的强有力挑战，给人以耳目一新之感。

多元智能理论有助于形成正确的智力观，有助于转变我们的教学观和评价观，加德纳的多元智能理论是以多维度的、全面的、发展的眼光来评价学生。尤其是当前在新课程改革中，大部分教师对学生评价颇感困惑之时，他的理论无疑会给我们诸多启示。

三、助行教育的实施：三分育人范式

(一) 分层教学

所谓分层教学，体现在“因才择学”上，即在教学中根据不同学生的认知水平，学习能力以及自身素质，教师选择适合每个学生特点的学习方法来有针对性地开展教学，发挥学生的长处。分层教学就是要尽可能地为不同层次的学生提供适合他们有差异的学习时空和平台。分层目标一旦确定，教学的内容、教学难度、教学进度、教学方法也随之确定。

凤凰中学实施分层教学的目的主要是解决吃大锅饭的问题，解决教育同质化倾向的问题，解决不同层次学生都能获得有差异的全面发展，旨在实现一本教材多种进度。适度分层，就是要尽可能地为不同的学生提供适合他们的有差异的学习时空和学习平台。

(二) 分组合作学习

2001 年在瑞典举行的世界教育大会，把“学会合作，学会共处”作为会议主题，并认为它是 21 世纪教育的基本目标，合作学习理论成为全世界最受欢迎的教育理论。在《国务院关于基础教育改革与发展的决定》中，合作学习又被指出并得到推荐，这项决定强调：“教学实践中应鼓励合作学习，加强师生及生生之间的课堂交流，以便促进师生的教学相长和共同发展。”

小组合作学习，是“助行课堂”教学的主要方法。目的是培养学生自主、合作、探究的学习能力，主要解决学生内在交往、展示的需要，解决课堂学习动力的问题。小组是能力的平台，合作交流是生成的关键，分组学习是情商提升的重要途径和保证。分组合作学习教学对实现学生可持续发展，培养学生的情商，为未来职业奠基，具有重要的意义。

凤凰中学教学改革，以课堂教学改革作为突破口，以小组合作学习为核心。最先实施分组合作学习的探索与实践。2010 年 7 月 25 日，制定《昭阳区凤凰中学课堂教学评价量标》作为课改新的课堂教学评价标准，也获得了职代会的通过。2012 年 10 月 4 日，我校正式制定了《昭阳区凤凰中学小组合作学习建设实施方案(试行)》,班级小组考核评价机制的实施,标志着分组合作学习的课堂教学规范在我校已经初步形成。

(三) 分类指导教学

我校以学生的兴趣特长为标准,实施分类指导教学,尊重学生个性差异,充分发展学生强势智慧,激发学生的潜能。基本特征是合格＋特长,就是促进学生在全面发展的基础上,实现学生的特长发展。分类指导教学就是建构以国家课程为主,以特色(特长)课程为辅的课程体系,促进了学生在实现全面(合格)发展的基础上的特长发展。

在特长素养方面,正视自己的差异,学会选择,善于选择,敢于为个人成长中的每一次选择承担责任,并付诸行动;实现特长发展,主动坚持一项体育运动,有一至二种艺术爱好或特长,并初步形成特长倾向。

分类指导教学在课程实施方面,主要做法是校本课程(拓展型课程和探究型课程)实行选课走班教学,以培养学生的特长爱好倾向。比如,对美术、音乐等课程进行拓展,在校本化实施中,建立工作室,开设兴趣课程,学生根据兴趣特长进行选择后,全校实行走班教学。

分层教学、分组合作学习和分类指导的“三分育人范式”,是落实因材施教的一个价值追求。所以,我们说“助行教育”是来源于孔子因材施教的教育思想。

四、助行教育的实践意义

(一) 引领学校的课程建设

“助行教育”是学校课程建设的魂灵,引领着学校的课程建设与实践。凤凰中学在“助行教育”思想的引领下实施“助行课程”建设,将“助行教育”思想贯穿到课程的建设与实践中,形成了特色的课程理念、课程目标和课程结构,系统的构建了“助行课程”体系。

同时,自 2010 年实施课程教学改革,“助行教育”的思想在课程建设与课堂教学改革实践中不断得到丰富和完善,已经渗透到学校教育的各个环节,浸润着师生的心灵,促进师生精神成长,培育了学生独特的品质,形成了特色的学校育人文化,助推了我校的发展。

(二) 引领教师转变教育方式

怎样培养人?“助行教育”关注教学方法的创新,创新人才的培养模式。“以人为本,止于至善”,即人本教学,因材施教,学生立场是我们的育人观。教师建构实施课程,为全体学生服务,教师是课程的动态建构者、课程的生成者,是课程实施的主要角色。我们更多地从关注学生,开发学生潜能,促进学生个性发展方面去考虑问题。我们要采用多种方式来实施教学，不断改进教育方式。比如，在教学形式上重视小组合作学习和讨论，培养学生合作、展示的能力，力争使课堂教学丰富多彩，课堂互动形式多样，使学生的主体地位更加明显。

（三）能促进学生的差异发展

育什么样的人？教育的根本功能是促进人的发展。人是有差异的，要培养适应未来社会发展的人才，教育需要促进个体差异的发展越来越引起人们的关注。“助行教育”尊重个性差异。凤凰中学在关注面向全体学生全面发展的基础上，实施因材施教，促进了学生的特长发展，激发了学生的潜能。

第二节　助行课程的理念与目标

“助行教育”思想引领“助行课程”建设，在实施中形成了特色的“助行课程”理念：让课程适应每一个学生的特长发展，让课程点亮每一个学生的正行人生。课程理念蕴含于课程设计之中，需要通过课程的实施来加以落实，是需要课程实施者付诸实践的教育教学的信念。

一、助行课程的理念

（一）课程理念的内涵

课程理念是课程的灵魂，课程理念分为国家课程理念和学校课程理念。国家课程理念体现国家意志，是课程设计者蕴含于课程之中，需要课程实施者付诸实践的教育教学的信念。学校课程理念是对国家课程理念校本化的价值取向，体现了学校对教育发展的趋势、对未来人才培养的整体系统的追求。

“助行教育”思想引领“助行课程”建设，在实施中形成了特色的“助行课程”理念，也是我们的课程观，即“让课程适应每一个学生的特长发展，让课程点亮每一个学生的正行人生”。课程理念蕴含于课程设计之中，需要通过课程的实施来加以落实，是需要课程实施者付诸实践的教育教学的信念。在课程理念框架下，我们系统的构建了特色的“助行课程”体系。

（二）课程理念的外延

1. 强调学生的生活体验

杜威认为，“所有的学习都是行动的副产品，所以教师要通过‘做’，促使学生思考，从而学得知识”“最好的教育就是从生活中学习、从经验中学习”。“从做中学”也就是从活动中学、从经验中学，这使得学校里知识的获得与生活过程中的活动联系了起来。中国近代教育家、思想家陶行知提出了“生活即教育”“社会即学校”“教学做合一”三大主张，“生活教育”理论是陶行知教育思想的理论核心。“教学做合一”十分重视“做”在教学中的作用。陶行知先生的“做中学”理论中的“做”，指的是生活社会实践，强调在社会实践中学习。教学中不能忽视学生的生活体验，要将学生的生活经验与课程教学结合起来。

如何挖掘课程资源？学校开展了丰富的课程资源供给课堂研究。这里所指的课程资源，主要服务于教师的课堂教学的资源。课堂教学的三要素：教师、学生及教学媒介。其中，教师是教学的主导，学生是学习的主体，教学媒介，比如教材、网络媒体和教室等为教学提供支撑。我校在“课程资源供给”探究方面，是围绕“课堂教学流程与规范”改革研究为核心而开展的。因此，开展了“学科课程资源开发和利用”“课堂教学流程与规范改革”“教师资源开发”“资源与环境建设”四个方面的课堂教学研究。而在“学科课程资源开发和利用”方面，我们充分挖掘地方课程资源，更加贴近学生的生活实际，有利于增强学生的体验。比如，“助行课程”体系中的拓展型课程和探究型课程就能够很好地体现“学生体验”的理念。

通过课程实施，让学生在课程体验之中感受生活，增强生活体验，积累生活技能，让课程适应学生发展的需要，在体验中，培育每一个学生的优秀品格。

2. 关注学生潜能的激发

如何激发学生的潜能？要通过课程的建设与实践来加以落实。学校构建“助行课程”体系，整合利用各类课程资源，为学生提供多元的“助行课程”体验，旨在发挥课程的引领功能，探索学生个性成长的需求，促进学生按照个人兴趣特长倾向，关注学生强势智慧，激发学生潜能。

在课程的实施方面，我校以学生的兴趣特长为标准，实施分类指导教学，尊重学生个性差异，充分发展学生强势智慧，从而激发学生的潜能。基本特征是合格＋特长，就是促进学生在全面发展的基础上，实现学生的特长发展。分类指导教学就是构建以国家课程为主，以特色(特长)课程为辅的课程体系，促进了学生在实现全面(合格)发展的基础上的特长发展。

主要做法是校本课程(拓展型课程和探究型课程)实行选课走班教学，以培养学生的特长爱好倾向。比如，对美术、音乐等课程进行拓展，建立工作室，开设可供选择的课程，学生根据兴趣特长进行选择适合自己的课程后，全校实行走班教学。体现“助行课程”促进学生的特长发展，“助行课程”点亮学生的正行人生。

3. 着眼未来

课程重视立德树人，在学校的校训“正行思学”中蕴含了学生品格培养的要求，寓意培养一种身心全面发展的理想的人格，追求人性臻于完善的教育理想。

着眼未来既是我们课程的起点，也是课程的最终指向。1983 年 10 月，邓小平提出：

"教育要面向现代化,面向世界,面向未来。"课程着眼学生未来,是学校在审视当代教育所肩负的实现民族伟大复兴的"中国梦"的使命背景下提出的,具有很强的现实意义。"着眼未来",就是要求以长远的、历史的战略眼光办好当前的教育,培养学生具有适应未来社会变革的优秀特质,比如,学会学习、学会合作、学会探究、学会选择、学会感恩、学会生活等终身学习的习惯,具有创新思维、国际化视野等。

21 世纪是一个不断创新和崇尚创新的世纪,而知识和技术的创新,在本质上是人的精神和能力的创新,是教育的创新。当今世界,国家综合实力越来越体现在国民素质的高低和创新人才的数量与质量上,越来越体现在一个国家的创新能力上。因此,谁掌握了面向 21 世纪的教育,谁就能在激烈竞争的国际环境中处于战略主动地位。

我们对各个学段课程的理解是小学重态度、中学重品行、高中重品质、大学重创新、未来重选择。教育没有回头路可走。美国趋势专家、著名畅销书作家丹尼尔·平克说:"未来属于那些拥有与众不同思维的人,未来是那些跨领域人才、创意型人才、故事型人才的天下。"全球化浪潮,助推了教育的全球化。教育是面向未来的事业,今天不生活在未来,明天就将生活在过去,在正确的时间到来之前,准备好做正确的事。

二、助行课程的目标

学校课程不仅满足学生学科知识的学习需求,还应当最大限度地提供学生"品德形成和人格发展的经历、潜能开发和认知发展的经历、体育与健身的经历、艺术修养和发展的经历、社会实践与参与劳动的经历"。学校课程不仅应满足学生知识获得的需要,更要通过课程的实施满足学生核心素养和谐发展的需要;学校课程不仅应当满足学生共性的学习需求,还应当满足学生个性发展的需求和社会多样化发展的需求;学校课程不仅应当满足学生学科学习的需求,更应当满足学生的创新精神、创新意识及创造实践能力的需求。这些都要通过课程目标来实现。

"助行课程"目标包含两个方面:一是课程建设要到达的建设目标,要通过课程规划、课程制度等加以保证;二是课程实施的育人目标。

(一)课程建设目标

《课程建设规划与实施方案》是学校课程领导力团队系统梳理与建构学校课程体系的有力抓手,通过编制过程,进一步理清学校课程的逻辑结构和育人模式。所以在学校课程建设之中立足于当下,着眼于未来,落实党的教育方针、落实立德树人的根本任务,同时也要体现学校自主办学的"助行教育"思想与文化追求,论证并提出学校课程建设的具体建设目标。

1. 建立一种校本化的育人模式

当前育人模式在内容、方法和评价上都存在着偏差和缺陷。通过"助行课程"的建设与实践，就是要落实“助行课程”理念，对国家课程进行校本化的实施，建立一种校本化的育人模式。课程不仅满足学生学科知识的学习需求，还应最大限度地为学生核心素养的形成提供过程体验，通过课程的实施满足学生共性的学习需求，还要满足学生多样化发展的需要。所以，建设一种切实的校本化育人模式是“助行课程”建设的重要目标。

2. 构建课程体系

课程体系建设是国家课程校本化实施的必然要求。因此，学校将以《凤凰中学“助行课程”发展规划纲要》为指南，依据学校文化、办学理念、育人目标，对学校课程进行整体设计与规划，构建起为促进学生人格和能力的养成、教师和学校发展的三位一体的“助行课程”体系。凤凰中学课程建设是基于国家课程、地方课程、校本课程为基础来构建课程体系的，包含基础型课程、拓展型课程和探究型课程，在课程内容领域上，形成了立德助行、启智助行、健体助行等五大课程群的多元课程体系。

3. 发展一批骨干教师队伍，提升课程领导力

每一个教师都是课程创造者，课程需要课程实施者即广大教师在教育教学的实践中加以贯彻落实。学校将更新管理者的理念，拓展管理者的视野，尤其是要提升校长的课程领导力。同时，通过课程建设与实施，促使教师具备爱国守法、爱岗敬业、关爱学生、教书育人、为人师表、终身学习六个方面的职业素养。

截至 2020 年 3 月，学校 190 名教师中，有研究生学历的有 6 位，具有高级教师资格的为 100 位，教师学历合格率为 100%。学校建有 1 个省级名校长工作坊和 1 个市级名校长工作室。学校将充分利用教师编制，补充教师，合理调配教师年龄结构。学校重视教师的团队建设和专业发展，探索与课堂教学相匹配的教师校本研修长效机制。通过课程建设与实践，着力加强教师团队的建设，培养一批能够开发与实施校本课程的复合型的优秀骨干教师。计划到 2025 年，培养一批研究型、学习型的骨干教师，学校的课程领导力得到实质性的提升。

通过课程建设，唤醒教师在课程建设中的主角地位，促进教师主动发展，以整体、综合的思维提高教师研发、建设和实施课程的能力，促进教师队伍专业不断发展，形成独特的教学风格，让每一位教师都获得成功。

4. 形成特色的课程文化

课程文化是学校文化的重要组成部分，是学校文化的核心部分，它直接体现着教育的人文理想和追求，是学校教育存在的根本意义和价值所在。学校文化、课程文化要与培养目标、培养规格相一致。课程结构和课程设置要为不同发展程度和发展方向的学生，提供多层次、多样化和个性化的选择。我们通过实施“助行课程”，培育特色的“助行课程”文化。

（二）课程育人目标

何谓课程育人目标？顾名思义，即通过课程教学对学生进行教育所达到的目标。苏

联著名教育家尤里·康斯坦丁夫·巴班斯基在《改进教学的若干问题》中提出了课程教学的三项任务：教学任务、教育任务和发展任务。美国心理学家 B. S.布卢姆等人在 20 世纪 50 年代初编写的《教育目标分类学》一书中，提出课程的教育目标是指教学过程中使学生发生的变化，也就是说在课程教学中应教给学生什么。在我国，清华大学自 20 世纪 90 年代初就开始了有关课程育人目标的研究。当前，育人目标已经成为课程建设的重要价值追求，成为课程教学的最终导向。

对于学校而言，育人目标是将学校培养的人才质量作为结果，对于课程体系的设计以及运作，课程体系就是一个载体。只有对目标进行设计和展望，才能对实现目标进行个性化的设计。育人目标之所以成为学校课程体系构建的导向，就在于在目标的倒逼下，以寻求最切实的课程体系方式。

凤凰中学的近期育人目标是助推学生升学，远期育人目标是为学生未来奠基。我们的教育，不是打造"升学流水线"，而是变革学校为奠基学生未来发展的"梦工厂"，让目前优秀的学生进入优秀的学校后仍然优秀。

1. 总目标

"助行课程"在于点燃，正如香港真道书院原校长丘日谦给凤凰中学的题词"让生命燃点生命"一样，通过课程的实施，让每一个学生的生命精彩绽放。围绕"助行课程"理念，我们确立了初中阶段"助行课程"育人的总目标：培育具有家国情怀、身正令行、凤凰品质、面向未来的正行少年。

2. 分阶段目标

"助行课程"目标：乐于思考、勇于探索、善于审美；智慧选择、敢于拼搏、合作探究；家国情怀、责任担当、臻于至善。

为了让以课程育人总目标为统领的课程目标得以贯彻落实，我们以年级段为序列，对课程目标进行梳理，以"正行少年"成长为主线，将课程目标指向与核心素养维度相关联，根据年级段特点，对课程总目标分解细化，逐步提升，同时也将"正行少年"必备品格融入其中，使课程目标更加清晰。

表 2－1 凤凰中学"助行课程"分段目标与核心素养关联一览表

素养维度	目标指向	年级		
		七年级	八年级	九年级
文化基础	乐于思考 勇于探索 善于审美	记住"正行思学"的校训；主动勤学，学会思考；能体验生活中的美，感受美、欣赏美；能书写一手工整的好字	能独立思考，主动思考，博学乐思；学习探究世界多元文化，形成个性化的学习方式；具有一定的审美的能力，想象力丰富	形成评判型思维；初步形成科学、艺术、道德等方面素养；有善于发现美、创造美的能力

(续表)

素养维度	目标指向	年级		
		七年级	八年级	九年级
自主管理	智慧选择 敢于拼搏 合作探究	学会学习、学会合作、学会探究;学会倾听,敢于展示自我,善于自我批评,善于对待不同意见和态度;敢于为个人成长中的每一次选择承担责任,并付诸行动	具有广泛的兴趣,正视自己的差异,学会选择,智慧选择;在全面发展的基础上,实现特长发展,主动坚持一项体育运动,有一种艺术爱好或倾向,并初步形成特长倾向;形成自主、合作、探究的能力	学习兴趣浓厚,具有良好的学习习惯、阅读习惯和生活习惯;能掌握一项劳动技能;具有自己的梦想,有长远发展目标,并长期坚持
社会实践	家国情怀 责任担当 臻于至善	具有珍爱生命,孝敬长辈,关爱他人、热爱劳动的素养;信奉"实践是检验真理的唯一标准",不盲从,不迷信,实事求是,崇尚科学	敢于挑战,不断超越,追求卓越;善于从失败中汲取经验;人格健全,品格良好,生活健康,心理健康;具有广阔的视野,面向未来的素养	充分发挥特长优势,激发潜能,能成为最好的自己;不管身在何处,都能爱护自然,关爱他人,服务社会

第三节 助行课程的结构与设置

结构化的课程图谱是学校课程的蓝图。所谓课程结构化,就是基于学校实际情况,在一定的教育理念、价值引导下,将纷繁复杂的课程内容进行规整,使得课程目标、课程内容、课程实施、课程评价等构成的课程体系具有高度的内在一致性,保证核心价值一以贯之,高效达成培养目标。

一、助行课程的结构及图谱

(一) 课程整体框架

"助行课程"是基于国家课程、地方课程、校本课程的管理体制为基础的。但是,课程结构体系主要是按照课程的功能来建构的。"以人为本,止于至善"是"助行课程"的哲学观,在课程理念的框架下,形成了"助行课程"体系在课程功能结构上的基础型、拓展型、探究型三类课程。基础型课程(学科课程+地方课程)、拓展型课程(学科拓展+综合拓展)、探究型课程(综合实践活动+研学行)。基础型课程的内容体现国家对公民素质的发展;拓展型课程着眼于满足学生向不同方向与不同层次发展的需要以及适应社会多样化的需求;探究型课程着眼于学生学会学习,激励学生自主学习、主动探究和实践体验。"助行课

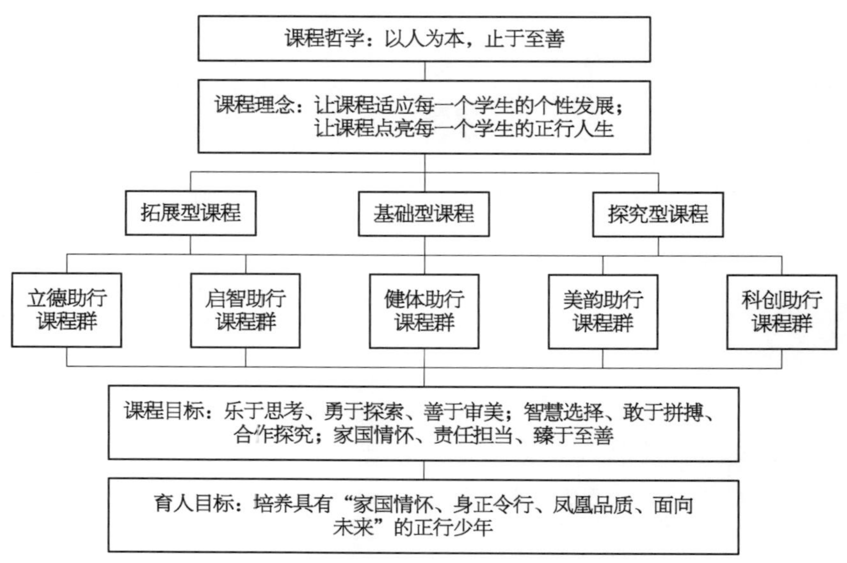

凤凰中学“助行课程”整体框架

程”在内容模块上又包含立德助行、启智助行、健体助行、美韵助行和科创助行五大课程群。通过课程的实施，最终达成课程目标和育人目标。

（二）课程结构图谱

凤凰中学“助行课程”图谱

凤凰中学建构了“助行课程”课程体系，通过课程的实施，立德助行课程群将主要达成的核心目标是“臻于至善”；启智助行课程群达成“乐于思考”的核心目标；健体助行课程群达成“敢于拼搏”的核心目标；美韵助行课程群达成“善于审美”的核心目标；科创助行课程群则达成“勇于探索”的核心目标。其中立德助行课程是基础和根本。

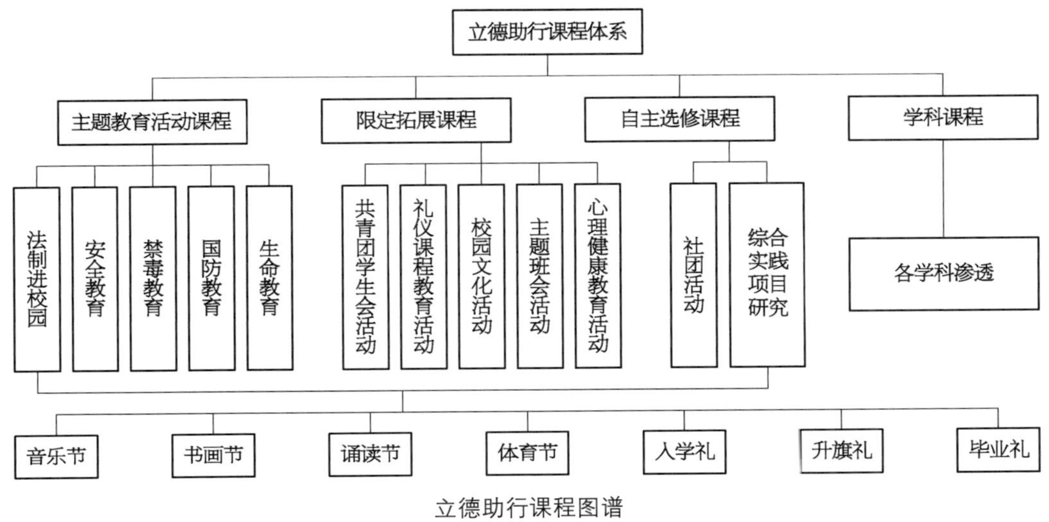

立德助行课程图谱

凤凰中学基于培育具有“家国情怀、身正令行、凤凰品质、面向未来的正行少年”的培养目标，对德育课程资源、载体进行统整，在德育课程体系方面进行优化，最终形成四大系列、十三大模块的立德助行课程群，突出贯彻落实立德树人使命的教育人宗旨。

二、助行课程的设置

学校教育追求全面育人，需要对课程做顶层设计。学校顶层的课程设计，有两个问题不可回避。一是未来社会需要什么样的人才，这些人才需要具备什么样的核心品质？二是课程创新的标志是什么，即基于理念的一以贯之的课程体系是什么。

课程体系是指将所有教育内容按照一定逻辑顺序课程门类进行排列组合。它决定了学生通过学习将获得怎样的知识结构。课程体系是育人目标的具体化和依托，规定了育人模式实施的规划方案。课程体系主要由特定的课程观、课程目标、课程内容、课程结构和课程活动方式所组成，其中课程观起着主导作用，课程观我们也叫课程哲学。在“以人为本、止于至善”的课程哲学引领下，凤凰中学建构了特色的“助行课程”体系。

“助行课程”体系依据国家课程方案，横向上将课程内容设置为：立德助行课程群、启智助行课程群、健体助行课程群、美韵助行课程群、科创助行课程群五大课程群。

“助行课程”有国家课程和地方课程的校本化实施，有体现学校办学思想、育人目标的校本课程。学校将国家课程、地方课程、校本课程三类课程进行整合与优化,形成纵向的基础型课程、拓展型课程和探究型课程的课程架构体系,详见表 2-2、表 2-3、表 2-4。

表 2-2　基础型课程设置表

课程(科目) \ 周课时 \ 年级		七	八	九	说明
启智助行	语文	7	7	7	① 七年级入学初设置 1 周的学习准备期 ② 语文课程每周安排 1 课时用于写字,七八年级每周安排 1 节阅读课程
	数学	5	5	5	
	英语	5	5	5	每周安排 1 节口语与阅读
	生物	2	2		有学生分组实验的内容必须到实验室进行分组实验
	物理		2	3	有学生分组实验的内容必须到实验室进行分组实验
	化学			3	有学生分组实验的内容必须到实验室进行分组实验
立德助行	道德与法治	3	2	3	
	历史	2	2	2	
	地理	2	2		
健体助行	体育与健康	3	3	3	七八年级每周安排一节足球课
美韵助行	音乐	1	1	1	成立音乐工作室,七八年级选课走班
	美术	1	1	1	成立美术工作室,七八年级以学生选课走班的形式开展教学
科创助行	劳动技术	1	1	1	劳动技术,实行专题模块化教学,多个学科参与
	信息技术	1	1		
周课时总量		33	34	34	每课时按 40 分钟计

表 2-3　拓展型课程设置表

课程(科目) \ 周课时 \ 年级		七	八	九	说明
启智助行	我是小记者	1	1		① 根据老师所报课程,学校课程委员会审核通过后,学生自主选课参加,主要是七年级、八年级学生参加,九年级学生根据自愿可以选择部分课程 ② 课程分为必修课和选修课。入学礼、升旗礼、毕业礼为必修课,其余为选修课
	凤凰摇篮文学社	1	1	1	
	叶脉书签制作	1	1		
立德助行	入学礼	每周 5 课时共 2 周			
	毕业礼			每周 5 课时共 2 周	
	升旗礼	1	1	1	
	食品安全与健康	1			
	中华传统节日的文化魅力	1			

（续表）

周课时 / 课程(科目) 年级		七	八	九	说 明
健体助行	徒手体操	1	1	1	③ 探究型课程，有长课程（10节以上）和短课程（5节～10节）。具体根据开课教师教学计划确定开长课还是短课 ④ 每课时按40分钟计
	邹家拳	3	3	3	
	中国象棋	1	1		
美韵助行	霓裳雅帛、丝网花、翰墨雅韵、手工扎染、脸谱制作	1	1		
	艺术节	每年春季学期开展1周			
科创助行	神奇的天文世界、小小银行家、带你去旅行、环保小卫士、走进博物馆、动画设计、魔术表演	1	1		

表2-4 探究型课程设置表

周课时 / 课程(科目) 年级			七	八	九	说 明
启智助行	短课程	阅读与欣赏、神奇的化学世界、走进张爱玲“荒凉”的文学世界、趣味“甲骨文”、李清照和她的诗歌、趣学单词、巧记单词、英文歌曲赏析、跟随余秋雨的脚步、数学巧记妙语、数学简算、一石数鸟、几何画板、显微镜的使用、玻片的制作	1～2	1～2	1	① 根据老师所报课程，学校课程委员会审核通过后，学生自主选课参加，主要是七年级、八年级学生参加，九年级学生根据自愿可以选择部分课程 ② 拓展型课程，有长课程（10节以上）和短课程（5节～10节）。具体根据开课教师教学计划确定开长课还是短课，如黑白格调开设一年，心灵有约约为6个课时 ③ 魅力足球、邹家拳、篮球训练营、田径每周5课时
	长课程	思维导图、演讲与口才、经典诵读、英文原声欣赏、情景剧、英语话佳节、诗歌鉴赏、名著赏析与阅读、文学中的讽刺与幽默、走进数学、播音与主持、疯狂英语、生活英语、趣味数学、数学之美、生物艺术与生活、生活中的化学、生活中的物理——教具制作、家电维修、趣味物理				
立德助行	短课程	乌蒙骄子、心灵之约、远离毒品、精彩人生、探寻世界七大奇迹、法律伴我行、世界难解之谜	1	1	1	
	长课程	昭通历史、主题班会、社交与礼仪、世界历史人物介绍、中国著名历史人物介绍、中国传统文化介绍、民族风俗习惯				
健体助行	短课程	中国象棋、花样排球、空中飞舞的羽毛球、乒乓球	1～5	1～5	1	
	长课程	魅力足球、校园射击、校园射箭、篮球训练营、田径				

（续表）

课程（科目）			七	八	九	说明
美韵助行	短课程	畅玩竖笛、葫芦丝	1～5	1～5	1	④ 每课时按40分钟计
	长课程	黑白格调、水墨丹青、五彩悦绘、创梦衍纸、彩绘之友、玩转剪纸、拼贴艺术、指尖之韵、简谱视唱、七彩舞蹈				
科创助行	短课程	编绳、发酵技术、电脑组装与安装、Scratch趣味编程、3D创意设计、摄影艺术	1	1	1	
	长课程	机器人、网页制作、动画设计、园艺艺术、家电维修				

在国家课程校本化实施方面，我们以基础型课程为基础，对课程进行拓展，比如，设置阅读与欣赏、思维导图、演讲与口才、写字、经典诵读、英文原声欣赏等课程科目，提供给学生选择适合自己发展的课程科目进行学习；在地方课程与校本课程实施方面，着眼于提升学生综合素质、提供学生学科课程之外不同的课程学习经历，促进学生个性特长的发展。着重从培养学生的通识素养、专业志趣和个性特长三个维度，丰富学生的课程选择和学习经历。

第四节　助行课程的实施与评价

一、助行课程的建设指导思想

1. 指导思想

通过针对学校与学生实际，推进一个"聚焦"、两个"建构"、三个"建设"，全面提升学校德育、智育、体育、艺术与科技、劳动技能等素养的教育。

一个"聚焦"：将教育教学改革的着力点与课程实施工作的主要精力聚焦于课堂教学，确保教育教学质量的提高。

两个"建构"：建构学校德育课程操作体系、建构学校课程体系。

三个"建设"：教育教学管理制度建设、学业管理与评价制度建设、师资队伍建设。

2. 课程的冠名

课程愿景植根于学校愿景。凤凰中学远期愿景是"办人民满意的学校"，近期的愿景是办"有昭通本土特色的优质名校。"基于学校愿景，我们确立了"创造适合学生的教育，促进学生差异化发展"的教育，我们将这一教育思想冠名为"助行教育"，建构的课程叫"助行课程”,实施的课堂则叫“助行课堂”,基于“助行课堂”教学而形成的课堂教学范式,即“三课五环”课堂教学流程与规范,我们称为“助行课堂”教学规范。

二、助行课程的设置原则

1. 课程目标整体性原则

学校的课程,作为一个整体,都以全面提高全体学生素质、发展学生个性特长为目标。各类型、各科目课程,在统一目标下,在不同层次要求上互补递进、合力形成一个整体,从学生全面素质培养的整体性原则考虑,针对学生特点,基于整体目标建构课程体系与配置课程科目。

2. 课程结构多元性原则

学生素养教育的多元性,决定课程结构的多元性。各种类型、模式、周期的课程设计,要既能保障学生共同基础的学习,又能满足和促进学生向不同层次上发展和个性特长发展以及社会多样化发展的需求。

3. 课程教学差异性原则

坚持以学生发展为本,承认并允许学生在初中阶段学习的基础、能力和潜质发展的差异性,根据学生的不同层次,同一科目课程有不同层次教学内容与要求。要培养、引导学生对学习的自主选择,尊重学生对自己所需要学习的课程和学习课程的进程有选择和要求的权利。

三、助行课程的实施策略

(一) 强化课程的领导、组织与研发

1. 成立课程发展室

为保障“助行课程”的有效实施,学校成立“助行课程”领导小组,在教学管理中心成立课程发展室。加强对基础型课程的管理,积极实施国家课程,推进国家课程的校本化实施,积极探索多元化评价方式。从学生的课堂学习、教师的课堂教学,以及课程的开发等方面进行评价。

2. 建立跨学科课程开发团队

组建以各学科组长和骨干教师团队为核心的课程开发团队,为学校助行课程体系的开发开设提供理论支撑、技术支持和资源保障。

3. 开发拓展型及探究型课程

鼓励教师开发拓展型课程和探究型课程。关注发展学生个性特长,促进学生自主学习能力形成,加强课程内容的层次性、多样性和社会性,创造性地开发不同类型、不同层次

的拓展型、探究型课程。为激发学生的潜能,发展学生的强势智慧,利用各种课程资源,拓展学生的学习空间和时间,为学生有效选择课程学习提供保障。

(二)建立健全相关课程制度

1. 课程的开发制度

建立学校课程的开发制度,学校课程室负责课程的管理、开发与实施,主要成员包括基础教育研究领域专家、校级领导、中层主任、骨干教师、家长委员等。从课程开发申报、课程开发审核、课程实施评估进行规范的管理,规范课程开发程序,提升课程研发实效。

2. 学生选课制度

选课制能够充分尊重学生志趣、性格、能力等方面的个性差异,在学生进行自主选择的基础上,使其爱好和特长得到更好发挥。首先,学校通过问卷、访谈、观察等多种形式,调查和分析学生的发展需要,确定选修课程内容,制定课程方案。其次,学校在校园网选课平台公布课程目录,发放选课指南,让学生进行选课。最后,学校根据学生选课情况排出一学期(或学段)的课程表。

3. 课程实施评价制度

管理与评价制度是课堂教学推进的机制保障。为全面推进助行课堂建设,对教师的课堂教学进行全面评价,学校拟定了“凤凰中学课堂教学评价实施方案”“凤凰中学‘助行’课堂流程与规范操作要领”“凤凰中学‘助行’课堂教学评价指南”“凤凰中学合作学习小组建设与实施方案”,研制了“凤凰中学课堂教学听课记录本”,对学校管理与评价制度的体系进行了重构。

重视课程实施的成效考核。课程实施效果要通过教学质量来体现,而教学质量分析则是发现问题、分析问题、解决问题的有效手段。学校由教学管理中心定期组织对教学质量的分析与考核。同时,学校重视对教师课堂教学跟踪评价结果的和考核与应用。学校课堂教学评价组对教师课堂教学的评价结果,纳入教师的绩效工资的考核,在教师评优晋级评先等方面予以体现。

4. 课程开发奖励制度

为提升教师课程开发主动性,激发教师开发校本课程的积极性,学校制定课程开发的奖励制度。围绕撰写课程纲要或方案、创编校本教材、编制导学案等方面对教师进行考核,凡是完成课程开发任务的,学校进行评估后,对学科组和开课教师给予一定奖励。比如,学科组给予考核加分,对教师给予物质和精神激励,优先推荐各级各类评优评先和岗位晋级等。

5. 教师校本研修制度

加强教师校本研修制度建设。教师建设课程、开发课程、实施课程,为全体学生服务,教师是课程的动态构建者、课程的开发者,是课程实施的主要角色。因此,“助行课程”建设与实践,必然需要全体教师的参与,课程理念必然成为校本研修的行动指南,引领校本研修。学校通过对校本研修的顶层设计，达成以课程理念引领校本研修的战略布局，采取了有效的策略。比如，“助行课程”的“主题学习”“专题研讨”等活动与过程，促进课程理念的传递与内化，成为不同学科、不同类型教师校本研修的共同价值追求。倡导课程开发与教师专业成长相结合，提高教师的课程开发、课程研究以及课程教学的能力。

（三）经费保障

在实施“助行课程”中，学校投入专项经费，旨为加强教师的教学和研究，鼓励教师系统归纳和总结课程开发和实施经验，编撰和出版相关教材。

奖励自主研发与创新实践“助行课程”的教师。保障经费除资助教材出版费外，还将对自主研发与创新实践校本课程的教师进行奖励，根据其贡献率和参与度进行一定金额的奖励。

对发表论文、编制教材、著书立说等方面给予编印经费支持性保障。根据研究成果如论文、教材、著作、课程网站、视频公开课、课件和习题库等的重要性和级别进行资助。

第三章

开　　发

课程建设需要进行顶层设计。为更好地达成育人目标,以激发学生潜能、培养智慧,满足学生个性成长的需求,促进形成学生兴趣特长倾向,需要整合和利用各类课程资源,进行校本课程的设计与开发,形成可供选择的个性化课程。立德助行课程群、启智助行课程群、健体助行课程群、美韵助行课程群、科创助行课程群,五大课程群为学生的学习搭建了不同的平台,提供了多元的课程体验。

第一节　立德助行课程的开发与设计

一、“乌蒙骄子”课程纲要*

(一) 课程开发背景

随着新课程改革的日益推进,在新高考生态环境下,要适应学生的个性化发展和多样化发展,对学校课程建设提出新的要求,学校如何通过加大国家课程的校本化实施、加强建设丰富多样的校本课程过程,满足学生个性特长发展的需求,是所有初级中学面临的共同问题。现有学校课程包括三个部分,国家课程、地方课程和校本课程,校本课程需要学校自主开发建设,利用多种课程资源尽可能为学生提供多元课程体验,在满足学生课程兴趣前提下,与学生生涯规划相关联。

通过对凤凰中学七、八、九三个年级,共 2 458 名学生进行的调查结果显示:学生对云南历史上出现的各类名人不是那么了解,但是有三分之二的学生对云南古今名人具有浓厚的兴趣;80%以上的家长都支持孩子参加本门课程。

我校有 8 名历史教师,另外对历史名人感兴趣的老师也很多,都能开这门课。于是,学校从人力、物力、财力上支持校本课程建设。在多年实践探索中,学校已经形成新课程理念的课程实施方式,通过注重学生的阅读、实地考察、情景剧再现等实践体验过程,为本

* 课程开发:高普红

门校本课程实施奠定基础。这门课程只需一间多媒体教室即可,学校已经具备此项条件,学生可以从龙家祠堂、姜亮夫故居以及家中长辈口中了解相关内容,还可以从互联网上查阅到大量的资料,进行实地考察。

(二) 课程目标

(1) 知道云南历史名人的生平,感受名人背后的艰辛。

(2) 认识云南历史名人,了解优秀名人坚韧不拔、自强不息、爱国敬业等的精神,从而培养良好的学习兴趣。

(3) 通过学习,能够表达自我,提升自我,树立远大的理想和志趣,培养热爱家乡的情感。

(4) 通过走进名人故居,让学生在社会实践中学习,提高实地考察、信息整理能力,体验生活即学习这一道理。

(5) 通过学习,能具备一定的文化创意与设计制作能力等。

(三) 课程内容

乌蒙山区有很多历史名人,我们从中选择一些具有代表性的,并且在中国历史发展进程中有一定影响力的,覆盖多个领域,是学生在其他学科学习中能够遇见的典型代表,其人物事迹对当今学生具有价值引领作用。总共选择了五个主题,包括航海家、爱国将领、艺术大师、国学巨匠、时代英雄。每个主题里的课题可以有一定弹性空间。

表 3-1 "乌蒙骄子"课程内容结构框架

主 题	人 物	主 要 内 容	教 学 目 标	课时
航海家	郑和	郑和的儿时成长地;郑和的人生经历和故事;著名历史学家、中外学者对郑和的评价;郑和在航海、外交、文化等方面的历史贡献	了解郑和的生平;学习郑和热爱和平、睦邻友好、自强不息的中华民族优良传统	1
爱国将领	龙云	儿时的龙云;龙云的人生经历和故事;著名学者及历史名人对龙云的评价;龙云的历史贡献	了解龙云的生平及感人事迹;知道龙云对云南的重要贡献;学习龙云的爱国主义精神	2
	卢汉	儿时的卢汉;卢汉的人生经历和故事;著名学者及历史名人对卢汉的评价;卢汉的历史贡献	了解卢汉的生平及感人事迹;知道卢汉对云南的重要贡献;学习卢汉的爱国主义精神	
革命军事家	罗炳辉	儿时的罗炳辉;罗炳辉的人生经历和故事;著名学者及历史名人对罗炳辉的评价;罗炳辉的历史贡献	了解罗炳辉的生平及感人事迹;知道罗炳辉对云南的重要贡献;学习罗炳辉的爱国主义精神	1

（续表）

主题	人物	主要内容	教学目标	课时
艺术大师	聂耳	儿时的聂耳；聂耳的人生经历和故事；聂耳的历史贡献	了解聂耳的生平及感人事迹；知道聂耳创作的《义勇军进行曲》对中国的重要意义；学习聂耳的爱国主义精神	2
	杨丽萍	儿时的杨丽萍；杨丽萍的人生经历和故事；杨丽萍的历史贡献	了解杨丽萍的生平及感人事迹；知道杨丽萍对云南艺术领域的重要贡献；学习杨丽萍坚持不懈，为艺术献身的精神	
国学巨匠	姜亮夫	儿时的姜亮夫；姜亮夫的人生经历和故事；著名学者及历史名人对姜亮夫的评价；姜亮夫的历史贡献	了解姜亮夫的生平及感人事迹；知道姜亮夫对云南昭通历史的重要贡献；学习姜亮夫刻苦钻研的精神	1
时代英雄	徐洪刚	儿时的徐洪刚；徐洪刚的人生经历和故事；国家领导人对徐洪刚的评价	了解徐洪刚的生平及感人事迹；学习徐洪刚见义勇为的精神	2
	铁飞燕	儿时的铁飞燕；铁飞燕的人生经历和故事；国家领导人对铁飞燕的评价	了解铁飞燕的生平及感人事迹；学习铁飞燕一心为公精神	

（四）课程实施

1. 课程设置

（1）适合对象：七、八年级学生。

（2）课时计划：9课时。

（3）开设条件：师资具备、学校能提供多媒体教室等开课条件。

（4）教学资源：历史遗迹（龙家祠堂、龙卢故里、姜亮夫故居、彝良罗炳辉将军故居、杨丽萍的月亮宫等）；民间传说；史料资源；奇闻轶事等。

2. 实施要求

（1）学生必须对本门课程有兴趣才能参与选课，选中的学生上课前必须通过各种方式了解相关知识。

（2）学校提供多媒体教室等硬件，必要的经费支持。

（3）开课教师课前准备充分，编制好校本课程，采用丰富多彩的形式授课，课后完善校本课程。

3. 实施策略

实施策略就是为了实现某一个目标，预先根据可能出现的问题制定的若干对应方案，并且，在实现目标的过程中，根据形势的发展和变化来制定新方案，或者根据形势的发展和变化来选择相应的方案，最终实现目标。

为了让本课程能真正具有可操作性,特制定了以下策略:

(1) 安全实施策略:通过对学生及家长进行安全出行方面的知识介绍,让学生与家长了解安全出行的具体要求,把在实地考察过程中的安全隐患降到最低;在社会实践活动中,制作活动指南及安全手册,充分做好学生人身安全及交通安全的宣讲提示。

(2) 实践调查策略:要求学生任选一名人,参观其故居,增加课程的选择性。通过走进名人故居、实地考察、调查了解等形式,课前让学生收集图片、视频及文字访谈等资料,对历史名人有一个初步的了解。

这样可以让学生提高信息整理能力,在社会实践中学习,为本课程学习打下基础,还能增加本课程的生动性和实践性。

(3) 文化沙龙策略:按照主题要求,可以把学生分成五个小组,每组确定一名组长、一名副组长、一名资料汇总人等角色,进行任务安排,确定好具体日程及时间节点。安排一个时间,各小组进行集中,把各自的任务、收集到的资料、发现的问题,总结的经验进行沙龙研讨。

这样可以充分发挥小组功能,各成员可以各抒己见,相互交流,取长补短,相互学习,共同进步。

(4) 文献研究策略:通过上网查询及到图书馆查找相关资料,对涉及的历史名人进行系统了解,深入研究。

这样可以加深对历史名人成长艰辛的认识,从而树立远大理想,学习优秀名人坚韧不拔、自强不息、爱国敬业等精神,从而培养良好的学习兴趣。

(5) 汇报交流策略:通过上述过程的学习和积累,让学生将成果汇总,可制作成PPT,也可是小视频,还可以是文字类的总结等成果。

这样能使学生具备一定的文化创意与设计制作能力,培养学生语言表达能力和文字写作能力。

(6) 宣传片制作策略:通过学生的汇报交流,教师和学生一起进行资料整理和分类,制作本课程的宣传片,最终形成一个资料库。

这是学生在本课程学习后的一些收获,其成果可以作为本课程的最终成果,附在校本课程之内,作为开设本课程后的一个重要资料,为以后学习这一门课程的学生提供借鉴与参考。

(7) 综合评价策略:为了对参加本课程学习的学生有一个公平、公正的评价,坚持过程性评价与终结性评价相结合的原则,教师制定一套科学、合理的评价策略。根据实施策略,制作出在不同场地、环境的相应评价标准,评出优秀学员给予表彰。比如,表达之星、创作之星、实践之星等。

这样可以鼓励学生,也有利于激发学生的学习兴趣,培养学生持之以恒的毅力和不怕艰辛的精神。

(五) 课程评价

通过教师和同伴的课堂学习活动记录及课堂学习效果考察等方法进行综合性评价

(以优、良、需努力来评价),评价的内容包括学习态度、学习能力和学习成果,采用过程性评价与终结性评价相结合的方式进行,通过教科室对学生的问卷调查评价。教师应力求做到客观、公正。以激励性评价为主,重过程、重变化,鼓励学生用文字语言对自己的学习过程进行自主评价,表达自己学习的收获与启示。

附:学习过程评价表

评价方式 / 评价内容	自　评	互　评	收获与启示	教师寄语
学习态度 (有浓厚兴趣)				
学习习惯 (思维清晰条理清楚,及时反思)				
学习能力 (能学以致用)				

附:期末终结评价表

项　　目	优	良	需努力	分　数
学习态度				
学习习惯				
学习能力				
问卷调查				
实地考察				
资料查询				
学习总结				
考　　勤				
总　　分				

备注:优为 3 分,良为 2 分,需努力为 1 分。20 分以上颁发课程结业证书。

二、“心灵之约——青春期教育课”课程纲要*

(一) 课程开发背景

青春期是人一生中的黄金时期,可对于青少年来说,这一时期是矛盾冲突期,怎样才能顺利度过这人生中的金色年华——青春期呢?这就需要我们老师、家长和学生的共同努力。青春期孩子很容易产生矛盾心理,面对自己的外形变化,生殖器官的变化等,特别容易出现焦虑和不安,既为自己的长大成人而欣喜,又不知道如何应对眼前的情况,从而走进身心失衡的矛盾中。如果不进行适当的心理调节,容易对孩子的心理造成负面影响。在这一时期与父母的相处也不是那么融洽,如何处理青少年与父母之间的相处问题?是什么原因导致青少年叛逆心理的增长呢?为了探讨这些问题,根据不同发育阶段的学生制定不同的教育计划:初一学生心理特点——个人意识开始出现,群体意识日益增强,青春欲望渐渐萌发,童心玩念依旧旺盛,厌学情绪渐渐滋生,自我管理逐渐变难;初二学生心理特点——思维能力大为提高,理想志向更为远大,青春欲望更为炙热,自尊反叛更加强烈,厌学情绪更加激化,自我管理更加困难。所以,开设这门课程就是帮助学生答疑解惑,帮助同学们顺利、健康地度过这一段金色年华。

(二) 课程目标

(1) 帮助学生解除青春期中的困惑,了解性生理、性心理及卫生保健方面的知识;了解基本的性道德和法律常识、正确的性观念;提高自我保护能力;提高中学生青春期心理健康知识水平,帮助他们了解青春期叛逆的特点和成因,认识到这些变化的正常性、必然性和危害性,引导他们对青春期的叛逆变化持正确的态度。

(2) 通过班级教学活动有计划的开展,课上与课下相结合,引导学生探索青春期成长历程。

(3) 引导学生探索生命的历程,理解生命、珍爱生命;塑造自我性别角色;理解青春期情感,学会与异性相处,尊重异性;积极面对和关注青春期的成长变化,形成科学的性观念。

(三) 课程内容

课程的内容主要由八个部分组成,即青春期生理、青春期心理、青春期审美、青春期自我保护、性道德、法制篇、青春期叛逆等。每一部分内容又由相关的主题内容组成,并依据主题选取适宜学生的课程内容。

---

* 课程开发:魏琴

表 3-2 “心灵之约”课程内容结构框架

主　题	主要内容	课　时
青春期生理篇	你知道生命的奥秘吗 男孩,你了解自己的身体吗 女孩,你了解自己的身体吗 青春期如何进行卫生保健呢	2
青春期心理篇	性心理是怎么回事 你能悦纳自己的性身份吗 男孩女孩要如何相处呢 如何让青春期的心理更健康	4
青春期审美篇	什么是真正的美 青春痘真的烦恼吗 你还可以长高吗 你需要减肥吗	2
青春期自我保护篇	你会保护自己吗 艾滋病可怕吗 如何远离毒品 遇到性骚扰怎么办	2
青春期伦理道德篇	什么是性道德 为什么要男女平等 正确的性观念有哪些 中学生如何培养性道德修养	2
青春期法制教育篇	法律知多少 性犯罪是什么 禁果是苦还是甜 “男大当婚,女大当嫁”是如此吗	2
青春叛逆的特点及成因	什么是叛逆 叛逆的表现 叛逆行为的类型和特点 叛逆的危害、叛逆心理形成原因	2
中学生青春期叛逆的自我调节	正视青春,化解矛盾,学会适应,把握自我 加强修养,完善自我,学会调节,消除叛逆	1

(四) 课程的组织与实施

(1) 课时安排：青春教育课列入学校特色课,对象为初一、初二年级,每周一节。

(2) 人员安排：由专职的青春教育老师负责开展教学活动及相关的事宜。

(3) 学习方式：将自主学习、探究学习、合作学习三种方式有机地结合起来，以课上与课下、学校与家庭有机整合促进青春期教育课程的组织与实施。学生的迫切需要和课外学生的自主学习为课程实施打下良好的基础，课堂通过学生探究学习与合作学习相结合，促进良好效果达成。

(五) 家校合作

通过“亲子讨论调查问卷”，在学校与家庭双方面的合作中进行青春期性教育实践。围绕青春期性教育课的主题和内容，编写“亲子讨论调查问卷”，在课前发放给学生，由学生和家长自愿讨论完成。最后与课上教学相结合，以这种方式寻找到学校与家庭教育的结合点。我们选取一些既是课堂性教育的内容，同时也可以是家庭性教育讨论的话题，去确定“亲子讨论调查问卷”的内容并进行编制。“亲子讨论调查问卷”在问题的设计上，我们尝试将有些主题和内容以孩子故事、日记的结合形式展现出来，这样可能更有利于讨论。

亲子讨论调查问卷与课堂教学相结合，更促进课程实施。首先，因为亲子讨论调查问卷的话题也是我们的课堂青春期性教育的话题和内容，因此我们把问卷中利于开展课堂教学的因素充分挖掘出来并有效利用。其次，我们还可以从问卷中寻找问题，发现问题，从而在课堂教学中解决这些问题。最后，通过亲子讨论，可以加深学生对调查问卷中问题的理解和思考，有效地提高课堂的教学效果。

(六) 课程评价

青春期教育课是以促进学生青春期健康成长为出发点的，重点在于学生的探索成长过程并形成积极的价值观和人生态度。因此，重在过程性评价，评价的内容从学生评价和教师评价两个方面进行。教师在课程实施过程中，不断地自我反思，对课程进行修改。同时，教师和学生参与评价，得到多方面的评价，为今后课程的改进指明方向。

三、“食品安全与健康”课程纲要*

(一) 课程开发背景

食品和我们的生活密不可分，食品安全是每个人健康成长的重要保障。可是就目前大多数中小学生而言，存在对食品安全缺乏正确认识的现象。比如，暴饮暴食、偏食严重等已成常态，来自超市、路边小摊的各种重口味食品已成为不少学生的最爱。青少年正处在长身体的关键时期，他们的健康成长直接关乎万千家庭的幸福和祖国的未来。因此，学

* 课程开发：游光存、陈国忠

校有计划地开设“食品安全与健康”课程，让学生掌握食品安全与健康相关的基础知识，学会如何科学饮食，这为学生学会生存，更好地提高身体素质，也为走可持续发展之路打下了基础。

我校为寄宿制学校，大部分学生一日三餐在学校食堂进餐，课程开设的目的就是培养学生深入了解营养与人体需要和健康的关系；了解青少年人群的营养需求特点与膳食原则；理解各类食品的营养含量和营养物质在体内消化吸收的过程；理解供给身体成长和运动的热能来源及其需求量等相关指标。使他们基本懂得饮食的合理搭配，牢固树立科学的食品安全意识。

（二）课程特点

（1）实用性。“民以食为天”，饮食贯穿于人的生活中，因此，此课程的显著特点是具有很强的实用性，它紧密联系学生的生活实际。课程内容来源于学生生活中的案例，具有很强的可操作性。通过学习此课程，学生懂得如何科学地饮食，根据自身的身体状况合理地安排饮食结构，并学会如何避开有害的食物，食用健康的食品，使学生在学习的过程中做到预防疾病和增强自身健康的能力。

（2）跨学科性。科学饮食，必然要涉及相关学科的知识，例如在谈到哪些食物对人体有益时，就需要用中医理论、营养学、生理学的知识来解释，因此，它的知识面涉及很多学科。

（3）时代性。现实生活中，生活饮食方式影响着一代又一代中国人。新兴起的西式食品和油炸食品，如肯德基食品在改变着年轻人的饮食时尚；早晨不吃饱，晚上吃夜宵的“错位”不良习惯等都在危害着年轻人的健康，这些都带有较强的时代问题。而此课程除了发扬优秀传统饮食文化外，更针对时代饮食的弊端进行教学。

（4）创造性。在中学开设校本课程具有很强的创造性。由于饮食与健康的知识，还没有在中学进行系统教学，故此课程的开设没有现成的教材，在教学上也可以灵活应用教法，根据不同年龄段的学生可采取不同的方法，对初中低年级可以以学生提问、讨论为主。知识深度和广度、教学方法都要根据不同的教学对象及学生的接受能力而发生变化。

（三）课程目标

开设食品安全与健康课程，目的是让学生初步了解和掌握他们日常生活密切联系的饮食与健康的相关知识，培养活泼开朗、身心健康的青少年。目标如下：

（1）让学生初步掌握有关健康饮食的知识，并学会如何去科学饮食，增强自己的体质和健康。

（2）通过学习，培养学生对饮食学、中医理论、营养学、生理学、医学的兴趣。

（3）通过学习科学饮食知识，了解食物对人体健康的作用，懂得食物与人体的关系，掌握人体发展的自然规律，达到知识迁移而能学会遵守自然和社会的法则，树立正确的人生观和价值观。

(4) 了解营养素来源及在体内的运行代谢过程；热能的单位、不同劳动强度的热能供给量；理解各类食品的营养特点和营养价值及其影响因素，营养价值评价方法，营养素食物来源和参考摄入量；常见膳食营养不平衡与疾病的关系；营养强化食品的种类及生产，食品营养强化的基本原则；平衡膳食的基本要求。了解各种营养素的生理功能及营养素的主要缺乏症，不同人群营养生理特点、营养需要特点及合理膳食原则。

(5) 根据各类食品营养价值和各类人群的营养需要，正确编制适合青少年人群的食谱并能合理搭配自己的饮食，改掉原有的不良饮食习惯。能灵活运用所学知识和技能进行家庭营养健康指导与教育。

(四) 课程内容与设计

课程通过专业教师深入、细致的调研和系统的分析后，明确课程的主要内容有：人体必需的几大营养素的生理功能及来源；营养对人体健康的关系；如何针对青少年人群进行营养食谱设计、食品营养常规教育以及课程评价。在组织课程内容时，要紧紧围绕完成学习任务的需要，并融入相关饮食职业知识、技能的学习。其具体内容和课时如下表：

表 3-3　"食品安全与健康"课程内容结构框架

主　题	知 识 要 求	技 能 要 求	课时
食品与健康	熟悉不同种类食物的营养价值，了解食品营养标签的内容和意义	知道常规食物营养含量和人体健康的关系，能对食品的标签正确解读	3
营养不良的症状	营养素缺乏或过多的种类和症状，熟悉各种慢性病的营养问题	能够根据身体状况判断营养素缺乏或过量	3
食谱的编制	掌握青少年人群食谱编制的原则与方法	能根据营养需要为自己制定平衡食谱	2
食品安全常识	食品不安全因素及安全食品的辨别	了解市场食品不安全的因素及安全食品的标识，能正确选用安全食品	2
健康饮食指导	案例解读及食品合理搭配顺口溜	能合理搭配饮食，培养饮食制作兴趣	2

教学根据课程的知识结构，结合学生学习特点，按照先易后难、由简单到复杂的原则，将课程分为 5 个单元，共 12 个课时。除去期中和期末考评占用 2 个课时，再用 2 节指导学生操作，每周每班安排一节教学任务。课程内容基本上涵盖了青少年食品安全与身体健康相关知识体系。在教学过程中，以学生为中心，采用引导与合作探究的教学模式完成

教学内容。

(五) 课程实施途径与方法

1. 实施方法

必须依据本课程标准开发教材,体现实用性、通用性和合理性的原则,根据够用为度的原则,选取教学内容。

教学中以班为教学单位,采用理论和实践相结合的教学模式,突出食品安全与健康相关知识和餐饮职业能力和职业素养的培养目标;本课程的学习主体是学生,引导是教师;教学过程中,要注重创设学习情景,加大实践,加强学生实际操作能力的培养,激发学生的学习和操作兴趣。

2. 实施主体及对象

主讲教师:学校专任教师和外校教师。

授课对象:七~九年级学生。

(六) 课程的评价

本课程的考核采用阶段性评价、过程性评价与成果评价相结合的评价模式,注重学生食品安全常规知识的掌握。评价时要体现教学过程的各个环节,兼顾学生的学习态度、知识和技能的掌握情况、社会能力及生活习惯等诸多方面,并按合理的考核分值比例划分。

四、“中华传统节日的文化魅力”课程纲要*

(一) 课程开设背景

传统节日的形成过程,是一个民族或国家的历史文化长期积淀凝聚的过程,凝结着中华民族的民族精神,承载着中华民族的文化血脉和思想精华,蕴涵着丰富的历史文化、伦理道德、哲学思想、审美意识、价值观念等,既是传统文化的重要载体,也是传统文化的集中体现。可是在继承和发扬传统文化的过程中,现实却不容乐观。一方面,外国节日越发盛行起来,如圣诞节、万圣节逐渐受年轻人的喜爱成为节日新宠;另一方面,传统节日中的仪式与现代生活有一些距离,传统节日中美好的民族文化和独特的民俗意境被忽视了。

2018 年 8 月 22 日,习近平总书记在全国宣传思想工作会议上的讲话中指出:“中华优秀传统文化是中华民族的文化根脉,其蕴含的思想观念、人文精神、道德规范,不仅

* 课程开发:石俊

是我们中国人思想和精神的内核,对解决人类问题也有重要价值。要把优秀传统文化的精神标识提炼出来、展示出来,把优秀传统文化中具有当代价值、世界意义的文化精髓提炼出来、展示出来。”传统节日是中国传统文化的重要载体,同时也是中华优秀传统文化的重要组成部分,其中蕴含着许多优秀文化因素,在以文化育人方面具有不可替代的作用。

(二) 课程的核心育人价值

在孩子们的成长过程中,初中阶段是一个非常重要的时期。在这三年里,他们的身体和心理快速成长。从这个时期开始,孩子们的身体、外貌、行为模式、自我意识、交往与情绪特点、人生观等,都脱离了儿童的特征而逐渐成熟起来,更为接近成人。因此,在这个阶段重视对孩子们的传统文化教育是非常有必要的,深挖传统节日内涵,建设和弘扬好节日文化,创新节日活动形式,发挥传统节日在思想教育中的功效,这对于增强他们的文化认同感,文化自信有着重要意义。

(三) 课程目标

校本课程的开发研究过程中,挖掘传统节日文化的内涵,营造浓郁的传统文化教育氛围,进一步提升校园文化,以达到让师生在学习中了解传统节日民俗,学习节日文化,增强民族自豪感,自觉弘扬民族文化,传承民族精神的课程目标。具体可细化为:

(1) 了解 5 个中华传统节日的由来与传说。

(2) 了解 5 个中华传统节日的习俗(可结合少数民族和地区民俗特点)。

(3) 了解中华传统节日的诗词文化。

(4) 引导学生主动搜集相关资料,激发学生的民族自豪感。

(5) 开展各种节日活动,深入了解传统节日内涵。

(四) 课程内容

课程主要采用主题式综合活动课的形式来开展。激发学生参与兴趣、培养学生综合能力,并在课程实施与评价之中落实中华优秀传统文化教育的核心目标。初步思考将本课程分为 5 个活动专题:

(1) 爆竹声中一岁除,春风送暖入屠苏——春节。

(2) 梨花风起正清明,游子寻春半出城——清明节。

(3) 绿杨带雨垂垂重,五色新丝缠角粽——端午节。

(4) 但愿人长久,千里共婵娟——中秋节。

(5) 霜风渐欲作重阳,熠熠溪边野菊香——重阳节。

详细的课程内容见下表。

表 3-4 "中华传统节日的文化魅力"课程内容结构框架

主题	课题(活动)	具体内容与目标
春节	话说春节	说来历,说风俗,说对联
	春节我来"做"	剪纸,做灯笼,(游园活动)
	美味春节	分享春节美食(图片分享,做法介绍等)
清明节	经典诵读	搜集清明诗词,诵读比赛
	烈士祭祀	清明烈士陵园扫墓
	寻根溯源制家谱	制作家庭简易家谱;对当地名人追根溯源,了解他们的家风
端午节	话说端午	了解端午节的相关来历、传说故事和习俗活动,并动手制作和节日相关的手工作品
	品品粽香	家长和学生在班级内包粽,品尝粽香,共话传统
	话剧屈原	课本剧排演
中秋节	诗词话中秋	开展经典诵读活动,或者诗词大会,提前让学生收集整理中秋相关诗词,进行比赛
	书信寄相思	开展中秋签名寄语活动(短信,明信片,书信都可以),通过抒发感想、发送感恩寄语,表达畅想团圆、感恩父母、报效祖国之情
	读书会	借助诵读活动契机,开展读书分享会
重阳节	我爱我家	拍一张和父母长辈在一起的照片,写一句感恩的话
	莫道桑榆晚,为霞尚满天	组织去敬老院与老人们一起过节,听爷爷奶奶们讲他们的故事,然后分享故事
	当我老了	以"尊老敬老"为主题开展作文比赛

(五) 课程实施

1. 课程设置与要求

(1) 适合对象:七~九年级学生。

(2) 课时计划:每个主题 4~5 课时。

(3) 开设条件:多媒体教室,阅览室,团委与德育中心。

2. 课程教学策略

(1) 自主学习策略。学生的自主学习主要集中在对资料的收集整理,如诗词积累,朗诵比赛等活动。以往我们要求学生进行诗词积累,就是为了背诵而背诵,如果和节日紧密相连就会让诗词的学习与学生的生活发生关联,于是我们就一个节日一组诗词,既有和节日相关的,还有与节日主题相关的诗词。

(2) 合作探究策略。合作探究学习主要适合于对本地相关传统节日习俗的了解,对本地名人家规、家风相关资料的收集等活动。通过这样的主动合作探究活动,可以锻炼同学们统筹解决问题、合作分工解决问题以及探究的能力。

(3) 实践活动策略。本课程的大部分内容都是活动课程,需要同学们,老师甚至是家长一起参加。对传统节日的发扬,主要还是在于对我们传统节日精神内涵的继承,因此我们要通过各式各样的活动,调动大家参与的积极性,一层一层挖掘节日背后的意义,以活动为载体,实现对传统节日精神的继承和发扬。

(六) 课程评价

(1) 评价原则:个性化原则,多元化原则。
(2) 评价形式:学生自评、学生互评和教师评价相结合。

附:学生课堂活动评价表

评价项目	评价标准			评价结果	备注
	A	B	C		
参与意识	积极参与 主动性强	积极参与 欠主动	能够参与		
个性展示	特长突出	展示充分	能够展示		
实践能力	极强	较强	一般		
合作意识	有较强交往能力, 合作能力强	能顾全大局 会与人合作	有合作意识		
创新能力	意识明显 思维活跃	有创新意识	表现一般		
自我评价	客观公正	较公正	片面		
综合表现	积极主动 思维活跃 表现突出	积极参与 展示自我	安于现状 表现一般		

说明:本评价表仅限于对参加所在课题的学生的评价,由任课教师来完成。

附:校本课程学生评价表

评价要素	评价内容	评价等级	自评	同学互评	师评
学习品质	基础知识的掌握	优秀★★★ 良好★★ 合格★			
	同伴的合作与交流				
	资料收集整理、归纳				

（续表）

评价要素	评 价 内 容	评价等级	自评	同学互评	师评
学习水平	软件的操作熟练程度	优秀★★★ 良好★★ 合格★			
	方法和技巧				
	制作作品的想象力				
	制作作品的创新能力				
作品展示	是否完成	优秀★★★ 良好★★ 合格★			
	干净、精美				
	具有创意				
我的收获					
老师对我说					

五、"远离毒品"课程纲要*

（一）课程开发的背景

毒品已经成为世界的公害，它曾给中华民族带来极其深重的灾难。习近平总书记在2018年禁毒工作日曾作出指示：禁毒工作事关国家安危、民族兴衰、人民福祉，毒品一日不除，禁毒斗争就一日不能松懈。近年来，青少年涉毒者比例明显上升，白色瘟疫的蔓延犹如洪水猛兽，摧残着青少年的肉体，销蚀着青少年的灵魂，践踏着人类的文明和尊严。严峻的形势已迫使我们必须采取更有力、更有针对性的教育措施，教育未成年学生珍惜生命，远离毒品，使每一个学生都能认识到毒品的严重危害性，认识到一旦沾上毒品就丧失前途，葬送健康，毁灭生命，祸及家庭、社会乃至国家。目前毒品虽尚未在学校出现，但"防患于未然"总比"亡羊补牢"好。

我校把禁毒教育列入学校工作计划，列为德育工作计划，将毒品预防教育作为学生行为规范教育的重要内容，因此，在行为规范教育中加大禁毒教育的力度，并培养学生正确的"三观"，提高学生是非观念和审美情趣结合起来，同时引导学生交友谨慎，不盲目猎奇，不涉足网吧等未成年人禁入场所，养成健康、文明的生活习惯。

---

* 课程开发：陶聪

(二)课程目标

(1) 使学生了解有关毒品的知识,认识毒品,走出误区。

(2) 教育和引导学生远离毒品,提高拒毒防毒意识。

(3) 提高公民自觉抵制毒品的能力,并培养同毒品违法犯罪行为作斗争的自觉性。

(4) 学习一些预防和抵制毒品的措施和方法,从生理和心理上建立和巩固对毒品的防线,珍惜生命,远离毒品,完善人格,促进自我的健康成长。

(三)课程内容

1. 教学内容

(1) 知道常见毒品的名称。

(2) 初步了解毒品对个人和家庭的危害。

(3) 知道哪些不良生活习惯可能会导致吸毒。

(4) 懂得一些自我保护的常识和简单方法,能够远离毒品。

(5) 了解现在新型毒品的性状,避免被“变形”毒品所蒙蔽。

2. 教学活动建议

(1) 观看图片、资料片或实物等,识别几种常见毒品。

(2) “找一找活动”:播放或介绍一个案例,吸毒给个人和家庭带来的灾难和痛苦。通过“找一找活动”了解毒品的危害。

(3) 通过活动和游戏,告诉学生不要随便吃药,不要吃陌生人给的东西,不要自己买营养品等。

(4) 列举常见毒品的名称和俗称以及新型毒品,收集毒品危害的相关资料。

(5) 参观禁毒教育基地或禁毒教育展室,观看禁毒教育影视片。

(6) 讨论吸毒对个人、家庭和社会有什么影响?会造成什么样的后果?

(7) 运用学过的相关法律条款,分组谈谈法律如何保护未成年人不吸毒、如何打击毒品违法犯罪?

(8) 讨论“对好奇的事就要去尝试,是对的吗?”以吸毒故事为例,引导学生对“好奇”“从众”等心理的正确认识,知道一些毒犯诱惑青少年吸毒的常见手法,学会拒绝毒品的基本技巧。

3. 切实开展好“六个一”活动

(1) 上好每一节禁毒教育课。

(2) 读一本禁毒图书。认真组织学生看书学习禁毒知识,让学生切实掌握毒品知识和国家对禁毒的法律法规。

(3) 观看一部禁毒专题教育片。组织学生通过观看“拒绝毒品、关爱未来”禁毒专题片,让他们更深刻地认识到禁毒的重要性和当前形势的严峻性。

(4) 开办一期内容丰富的禁毒手抄报。主要涉及毒品的知识及毒品的危害等内容，使学生受到教育。

(5) 举办一次“珍爱生命，拒绝毒品”演讲比赛或知识竞赛。

(6) 撰写一篇禁毒心得。

(四) 本课程与其他课程的关系

在各学科渗透毒品预防教育的基础上，通过专题教育的形式，培养学生健康的生活情趣、毒品预防意识和社会责任感，掌握一些自我保护的方法，做“珍爱生命、远离毒品”的人。

(五) 课程实施

1. 课程设置

(1) 适合对象：七～九年级学生。

(2) 课时计划：6 课时。

(3) 开设条件：师资、多媒体教室、禁毒图书等。

(4) 教学资源：凤凰中学是云南省首家“禁毒图书角”进校园示范学校，禁毒教学资源非常丰富，有禁毒课本、法律书籍、毒品仿真样品、禁毒课程中师生创作的图片资源和完善的网络课程资源。

2. 实施要求

(1) 学生必须对本门课程有兴趣。

(2) 学校提供多媒体教室等硬件。

(3) 开课教师课前准备充分，编制好校本课程，采用丰富多彩的形式授课，课后完善校本课程。

(六) 课程评价

1. 评价指导思想

通过学习评价，促进学生自主学习的能力，提高学生收集、整理资料的能力，提高分析问题，解决问题的能力。激发学生的学习兴趣，对毒品有科学和可观的认识，为以后走上社会真正地从身到心远离毒品奠定基础。

2. 评价方式

通过教师和同伴的课堂学习活动记录及课堂学习效果考察等方法进行综合性评价(以优、良、需努力来评价)，评价的内容包括学习态度、学习能力和学习成果，采用过程性评价与终结性评价相结合的方式进行，通过教科室对学生的问卷调查评价。教师应力求做到客观、公正。以激励性评价为主，重过程，重变化，鼓励学生用文字语言对自己的学习过程进行自主评价，表达自己学习的收获与启示。

附：学习过程评价表

评价方式 / 评价内容	自 评	互 评	收获与启示	教师寄语
学习态度 (是否有浓厚兴趣)				
学习习惯 (是否思维清晰条理清楚，及时反思)				
学习能力 (是否能学以致用)				

附：期末终结评价表

项 目	优	良	需努力	分 数
学习态度				
学习习惯				
学习能力				
资料查询				
学习总结				
考 勤				
总 分				

备注：优为 3 分，良为 2 分，需努力为 1 分；20 分以上颁发课程结业证书。

第二节 启智助行课程的开发与设计

一、“‘凤凰摇篮’文学社”课程纲要*

(一) 课程开发背景

社团在学习中有重要作用，学生以共同的目标为基准，相聚在一起，讨论共同的话题，

* 课程开发：欧阳平

社团就成了学生理想的交流平台。通过社团活动,可以为学生创造一个良好的自学环境,提高学生学习的积极性。

"凤凰摇篮"文学社,顾名思义是人才成长的处所,集体力量的源泉,众人智慧的摇篮;另一种解释就是凤凰栖息之所,隐含其涅槃重生,无尽生命的奥秘。它的诞生来源于《凤凰摇篮》校刊,校刊受到广大师生、特别是喜爱文学的学生关注。"凤凰摇篮"文学社让学生在活动中发现美、体验美,增强审美情感,提高了审美感知力、鉴赏力,同时也提高了学生的人文素养。

(二) 课程目标

(1) 培养人文素养,发挥文学特长,开发文学创作潜能。
(2) 丰富课外知识,扩大文学知识面,优化知识结构,发展个人的兴趣爱好和特长。
(3) 学习与他人合作,在小组合作探究中学会取人之长补己之短。

(三) 课程内容

围绕创作文学作品的一些常见途径,如阅读、写作、采风活动、听讲座、编写和构建科目内容等,开展文学社团系列活动,促进学生主体作用的发挥。

表 3-5 "'凤凰摇篮'文学社"课程内容结构框架

主　题	主要内容及要求	学年/课时
走进文学社	招募若干名爱好文学,并具有一定文学功底的社员 讨论制定新一届社团活动计划	每学年跟进
阅读	选取传承中国传统文学与文化的优秀作品。如《骆驼祥子》《朝花夕拾》《傅雷家书》 介绍自己所选作品的内容及特色 开展阅读欣赏	3 学年
写作	进行写作知识的讲解 进行写作练习,交换作品 小组内相互批改作文,交流意见,进行展示,优秀作品在校刊上发表	3 学年
采访	老师组织社员到文学创作中心采风,领略地方文学发展 了解本土作家及作品 写采访稿子	4 课时
听讲座	邀请本土知名作家进行讲座 与知名作家交流、谈心	2 课时
编辑	征集学生作品 编辑、印刷、发放《凤凰摇篮》校刊(每学期两期)	每年跟进
编订合集	对每期文学报进行收集整理,编订成精美合集	10 课时

(四) 课程的实施

(1) 招收对象:七、八年级学生,每届招收 30 人左右。活动时学生小组围坐,以便讨论，方式有阅读、写作，采访活动，听讲座。

(2) 课时安排：有些课程内容每年都要进行，文学社成员的平时按课时完成。

(3) 设备要求：多媒体播放设备教室的投影。

(4) 教学资源：利用图书室资料、“凤鸣书院”、昭阳区文学创作中心、昭通博物馆、龙家祠堂、烈士陵园、昭通作家群等资源，自编讲义，制作课件。

(五) 教学策略

(1) 发挥学生的主体作用，开展文学活动。校园文学社团以学生为主体，以学生自愿报名的形式招收成员，确立学生负责人一名，由其主要负责社团的运作，根据实际招收人数，成立编辑部，编排文学报《凤凰摇篮》。社团活动要以文学为主，如读名著、读后感交流，从中增长知识；开展讲座，请一些知名作家讲授写作技巧，传授写作经验；也可赏析文学作品，评改社员作品；组织成员进行采风、采访，走向自然、走进社会、积累素材、捕捉灵感，从而创作出优秀的文章；组织征文比赛，通过比赛激发学生积极性和创作热情，提高写作水平。

(2) 将校刊作为社员的实践园地。可以采取多种形式，指导学生进行写作，把写作和学生的实际情况相联系，以《凤凰摇篮》文学报为基础，进行创作。优秀作品，推荐到高一级的文学报上发表，激发学生的创作激情。

(3) 以学校活动为契机，锻炼社员能力。借学校文化活动、读书节、运动会等各种活动，让学生积极参与学习，进行相关的宣传，发挥学生的特长，锻炼学生的组织能力，可以鼓励学生写宣传稿，对相关的时事进行报道。

(4) 鼓励学生走入社会大课堂。组织学生编课本剧，自办报纸，为报纸写稿子，带社员走入社会，对清洁工进行采访，还可为社区居民进行演讲，让学生在广阔的社会中实现自我价值。

(六) 科目评价

评价时，既要关注学生的学习成果，对作品进行评价，也要关注学生的学习过程，对学生参与社团活动积极性等方面进行评价。

附：学习评价表

项目 \ 等级	优 秀	良 好	一 般
作品数量和质量	作品数量达到 5 篇以上且质量优秀	作品数量达到 3～5 篇，质量较高	作品数量达到 1～2 篇，质量一般
参与社团活动的表现	积极主动参与每一次社团活动，无缺席现象，有主见	积极主动参与每一次社团活动，无缺席现象，没有主见	能够参与每次活动，能按要求完成任务

二、“趣味数学”课程纲要*

(一) 课程开设背景

要使学生学数学、爱数学,一定要让学生对数学感兴趣。“趣味数学”的内容要安排很多趣味性强的活动,在动手操作或创设情境中自主探索,使学生在多种感官、多种媒体的作用下学中用、用中学,提高学生学习数学的兴趣。“趣味数学”的内容应以数学学科的知识体系为依托,充分吸纳一些新的数学信息。

数学是学习现代科学技术必不可少的基础和工具,是基础教育的重要组成部分,通过趣味数学的开展,不仅使学生能够掌握渊博的数学知识,也使那些数学尖子有发挥自己特长的用武之地,更重要的是可以训练他们的思维,增强分析问题和解决问题的能力,促使学生发展,使他们具有终身持续发展的力量源泉。

(二) 课程的核心育人价值

以《义务教育课程纲要》和《数学课程标准》的要求为宗旨,以新课改的理念为指导,以学生身心发展的特点和学生的知识能力基础为前提,开设好“趣味数学”活动课,激发学生产生钻研数学的浓厚兴趣,形成勇于实践、敢于创新的良好品质,进一步拓宽学生的知识面,发展学生个性特长,提高学生整体素质。

(三) 课程目标

(1) 向学生提供丰富的感性材料,通过具体操作手段,进行思考,展开想象,培养学生的形象思维能力,同时侧重培养学生浓厚的数学学习兴趣。

(2) 通过理解问题情境,借助客观事物留在头脑中的表象,培养学生的表象思维能力,同时侧重培养学生主动探究、尝试发现的能力。

(3) 引导学生运用概念、运用规则,结合其他相关知识,通过设疑、探索、猜想、验证、应用等途径,培养学生应用数学知识解决实际问题的能力,同时侧重培养学生良好的思维品质。

(四) 课程内容

1. 课程内容选择的基本思路

(1) 益智趣味园地。设计数学幽默趣题,图形或与数学有关的、相近的“自由问题”。例如,玩火柴棒、诡辩题等,这些内容有思考性,突出活动性,有利于激发学生探究的兴趣。

---

* 课程开发:桂云

(2) 数学艺术。数学里有很多文学、艺术的成分，在趣味数学中可设计数学墙报、数学手抄报、数学故事、数学绕口令、数学对联、数学谜语、几何艺术造型等内容，使学生深化对数学的认识，灵活应用数学知识，丰富美学教育，使数学与文学艺术有机地结合起来。

2. 课程内容的框架结构

表 3-6 “趣味数学”课程内容结构框架

主题	课 题	具体内容与目标	课时
生活中的数学	抽签先后顺序真的不会影响中奖概率吗	问题：在日常生活中，我们有时需要抽签来解决问题，如一个班级里从学生当中选值日生会使用抽签方法，比赛出场顺序也会使用抽签方法，商场抽奖同样会使用抽签方法，那么抽签先后顺序对抽奖概率有没有影响呢 目标：培养学生自主性、主动性，引导学生在掌握数学思维成果的过程中学会学习，把数学知识融于活动中，使学生在学习情境中，提高自己的观察能力，想象能力，分析能力和逻辑思维能力	1
	如何排队打水最省时间	问题：在一次华罗庚数学竞赛中，有这样一道数学题：假定水的流速不变，有一群人提着水桶排队打水，他们的水桶有大有小，怎么样才能使他们接满所有水桶用的总时间最短呢 目标：培养学生自主性、主动性，引导学生在掌握数学思维成果的过程中学会学习、学会创造；把数学知识融于活动中，使学生在学习情境中，提高自己的观察能力，想象能力，分析能力和逻辑思维能力	1
大自然中的数学	气泡为何成球形	问题：拿来一根铁丝，并将其弯成方形。蘸一下泡沫水后就开始吹气泡。那么，吹出的气泡为什么不是立方形呢？或者把铁丝弯成三角形，但为什么不会吹出一个金字塔形的气泡呢？为什么不管把铁丝弯成什么形状，最后吹出的气泡都是一个完美球形呢 目标：培养学生自主性、主动性，引导学生在掌握数学思维成果的过程中学会学习，把数学知识融于活动中，使学生在学习情境中，提高自己的观察能力，想象能力，分析能力和逻辑思维能力	1
	生活中无处不在的几何	问题：几何学的应用在我们的日常生活中无处不在：车辆的轮胎选用圆形，这样阻力才会最小；房屋的顶梁选用三角形，因为三角形有稳定性；蜜蜂做的蜂巢筑成正六边形，因为空间利用率最大……几何学应用广泛，解决了我们生活中的很多问题。那么，几何学到底是怎么产生的呢 目标：培养学生自主性、主动性，引导学生在掌握数学思维成果的过程中学会学习，把数学知识融于活动中，使学生在学习情境中，提高自己的观察能力，想象能力，分析能力和逻辑思维能力	1

（续表）

主题	课　题	具体内容与目标	课时
会变化的数学	寻找亲和数	问题：人与人之间讲究友情，而有趣的是，数与数之间也有相类似的关系，数学家把一对存在特殊关系的数称为“亲和数”。亲和数，又称相亲数、友爱数、友好数，指两个正整数中，彼此的全部约数之和(本身除外)与另一方相等 目标：培养学生自主性、主动性，引导学生在掌握数学思维成果的过程中学会学习，把数学知识融于活动中，使学生在学习情境中，提高自己的观察能力，想象能力，分析能力和逻辑思维能力	2
	打破不可能——“化圆为方”的绝招	问题：数学蕴含着千千万万的奥秘，听到“化圆为方”这个词，你是不是一头雾水呢？首先，我们来了解一下什么是“化圆为方”：“化圆为方”是古希腊数学尺规作图领域中的命题，它与“三等分角”“倍立方问题”并列为尺规作图三大难题。“化圆为方”要解决的问题是：求一个正方形，使其面积等于一给定圆的面积 目标：培养学生自主性、主动性，引导学生在掌握数学思维成果的过程中学会学习，把数学知识融于活动中，使学生在学习情境中，提高自己的观察能力，想象能力，分析能力和逻辑思维能力	2

（五）课程实施

1. 课程设置与要求

（1）适合对象：七～九年级学生。

（2）课时计划：12课时。

（3）资源配置：普通教室，专用教室。

2. 课程教学策略

（1）体现学生的主体地位，让学生自主学习，或小组合作探究学习。

（2）启发引导学生参与探究知识形成的过程，对探究的结论进行归纳总结，从而使问题得到解决，既加强了学生的动手操作，又发展了思维和语言，有利于培养学生的数学思维能力。

（3）以培养学生的数学思想为目标，以发展学生的数学思维能力为基础，以提高学生的学习兴趣为出发点。

（六）课程评价

（1）评价原则：客观性原则，指导性原则，整体性原则，科学性原则。

(2) 评价形式：重视学生的自我评价，采用多种评价方式。

(3) 评价主体：以自评为主、各方协同参与。

(4) 评价内容：学生的参与形式，参与程度，学生得到的启发。

(七) 课程管理

(1) 对学生学习过程的管理。鼓励学生积极参与，让学生全身心投入到学习中，从被动学习变为主动学习。

(2) 对课程发展过程的管理。多渠道、多形式开发课程，使课程适应学生的学习，适应学生的发展。

三、"英语话佳节"课程纲要*

(一) 课程开发背景

英语是一门语言，要在英语方面让学生充分利用口、耳的说、听功能，要求学生开口朗读，用心听读，让他们大声朗读课本上的句子，并及时帮助他们纠正发音。针对个别性格内向、羞于开口的学生，将他们列为重点关注对象，注意鼓励他们敢于张口，勇于出声，大声朗读。经过近半个学期的培养，大部分学生形成了正确的朗读习惯。同时我们也要避免学生可能因为单词听写，而产生对英语的畏学、厌学心理，避免加重一部分学生对英语学习的负担，最终导致他们甚至放弃英语学习。

此外，英语学习的两极分化现象，是令英语老师最头痛的问题之一。根据初步的观察、调查与测试，尽快掌握班级中英语学习薄弱学生的状况，并且在教学过程中给予更多的关注与关心，持续地给予他们精神上的鼓励，用心帮忙他们重树学好英语的信心，在课堂设计上更多地向基础薄弱学生倾斜，并努力取得学生家长的配合。总之，采取一切措施控制并缩小班级内英语学习两极分化现象，并非完全不可能的事情。

(二) 课程目标

(1) 知识目标：了解中国传统节日；学会用英文表达中国传统节日，激发学生解决问题的兴趣；学会灵活掌握学习英文的方法。

(2) 能力目标：培养学生英文口语表达的能力，培养学生合作探究的学习能力。

(3) 情感目标：培养学生认真学习、主动学习的学习态度，了解学好英文的重要性。

* 课程开发：李立林

(三) 课程内容

表 3-7 "英语话佳节"课程内容框架

主题	活动内容
春节	了解春节是中华民族最隆重的传统佳节 对自己在春节中的一系列活动进行介绍并且进行集体讨论
端午节	认识端午节是中国的传统佳节,全国各地在端午节这天都有着丰富多彩的节庆活动 介绍端午节习俗甚多,因地域不同而又存在着习俗内容或习俗细节上的差异,各地过法虽不尽相同,但划龙船、食粽子是普遍习俗
中秋节	认识中国民间中秋赏月活动 对关于中秋节的传说进行叙述

(四) 课程实施

1. 科目设置

(1) 学习对象:七、八年级学生。

(2) 学习课时:10 课时。

(3) 时间分配:由学校统一安排。

(4) 活动地点:校内竹林小道、小广场一角、凤鸣书院等。

2. 课程实施策略

(1) 用学生最熟悉的节日,如春节能更好地激发学生的学习兴趣。春节是指汉字文化圈传统上的农历新年,俗称"年节",传统名称为新年、大年、新岁,但口头上又称度岁、庆新岁、过年,是中华民族最隆重的传统佳节。也是我们学生最熟悉的节日,以此为题让学生能更好地接受。

(2) 进行节日的模拟活动。端午节是中国的传统佳节,全国各地在端午节这天都有着丰富多彩的节庆活动。我们通过模拟龙船、食粽子习俗,丰富学生精神文化生活,既能很好地传承和弘扬传统文化,又能较大程度提高学生对英语的学习兴趣。

(3) 角色扮演的使用。如中秋节的嫦娥奔月,学生们选角色进行扮演、并且进行表演,达到学习英语的角色体验。

(五) 课程评价

从活动能力、理解能力、合作能力、学习能力、口语表达能力这 5 个方面进行考查,并采用自评、互评、教师评价的综合方式。

(1) 活动能力:能积极主动寻找关于节日的内容,并能组织大家讨论有关节日的一系列知识,认真地学习。

(2) 理解能力:对于讲解能很好地接受,对一些基本知识能很好地掌握。

(3) 合作能力：不管是角色扮演还是节日讲解同学之间能很好地相互沟通、相互学习。

(4) 学习能力：能很好地把手中的一些资料翻译成英文，具有很好的自主学习能力。

(5) 口语表达能力：能用英文流利表达相关的中国节日。

附：活动记录评价表

项　目	具 体 内 容	完 成 情 况	备　注
课前准备	收集中国传统节日		
	教室的清理和整理		
	完成用的时间		
	自己小组的评分		
	哪些因素影响团队协作		
课后准备	打扫课后卫生		
	教室的清理和整理		

备注：完成每一项活动在完成情况下打“√”对于完成的在备注栏说明情况。

附：评价实施方式和标准

课目	评价方式 \ 评价内容	参与	合作	习惯	作业	口语	总评
	自　评						
	互　评						
	教师评价						

备注：每位参与学生采取自评和互评的方式进行、上课教师对每位学生进行评价。

每项活动 2 分，总分 10 分。具体操作如下：

(1) 参与：在课程活动主动积极查找资料(1 分)，认真参与项目活动的(1 分)。

(2) 合作：同学之间做到合作(1 分)，并用英文交流(1 分)。

(3) 习惯：习惯用英文口语交流的加(1 分)，正确使用习惯用语(1 分)。

(4) 作业：完成作业(1 分)，能用英文报告(1 分)。

(5) 口语：英文口语表达流利，语态自然，情感交流丰富，无语音、语调错误的(1 分)；英文口语基本流畅，恰当使用肢体语言，语音、语调基本正确，用词基本准确 1 分。

(6) 不能用英文表达、没有积极参与不得分。

四、"情景剧"课程纲要*

(一) 课程开发背景

1. 重要性分析

步入二十一世纪的信息技术时代,我们越来越明显地感受到传统的一本教材、一支粉笔、一张嘴的语文教学方法已经不能适应时代的要求。语文教学的最终目的应立足于促进学生语文素养的全面发展。它应该符合学生的兴趣,能激发学生的主动性和积极性。语文教学还应该注重语文与生活的联系,不断丰富学生的实践经验,为学生的终身学习服务,为他们的生活和工作奠定基础。课本剧,它取材于语文教材,大多是传统名篇,有着良好的文学基础;它内容广泛,形式多样,是语文教学中一个活跃的组成部分;它形象具体,充分挖掘学生的潜能,促进学生个性的发展;它的教育感化作用强烈,是单纯靠书面文字所未能达到的。演好一出语文课本剧,不仅可以培养学生的语文能力,而且能培养学生的写作能力、组织能力。

2. 必要性分析

(1) 有利于调动学生语文学习的兴趣。我们的学生置身在汉语的大环境中,很多孩子感受不到语文能力培养的重要性,学习语文主动性不强,再加上传统课文学习与实际联系不太紧密,学生在语文课堂上总是表现不佳,发挥不了应有的主体性。把课文改编成剧本,让学生自己来表演,学生成了演员,要想演好角色,学生的兴趣自然就来了。

(2) 有利于解决语文教学长期以来存在的效率低下的问题。长期以来,语文教学效益相比于其他学科一直不明显,语文教学的有效性很难在传统的教学模式中体现。将课本剧引进课堂,不仅能活跃课堂气氛,更能够让学生以主人翁的态度参与到编、演、观、悟之中,发挥学生的主体性,提高学生的领悟能力,不断提高学生的审美情趣,从而大大提高语文课堂教学的有效性。

(3) 有利于培养学生的写作能力。语文写作教学问题一直是一个比较棘手的问题,教材虽然在编写过程设置了单元专题作文教学内容,但在实际教学过程中,教师与学生很难面面俱到地将之落实到位。即使少数教师重视作文教学,也会因作文教学本身的抓手不牢,最终走过场地将作文教学付诸形式。学生近距离观看同学参演课本剧,然后写观后感,就会有鲜活的写作素材,不会面对空洞的材料,挖空心思,止笔不前,此时,只要教师引导恰当,学生选取的切入角度正确,言之有物,就会写出满意的作品。久而久之,学生的写作能力就会大大提升。

---

* 课程开发:田维波

(二) 课程目标

(1) 通过班级课本剧的排演活动,逐步培养全体学生理解能力、想象能力、表演能力和合作能力。

(2) 通过课本剧的教学,培养学生对文本的理解感悟能力和语言表达的能力,培养学生合作探究能力和综合学习能力,培养学生创新能力和艺术表现力。

(3) 通过课本剧的教学,使学生的道德素养、人文素养、语文素养、艺术修养等综合素质得到有效提升。

(4) 通过课本剧的编写、改写,提高学生的写作能力和想象能力。

(5) 通过研究探索语文教学的基本途径、教学模式,让课本剧教学成为中学语文教学改革的亮点。

(三) 课程内容

表 3-8 "情景剧"课程内容结构框架

主题	课　题	内　　容	课时
小说	孔乙己	了解时代背景,熟悉课文,分析人物形象,编写剧本,选定演员,排练,演出	10
	范进中举	熟悉课文,分析人物形象,编写剧本,选定演员,排练,演出	10
	我们家的男子汉	熟悉课文,分析人物形象,编写剧本,选定演员,排练,演出	10
戏剧	白毛女	了解时代背景,把握歌剧的特点,分析剧本,选定演员,排练,演出	8
	威尼斯商人	了解时代背景,分析人物形象,选定角色,排练,演出	8
叙事散文	背影	编写剧本,体会父子深情,选定角色,排练,演出	6
	窗	分析人物形象,编写剧本,排练,演出	6
古文	晏子使楚	了解时代背景,体会富有个性的语言,编写剧本,排练,演出	8

(四) 课程实施

1. 课程设置

(1) 适合对象:七～九年级学生。

(2) 课时计划:80 课时(三学年)。

(3) 资源配置:素质教育的大背景;学校领导的支持;教材;有浓厚兴趣的学生;学校的多媒体教室;学校的报告厅;家长对孩子全方面发展的支持。

2. 课程招生要求

(1) 具有一定的阅读理解能力。

(2) 有一定的写作能力。

(3) 能说流利的普通话。

(4) 要求学生具有一定的表演意愿和能力。

(五) 课程评价

本学期的特长课,力求以课本剧教学实践活动为突破口,整合多学科的资源,坚持开展丰富多彩的语文综合性实践活动,全面提高学生的语文素养。在课本剧的导、选、读、编、演中促进学生语文素质的提高,从而使学生的语文综合能力得以提高,促进学生全面和谐的主动发展。

附:剧本案例

《孔乙己》剧本

镜头一:小伙计靠在桌上打瞌睡,孔乙己大摇大摆的背着手走进"咸亨酒店"。小伙计不理他,并骂他穷鬼。(孔乙己一直欠着掌柜酒钱)(掌柜、小伙计)

小伙计:趴在桌子上呼呼大睡(鼾声)

老　板:翻着账本算账。(口中念着孔乙己还欠十九个钱)

孔乙己:走进"咸亨酒店"(大摇大摆)。大声说道:来二两五粮液。

小伙计:(假装睡着)不理孔乙己。

孔乙己:来二两,来二两,来二两

小伙计:烦不烦,有钱吗?穷鬼!

老　板:不耐烦的看了一眼孔乙己

小伙计:(气愤地)把酒放到孔乙己面前。

孔乙己:(满脸堆笑)还要一盘花生。

小伙计:(生气地)又递了一碟花生,说"钱"。(轻视的眼神)

镜头二:(这次给现钱)孔乙己在小伙计和短衣帮面前摆阔。(排出九文大钱)(短衣帮数人)

孔乙己:(缓慢地在兜里摸)摸出九文钱,(得意地)慢慢的把钱一个一个的排在桌子上。

小伙计:(怀疑的口气)你的钱哪里来的。

孔乙己:哼!自己挣的(满脸堆笑)

短衣帮:(笑着说)挣的,你又偷东西了吧!

孔乙己:怎么可能偷呢?

孔乙己:"偷"说得这么难听,我只是"窃"了书。读书人拿本书来读也能叫偷,有没有文化。(愤怒的说)没文化的穷鬼。(接着背书)前不见古人……

短衣帮:(哄笑)

镜头三:短衣帮取笑孔乙己(脸上的伤疤)

短衣帮:孔乙己,你回来,读书人偷书确实不算偷,因为你是"窃"书嘛。

孔乙己:(微笑着)背着书又回来了。

短衣帮:孔乙己你脸上的伤疤是怎么回事?

孔乙己:跌……跌……跌的。这有什么好奇怪的。

短衣帮:“跌”恐怕是“窃”书“窃”来的吧!
孔乙己:别这么凭空污人清白。
短衣帮:清白,还好意思说清白,前天为什么被丁老爷吊着打?丁老爷会污人清白吗?
孔乙己:(低着头)慢慢的离开了。

镜头四:短衣帮取笑孔乙己(连个秀才也捞不到)
短衣帮:回来
短衣帮:你真的认识字么?
孔乙己:(骄傲地)那还用说。
孔乙己:小伙计,过来!我教你认字。
小伙计:(不耐烦地把头转了过去)
孔乙己:(对小伙计)将来想不想当掌柜?
小伙计:(不耐烦地看了一眼孔乙己)
孔乙己:(用手蘸水在桌子上写)茴香豆的“茴”有好几种写法。我教你,好好记住,将来当掌柜记账要用。
小伙计:(不耐烦的走开了)

镜头五:孔乙己又要了一碗酒和一碟花生(小孩哄抢花生)。
众小孩:(一拥而上)准备抢豆子。
孔乙己:(一人分发一颗)
众小孩:(吃完豆)仍然睁大眼睛盯着豆,叫着、闹着要豆吃。

镜头六:孔乙己逗小孩玩。(不多了,多乎哉,不多也)
孔乙己:不多了,不多了,多乎哉,不多也。

镜头七:丁举人责问孔乙己偷书一事,孔乙己辩解。
丁举人:孔乙己,终于找到你了。
孔乙己:(唯唯诺诺)丁老爷,一向可好。
丁举人:不好,不好。我的文房四宝呢?
孔乙己:(低下头,小声说)我没拿,老爷。
家　丁:没拿!前几天,老爷看你这不成器的东西,饿得快要死了,赏你コ饭吃,让你去帮老爷抄书,没想到,你这该死的不要脸的家伙,抄着,抄着你连同着笔、墨、纸、砚、一起失踪。
短衣帮:孔乙己,偷笔、墨、纸、砚也该叫“窃”吧。(众人哄笑)
孔乙己:(低下头)

镜头八:丁举人带家丁暴打孔乙己
丁举人:打死这不要脸的东西。
众家丁:(七手八脚暴打,边打边说)打死你这不要脸的偷书贼。

镜头九:掌柜跑去看孔乙己,让他还酒钱。可孔乙己已经死了。
小伙计:(在孔乙己鼻子边试探)孔乙己死了。
掌柜:(拨弄着算盘)哎!这家伙还欠十五个钱呢?死了真可惜。

五、“趣味物理”课程纲要*

（一）课程开发背景

生活是很多自然规律、社会知识的本源，而知识规律的作用就在于其来源于生活而又作用于生活，进而改变生活。物理作为一门自然科学，在这方面显得尤为重要。物理规律处处贯穿于我们的生活中。而长期以来教学中关于物理知识的传授常常忽略了与生活的紧密联系，以致使许多人认为物理学而无用，因而对生活中的物理现象也就理所当然的视而不见了，造成了实际生活与书本知识的脱离以及探索精神的匮乏。

通过对我校初二年级部分学生的问卷调查及对物理学科学困生的座谈发现：72.5%的学生怕学物理，觉得物理很难，很抽象，从而产生厌学情绪；65.6%的学生认为物理与生活没有多大联系，学物理除了应对考试，没什么用；28.3%的学生没有进过实验室，认为大部分实验课非常程序化，缺乏趣味性，学生不感兴趣。为了有效解决学生厌学物理，动手能力差的问题，决定开设“趣味物理”这门课程。本课程以“联系生活，科学探究，学以致用，激发兴趣”为宗旨，以生活中与物理知识紧密联系的现象为研究对象，以物理探究为方法，积极组织引导学生走近生活、探究问题、了解原理、学习知识，营造良好的探究学习氛围，让学生感到物理就在我们身边，并会从日常生活中发现知识、学习知识，极大提高学生学习物理的兴趣。

本课程主要以实验探究为主，场地在学校物理实验室，所需实验器材完备，时间安排和学校“助行广场”校本课程时间同步，开设条件充足。

（二）课程目标

（1）密切联系生活，培养学生“物理来源于生活，又服务于社会”的基本理念，提高科学技术应用于日常生活的意识。使学生带着探究的眼光走进生活，研究生活，并在研究过程中积累知识、拓宽视野，形成务实的探索精神。

（2）掌握探究问题的方法，学会素材收集整理，学会原理分析，培养一定的观察能力和分析概括能力，提高实验探究能力，逐步培养学生运用所学的物理知识解决实际问题的能力。

（3）积极营造探究学习的氛围，使学生乐于探索自然现象和日常生活中的物理规律，培养学生对科学的求知欲和探索精神。

（三）课程内容

“趣味物理”由两个板块组成：“科学是真实的”和“科学是神奇的”。“科学是真实的”有 4 个实验，这一板块旨在培养学生的科学精神及树立“物理来源于生活”的理念，使学生

* 课程开发：乔家奎

乐于探索自然现象和日常生活中的物理原理。“科学是神奇的”也有 4 个实验,这一板块注重培养学生对科学的求知欲,提升学生学习物理的兴趣,树立良好的科学观。具体见下表。

表 3－9 “趣味物理”课程内容结构框架

主 题	课 题	课 程 内 容	课时
科学是真实的	用纸杯可以放大手机的音量吗?	声音的传播需要介质 声音是以波的形式传播的 减少声音的散失可以增大响度	1
	用塑料瓶可以轻易分离蛋黄和蛋清吗?	了解大气压的存在 生活中利用大气压的实例	1
	谁能让光线变弯?	光在同种均匀介质中沿直线传播 了解光的折射现象	1
	一杯水能把塑料口袋撑破吗?(帕斯卡裂桶实验)	液体压强与液体深度有关 了解帕斯卡裂桶实验	1
科学是神奇的	魔箱(重力与重心)	重力的方向是竖直向下的 什么是物体的重心	1
	筷子提米(摩擦力)	什么是摩擦力 摩擦力的大小与接触面粗糙程度和压力大小有关	1
	听话的喷泉(电荷相互作用)	自然界有两种电荷,即正电荷和负电荷 了解带电体有吸引轻小物体的性质 同种电荷相互排斥,异种电荷相互吸引	1
	纸片托水(大气压强)	大气压的存在 生活中利用大气压的例子	1

(四) 课程实施

1. 课程设置

(1) 适合对象:有一定探究能力,热爱生活,喜欢物理的七、八年级学生。通过双向自愿选择的方式选择符合条件的学生 20 名。

(2) 课时计划:每节内容一个课时,总计 8 课时。

(3) 开设条件:物理实验室,自制教具。

(4) 课程资源:自编教材、活动手册、多媒体素材。

2. 实施要求

(1) 学校提供一间物理实验室作为教学场地,并配备所需的实验器材。

(2) 完善物理实验管理规章制度,学生进入实验室必须严格按要求规范地进行操作。

(3) 注意用火用电安全,教师必须确保学生在实验过程中的人身安全。

(4) 每周设置一节对应的实验课。

3. 教学策略

(1) 自主实验策略。创设民主、宽松的学习环境,引导学生积极参与实验,充分发扬民主教学,尊重学生的人格和个体差异,信任、理解和宽容学生,了解学生的需要并给学生选择空间、活动空间、思维空间和表现空间,引导学生积极自主地进行实验。

(2) 合作学习策略。在学生自主学习的基础上,以小组合作学习的形式,通过小组讨论协商,确定实验步骤、注意事项、观察记录要点等,分工合作完成实验。

(3) 对比分析策略。实验前可让学生对实验结果进行充分的猜想,学生的猜想更多的是凭着生活经验和想象,而这些实验的结论与生活经验有着较大的差距,这个差距会给学生带来巨大的思想震撼,从而达到让学生尊重实验、尊重科学,激发学生学习物理的兴趣。同时通过对比分析找出实验所包含的物理知识,从实验中得出的物理规律比直接告诉学生更能够让学生掌握和记忆。

(4) 分享交流策略。实验后让学生分享交流实验所思所得,通过分享交流增强学生对知识的理解,提升学生表达能力,也便于学生思维的碰撞,使知识点更明晰,知识掌握更牢固。

(5) 主动策略。主动策略体现学生学习的主动性,它不同于教师直接教授。教师直接教授,学生处于被动接受,不利于学生学习主动性积极性的调动,很难激发学生学习的兴趣,也不利于学生主动思考。而采用主动策略,当学生在实验过程中遇到困难或产生困惑时,学生通过自主思考解决不了,此时通过咨询老师或同学得到帮助,充分体现学生主体性。

(五) 课程评价

(1) 评价原则:激励性原则、个性化原则。

(2) 评价方式:自评、互评、师评。

附:实验课教学观察表

项　目	分值(分)	观察指标	评价等级(分)				得分
			A	B	C	D	
教学目标	10	符合课程标准与教材要求	5	4	3	2	
		符合学生实际	5	4	3	2	
教学内容	10	内容选择科学合理,没有知识性错误	5	4	3	2	
		重点难点处理适当	5	4	3	2	

（续表）

项 目	分值(分)	观 察 指 标	评价等级(分)				得分
			A	B	C	D	
教学过程与教学策略	40	实验器材准备充分，营造有利的学习氛围	5	4	3	2	
		导课方式新颖，引人入胜	5	4	3	2	
		体现知识的形成（建构）过程：提出问题是否有针对性（针对重点和难点），是否有启发性（揭露矛盾，激发思维）；针对要研究的问题，学生是否运用已有的知识和经验进行预测或作假设，是否让学生展开想象，当学生出现多个错误假设时，教师不能武断地决定探究方向；自主实验策略：是否让学生放开思路，自主地、大胆地设计制定实验方案；学生是否根据自己设计的探究方案进行探究实验，收集证据；交流分享策略：是否进行交流、评估、分享、展示	5	4	3	2	
		对于教学过程中新生成的问题、知识处理得当	5	4	3	2	
		教学环节得当，时间分配合理，媒体利用有效	5	4	3	2	
学习状态	15	学生参与活动的广度	5	4	3	2	
		学生参与活动的深度	5	4	3	2	
		学生的思维水平	5	4	3	2	
学习效果	15	教学目标是否达成	5	4	3	2	
		学生解决问题的能力是否得到训练和提高	5	4	3	2	
		学生的精神状态是否饱满	5	4	3	2	
教师素养	10	教态自然大方、语言符合教学要求	5	4	3	2	
		实验操作规范，现代教学仪器使用熟练	5	4	3	2	
简单评语			总 分				
			等级评定				

附：实验课学生评价表

评价内容	评价方式	课堂表现		
		五　星	三　星	一　星
自主实验能力	自评			
	互评			
	师评			
合作能力	自评			
	互评			
	师评			
创新能力	自评			
	互评			
	师评			
分享交流能力	自评			
	互评			
	师评			

第三节　健体助行课程的开发与设计

一、“魅力足球”课程纲要*

（一）课程开设背景

在全世界运动项目当中，足球是一项非常重要的体育项目，近至身边远至世界各地，球迷遍及全球。每年的世界杯更让无数球迷疯狂。足球最早起源于中国古代的一种球类游戏——蹴鞠，蹴鞠早在战国时期就已经出现。虽然我国是足球的发源地，但是我国足球

* 课程开发：吕绍山

水平整体处于较低的状态。

我校是足球特色学校，开展足球教学三年来，每年外出比赛的队员都代表该年龄段昭通市的最高水平，这些都极大地调动了学生喜欢足球、热爱足球、参与足球赛事的兴趣和欲望。家长也为孩子成为学校足球队队员而感到骄傲和自豪，非常支持孩子进行足球训练。同时，我校经过近几年在足球教学方面的探索，足球课程已具备设置独立体系的能力和资源。

(二) 课程的核心育人价值

1. 目的和意义

一位老师曾说过："体育是最能塑造人格魅力的项目，体育精神和激情一旦渗透到一个人的骨子，那他整个人就会在生活的每个角落释放出耀眼光泽。"通过足球训练让学生掌握一些足球的基本知识和技能，锻炼学生的体质，加强学生的合作意识，激发学生热爱足球、热爱运动的觉悟，从而使学生形成爱运动、爱生活的良好生活习惯。

目前足球是世界上所有体育运动中关注度最高的项目之一。国家也已开始重视校园足球，教育部表示将完善政策，形成校园足球接力机制，把学生足球特长水平纳入学生综合素质评价体系，形成档案，供上一层学校招生参考，这一举措极具远见卓识。要提高我国足球的水平得从娃娃抓起，在全国的校园中推行足球新政，对于推进校园足球普及，促进青少年强身健体全面发展，夯实国家足球事业人才基础，具有极其重要的战略意义。

2. 学情分析

七、八年级的学生正处于青春发育期，各项身体素质都在不断发展，具备一定的速度和灵敏性，对足球等球类运动充满好奇和兴趣，但足球对于学生的学习实际和老师的技术水平要求较高。比如，脚内侧接地滚球、脚背正面接空中球、脚内侧传定位球、脚内侧接空中球、脚内侧传球、脚内侧扣球、正脚背踢球、脚背内侧传定位球、头顶球等中等难度的各项技术，需要教师制定有效措施进行引导。

足球是少年儿童特别喜欢的体育活动，只是因为时间和场地的问题，使很多学生在中小学阶段都没有接触足球的机会，使很多热爱足球的孩子，在足球的技术和造诣方面也没有成长机会。而校园足球提供了训练平台，在这个展现自我的平台上让孩子们逐步成长、成才。

(三) 课程目标

1. 知识目标

(1) 教学初期让学生学会足球的一些理论、术语和简单的足球训练方法。

(2) 教学中期使学生能主动锻炼，掌握足球运动中的基本动作并能熟练运用，运球、传球、背人、过人、射门等都要进行示范和训练。

(3) 教学中后期要分成两队实战演练，找出每个学生的不足，进行有针对性的训练，使学生在足球赛事中能临危不乱,赛出水平赛出风格。

(4) 通过理论学习,掌握有关的足球知识,深刻体验足球文化的内涵。

2. 能力目标

(1) 通过练习足球,提高学生的速度、力量、柔韧、灵敏度等综合身体素质,增强身体协调能力、控制能力。

(2) 通过技巧学习,挖掘个人潜力,提高足球球技战术能力。

(3) 通过足球竞赛,提高学生在对手面前的应对能力,培养学生自主学习、自我锻炼的能力。

3. 情感目标

(1) 通过足球的训练过程,加强团队合作精神和体育竞技意识、提高个人文化素养,争取荣誉,为校争光。

(2) 让队员们积极训练,并逐步成长,并在此过程中意识到技能要提高,球技要长进,最重要的是要坚持,让学生掌握一定的学习方法、学习技能,能根据自身需要,为终生学习和锻炼奠定基础。

(3) 教育学生练习足球不仅是为了强身健体、也不仅是为了提高昭通足球水平,如果能做到初中、高中一直到大学咬定足球不放松,足球基础和成绩一定会有很大的提高。要为推动中国足球冲出亚洲,走向世界做出努力。

(四) 课程内容

(1) 教学重点: 足球基本功练习,在基本功坚实基础下提高各部位踢球动作技术,培养学生的竞技精神,同时更重要的是培养学生对足球的长久兴趣。

(2) 教学难点: 脚背正面颠球、绕杆射门、各部位踢球、停球,这些基础性的技术动作练习周期长,需要学生耐心地长期练习,不断摸索,积累对球控制的感觉,争取在足球竞技当中怎样做到少失误甚至零失误。

(3) 课程内容框架。

表 3-10 "魅力足球"课程内容结构框架

主　题	课　题	具体内容与目标	课时
足球简介、简单动作的训练	观看足球介绍视频	观看一场世界杯足球赛;初步了解足球运动,了解足球运动是有规则的,了解足球运动的演变历史	2
	耐力(慢跑);简单动作的训练	学生成两路纵队绕操场慢跑两圈(每节课可以逐渐增加),要求速度均匀精神饱满、队列步调一致。对以下内容反复练习: 脚内外侧带球 传接球、颠球、脚弓盘球、脚底踩	5
	熟练技能球性练习	巩固上节课的动作,同时增加传接带组合练习	4

(续表)

主 题	课 题	具体内容与目标	课时
提高足球运动的球感与控球能力,进行战术训练	提高球感与控球能力	学习简单运球突破技术,运球变速、变向转身技术、接球、接-传球、运-传和运-射、原地与助跑头球技术、正、侧面抢球技术;继续巩固上学期所学的技战术动作	6
	身体训练	练习各种敏捷性的跑、跳跃、跨越,培养反应速度、柔韧性、平衡、协调和节奏感等能力	2
	战术训练	借助一对一、二对二、三对三、四对四、单足球门和双足球门的比赛,向队员介绍足球比赛的基本战术思想:对方控球时阻止进球并设法夺回控球权,通过合作的方式去攻破对方球门	4
	心理训练	培养青少年的求胜欲望和自信心。在任何场合应以鼓励与表扬为主,让他们在训练和比赛中享受足球的快乐	2
	理论学习	懂得《足球竞赛规则》中的主要规则;介绍球星的成长经历,激励队员们的能力、成长欲望,树立理想;观摩某些重大比赛的技战术过程	2
	比赛	组织演练参加九人制的比赛,进一步巩固和提高学生掌握的技术,改进技战术上存在的主要弱点。为区足球比赛做准备	4
分两队实战演练,对薄弱项目进行针对性训练	进一步熟练各个动作,提高身体素质	巩固提高脚内侧踢、停球技术动作和对球的控制能力、支配能力,发展灵敏、速度耐力等身体素质	4
	组织球赛培养合作精神	培养学生勇敢、机智、果断、胜不骄、败不馁的优良品质和团结一致、密切配合的集体主义精神	5

(4) 对各项技术的细节要求:脚触球的部位是否准确,是踢球质量的关键,踝关节的紧张程度和脚型控制是极其重要的。三种脚背踢球时踝关节要绷直要紧张固定。这样踢球才能有力、准确触球及防止踝关节受伤。在足球训练中有以下 5 个技术环节,都需要队员反复揣摩和练习。前 4 个环节对学生来说都很重要,所以在教学环节中一定要对学生高标准严要求,力求每个队员做到最好。

表 3-11 各项技术的细节要求

技术环节	实施细节要求
踢球前需助跑	为了获得身体前移的速度,调整人与球位置与方向的关系,选择适当的支撑脚的位置,为准确地踢球和增大踢球力量创造条件。三五步的助跑要平稳而有节奏,助跑的最后一步要跨大,支撑脚落地是由脚跟过渡到脚掌的。最后一大步的支撑起到制动支撑和维持平衡的作用,为踢球时腿的后摆和准确地踢球创造了稳固的平衡状态

（续表）

技术环节	实施细节要求
支撑脚的选位	助跑最后一大步支撑脚落地点的正确位置，应以能最大限度地摆腿和准确地触球为原则。凡采用的踢球方法是直线助跑而支撑脚又必须在球的侧方时，支撑脚与球的距离应为 10～15 厘米，斜线助跑支撑脚又需在球的侧右方时，支撑脚应距球 20～25 厘米为宜。如果是踢活动球，还应将球的滚动或飞行距离与摆腿时间估计准确，以保证踢球时支撑脚位置的准确
踢球腿的摆动	摆动的幅度越大，摆动速度越快，力量就越大。而且摆动的方向要正，要从后向前摆，防止由外向里的弧线摆动。摆动速度不是匀速摆动应是加速摆动，特别是小腿的爆发式的摆动是摆腿踢球的关键。应反复练习，反复强调，形成动力定型
脚触球部位要准	也就是击球点准不准的问题，各种踢球方法都要求踢球的后中部，作用力通过球的中心，使球沿直线飞行，才能做到踢球准确。支撑脚位置，踢球腿的摆动，脚型的控制以及身体的协调动作都影响着踢球的准确性。在教学中，应将踢球的准确性练习作为主要的教学内容之一
踢球后的随前动作	这个环节应是自然的，不必过分强调，否则会破坏踢球的动作结构，妨碍动作的掌握

（五）课程实施

（1）适合对象：所有在校学生。

（2）课时计划：每周两课时。

（3）开设条件：运动场、教室。

（4）资源配置：多媒体教室、足球训练比赛器材、足球（人均一个足球）。

（六）课程评价

（1）评价主体和方式要多样化。采用自我评价、学生互评、教师评、家长评和社会相关人员评价相结合。评价方式应多种多样，采用课堂观察、课后访谈，建立成长记录袋等方式。

（2）评价结果采用定性与定量相结合，用等级加评语的方式呈现。

（3）注重评价的整体性和综合性，从知识与技能、方法与过程、情感与态度等方面进行评价，全面考察学生的综合素养。

（4）在对学生学习的课程评价中针对学生的薄弱环节让学生自行训练，使学生身体素质、球技、赛场发挥达到个人最优水平。在自我评价中查缺补漏，让每个教学环节适合学生循序渐进的发展要求，使整个团队在各场大小比赛中合作默契，并能达到最好的水平。

（七）课程管理

1. 对学生学习过程的管理

（1）对学生上课的要求：遵守课堂纪律、集中精力、专心学习、积极参与。

（2）对学生动作的要求：自然、协调、沉稳的，要求每个学生进行成果展示。

（3）对学生学习常规的要求：按时到达训练场地，保持安静，不随便说话，不做小动作,不缺席不早退,严格考勤。

2. 对课程发展过程的管理

对学生进行思想品德教育是足球运动的任务之一,学生的思想管理体现在教学过程中的行为,直接关系到学生训练课的组织纪律性,以及学生整体面貌,教师在课堂上的管理,要做好学生思想上的管理,必须制定系统的教育教学计划,在学期开始让学生明确本学期的教学任务以及教学目标。要求学生根据自己的情况,制定学习目标,教师必须深入了解学生身体状况。经常找学生谈话,了解学生学习情况,听取学生发表教学过程中的意见。对学生进行团队配合的教育,合作精神是足球运动重要任务及精髓。

3. 教学内容和方法上的管理

在教学中,学生的成绩往往会影响学生学习的兴趣,再加上学生的基础、个体差异、接受能力不同,这些都会影响教学的效果,教学应从管理者的角度来研究学生的动机,让他们发挥积极性并参与管理,实现自我,满足要求,这样学生就会以高度的责任感,积极投入到体育锻炼,加上教师采用有效的管理手段,采用科学的教学方法,从易到难,使学生正确对待训练,完成训练任务,逐步提高技术,从而使运动水平得到提高。

二、"邹家拳"课程纲要*

(一) 课程开设背景与分析

(1) 重要性分析:武术课程的开设符合国家的大政方针政策,有利于弘扬我国优秀的传统文化。武术作为民族传统体育项目,本身蕴藏着一种精神的追求和信念,最重要的一点是强烈的爱国热情和为正义献身的崇高精神。《叶问》等电影的热播,充分说明了人们对具有强烈爱国热情的民族英雄的尊崇,在武术运动中特别强调爱国主义精神和民族自信心、自豪感的培养。通过武术课的学习,可以培育新型的社会主义武术观,形成热爱祖国,热爱人民,忠诚于党,以国家和集体利益为重的武术思想。有助于增强学生的民族凝聚力和激发学生的爱国主义热情。

(2) 必要性分析:随着经济的提高,交通的便捷,通信工具的普及及网络信息的发达,学生沉迷于玩手机、看电视、上网聊天、玩游戏等一些不良的生活习惯,加快了学生体能的下降。针对以上因素,开设武术课程的必要性就充分体现出来。

第一,改善和增强中学生体质。武术运动中包含有多种多样的动作,对学生各项身体素质要求较高,经常进行身体素质方面的训练,能有效地提高学生身体健康水平。

第二,调节学生的不良心理情绪。中学生面对日趋增加的升学压力,产生了严重的疲惫、焦虑等不良心态,导致其心理情绪很不稳定。中学开设武术特色课程,有助于心理教育

* 课程开发:陈云

和身体练习的有机结合,使学生不稳定的心理情绪得到有效排解,保障了他们的心理健康。

第三,培养中学生的优良意志品质,学习武术需要不断的克服习武时给身心带来的疲劳感、疼痛感、枯燥感,通过长期锻炼能培养中学生吃苦耐劳,勇于进取等良好品质。

第四,提升中学生的社会适应能力。武术运动是一种集体活动,集体规范对中学生的行为习惯有一定的约束力,他们会学会克制自身不良的言行举止,在武术学习过程中,增加中学生相互间交流的机会,有助于他们的人际交往能力和团结合作意识的培养,这将会有效地提升他们的社会适应能力。

(3) 可能性分析:学校资源丰富,采购了一些专业的教学设备,能一定程度上满足学生的学习需求。开设武术特色课程,既能使学生的校园文化生活更加丰富,又能提高学生的身心健康水平,还能体现学校特色、办学水平,促进学生全面发展。中学武术特色课程的开设,为传统文化的传承与发展提供了一个学习平台。

(二) 课程的核心育人价值

(1) 经过长期锻炼,可以培养中学生勤奋、刻苦、果敢、顽强、虚心好学、勇于进取等良好习惯和意志品格。

(2) 培养和挖掘学生勇于担当、敢于拼搏的“凤凰精神”。通过崇德尚武,发扬“自强不息”“厚德载物”的民族精神。

(三) 课程目标

(1) 强身健体,防身卫国。

(2) 培养学生的理解能力、身体协调能力和展现自我的能力。

(3) 培养学生热爱运动、热爱生活、积极向上的情感态度价值观。

(4) 有利于学生的德智体美劳全面发展,培养社会主义的建设者和接班人。

(四) 课程内容

邹家拳是云南昭通人邹若衡前辈所创,且流行于昭通地区的一种武术。课程首先从昭通本地的,同学们熟悉的身边历史人物故事开始。

表 3-12 “邹家拳”课程内容结构框架

主题	课　题	具体内容与目标	课时
邹家拳简介	观看视频及图片	内容:邹家拳的历史,人物介绍 目标:了解相关的历史背景,从传统文化中得到熏陶,激发学生学习邹家拳的兴趣	2
	展示和讲解	内容:教师展示和演练邹家拳,邹家拳教学内容介绍 目标:初步认识邹家拳,了解邹家拳的大概内容	1

(续表)

主题	课 题	具体内容与目标	课时
邹家拳基本功练习一	耐力、柔韧、协调训练	内容：中长跑、跳绳、下腰、劈叉、鲤鱼打挺 目标：增强学生的耐力；增强学生的柔韧	1
	直拳、劈冲拳练习	内容：站姿、步法、手法 目标：初步掌握直拳、劈冲拳的出拳方法	1
邹家拳基本功练习二	耐力、柔韧、协调训练	内容：中长跑、跳绳、下腰、劈叉、鲤鱼打挺、乌龙绞柱、侧手翻、正手翻、后手翻、侧空翻、正空翻、后空翻 目标：增强学生的耐力；增强学生的柔韧性；增加学生的身体协调性	5
	四门反挂	内容：直拳、勾拳、摆拳、盖拳、劈冲、劈抄、劈摆、劈盖等，站姿、步法、手法 目标：初步掌握四门反挂的方法，能够熟练掌握并一气呵成地完成动作	5
邹家拳套路	套路学习 套路练习	分解动作学习，动作串连学习 个人套路演练，集体套路表演	3

(五) 课程实施

1. 课程设置与要求

(1) 适合对象：具有一定的武术基本功，对武术感兴趣的同学。

(2) 课时计划：18 课时。

(3) 开设条件：邹家拳教室。

(4) 资源配置：垫子、脚靶、反应靶、拳击沙袋、护具、哑铃、杠铃等。

2. 课程教学策略

(1) 班级特色：小组合作学习。

(2) 直观教学：教学示范。

(3) 讲解：拳谱中有“入门引路须口授”的古训。

① 讲的原则：通俗易懂、简明扼要、形象生动。讲规格、讲规律、讲错误、讲关键等。所谓讲规格，指完成某一武术动作时，人体各部分在一定时间、空间所应遵循的动作标准。

② 讲的方法：形象化、口诀化、单字化、术语化、口令化。

③ 讲的技巧：对象化、多变化。

(4) 互动教学。

(六) 课程评价

(1) 评价原则：在教学过程中，不能只关注学生学会了什么，而是要在学生掌握技能、锻炼体能的同时，更加重视评价学生的态度、情感等方面的发展，教师要积极鼓励他们，让他们在评价中体验成功的滋味。

(2) 评价形式：学生自评和互评。

(3) 评价主体：师生互评。

(4) 评价内容：

① 参与度：按时上课，不迟到，不早退，不缺席。

② 学习态度：注意集中，主动积极，认真训练，遵守纪律，听从指挥。

③ 意志情绪：具有进取精神，勇于克服困难，努力完成任务，情绪饱满。

④ 师生关系：学生间关系、师生关系融洽，同学间互相协作。

⑤ 成果展示：能够熟练掌握和展示所学内容。

三、“篮球训练营”课程纲要*

(一) 课程开发背景

篮球运动作为我国群众参与最广，基础最好的一个运动项目之一，随着时代的进步，社会的发展，频繁出现于各个不同的舞台，受到了全国人民的喜爱和关注。篮球列为中考的考试项目之一，使得篮球运动的地位越来越高，影响也越来越大，为发扬我校的特色优势，使篮球运动成为我校学生体育锻炼的日常项目，同时也可以通过这一项目和其他兄弟学校进行比赛，增进学生与学生之间的交流，促进学校与学校之间的发展。

(二) 课程开发理念

根据新课标的课程理念，结合中学生的心理、生理及年龄特征，结合篮球健身与提高技艺并适应中考考试，根据篮球教学的可行性和必要性，决定推广和普及篮球运动，为学生成长作贡献。

(三) 课程目标

1. 总目标

以学校为基础、以篮球为主绳、以学生为中心，教师和家长积极参与其中，培养学生热爱生活，积极进取，团结向上的好品质，培养具有坚持、努力不懈精神的学生。

2. 具体目标

(1) 了解篮球基础知识。

(2) 了解篮球基本规则。

* 课程开发：王雪淞

(3) 掌握篮球基本技巧。
(4) 篮球基本功训练。
(5) 战术运用。

(四) 课程内容

1. 篮球基础知识
(1) 篮球的起源。
(2) 篮球运动的发展。
(3) 篮球运动在中国。
(4) 篮球比赛基本知识。
(5) 国际标准篮球场地简介。
(6) 国际标准篮球场地区域设置。
2. 篮球基本规则
(1) 基本规则讲解。
(2) 裁判手势讲解。
3. 篮球基本技巧
(1) 控球技巧。
(2) 晋级阶段技巧。
(3) 高级技巧。
4. 篮球基本功训练
(1) 运球。
(2) 传球。
(3) 上篮。
5. 战术运用
参考昭通篮球名宿——李晓波老师的"画圆战术"。

(五) 课程实施与评价

1. 课程实施
(1) 本课程内容具有开放性、趣味性的特点,在教学中给学生拓展的空间,注重学生的创新学习。
(2) 必要的场地。
(3) 本课程具有很强的专业性,所以需要长时间坚持不懈的训练。
2. 评价内容
(1) 平时的出勤情况,上课表现。
(2) 个人技巧能力、团队意识。

3. 评价方法

(1) 平时表现占 70%。

(2) 个人能力展现、团队意识占 30%。

四、"校园射击"课程纲要*

(一) 课程开发背景

射击具有独特的魅力,它能实现很多青少年心中那个"神枪手"的梦想,激光枪安全易学,这为射击运动的顺利开展奠定了基础。也能让孩子们有更多的机会充分了解并接触射击项目。培养青少年的兴趣爱好,是锻炼身体的一种有效手段。通过日常训练,射击还非常有助于青少年心理素质的培养。例如,能有效提升孩子们的抗压能力、心理平衡能力、自我约束和疏导能力;能提高注意力,使大脑皮层的兴奋和抑制过程更加集中;更能增强神经系统的功能,提升人体大脑的反应能力,对于工作和学习都起到积极的作用。

射击运动是一项体育竞技项目,通过训练和比赛可以考验人的意志力,培养人的顽强、果断、勇于克服困难的意志品质。总之,我们开展射击项目是为了让更多的学生能参与并发挥出自己的优势,培养出更多能比赛的学生的同时,还能为我省射击项目注入新鲜血液,弘扬体育精神。

(二) 课程目标

(1) 了解射击名将及他们背后坚持不懈努力和拼搏的故事,并能受到启发,了解云南的射击运动现状。

(2) 初步认识器械并掌握其性能,学会保护器械并了解各部件的用途,懂得枪支管理和使用规定。

(3) 通过训练能具备一定的射击能力。

(4) 初步培养学生的兴趣,树立远大的理想和目标。

(三) 课程内容

1. 内容设计思路

(1) 兴趣的培养:兴趣是最好的老师,开展一次"射击进校园"的宣传活动,选出喜欢射击运动的学生。

(2) 选材:因为这个运动有一定的特殊性,所以在选材方面有一定的要求,尽量选平衡能力较强、稳定、协调能力较强,身体素质中等偏上即可。

---

* 课程开发:陈国丹

(3) 实际训练：反复进行持器械练习，练习时间逐渐加长、加强。

2. 内容结构框架

表 3－13 “校园射击”课程内容结构框架

主 题	课 题	主 要 内 容	教 学 目 标	课时
培养学生的兴趣	说说你心中的“神枪手”	学生们自由发挥，讲出自己心中最崇拜的英雄	激发学生们的“神枪手”的梦想，培养学习兴趣	1
我国射击名将和射击运动现状	许海峰、杜丽、赵声波	重要荣誉，典型故事，生平、获奖、经历	了解运动名将的故事及其对体育事业所做出的成就；特别学习赵声波，昭通市昭阳区走出的运动名将；让学生对射击的发展有大概的认识；引导学生树立远大理想	1
	我国射击运动的发展状况	历史，发展过程，现有荣誉国内外射击运动现状对比	让学生了解我国射击发展现状，从而对我国的射击运动有更全面的了解认识	
选材训练	平衡性好、沉稳、协调、身体素质中等偏上	射击选材专门练习、堆子弹壳	对学生的身体情况进行初步了解	1
实操训练	实际操作训练	熟悉器械及对器械的管理；持枪练习；专业教练指导	1. 初步掌握持枪的动作要领：检查要领是否正确，可采用一看、二摸、三推、四拉、五问等方法。通过此步训练能使受训者了解自己动作掌握情况及时发现问题，增大薄弱环节的训练量 2. 在训练前解决三个问题：初学者弄清楚什么是瞄准点？什么是瞄准景况？什么是正确一致的瞄准？ 3. 进一步提高射击动作的熟练性和正确性 4. 进行强化动作定型训练，每次训练时间不得少于 30 分钟，使训练者较快地掌握动作	19

(四) 课程实施

1. 课程设置

(1) 适合对象：七、八年级对射击有兴趣的学生。

(2) 课时计划：22 课时。

(3) 开设条件：师资具备、学校能提供器械及室内场地等开课条件。

(4) 教学资源：激光步枪、激光手枪。

2. 实施要求

(1) 学生必须对本门课程有兴趣才能参与选课,选中的学生上课前必须通过各种方式了解相关知识。

(2) 学校提供训练教室等硬件、经费支持。

(3) 开课教师课前准备充分。

3. 实施策略

(1) 安全实施策略: 对学生进行安全方面的知识介绍,让学生与家长了解运动安全的具体要求。

(2) 实践调查策略: 要求学生分期分批,参观专业队的训练,出行时不能独自行动,要有集体意识。

(五) 课程评价

(1) 评价原则: 除了关注学生掌握技能、锻炼体能的同时,更加重视评价学生的态度、情绪等方面的发展,以激励性的评价为主。

(2) 评价形式: 学生自评和互评。

(3) 评价主体: 师生互评。

(4) 评价内容:

① 参与度: 按时上课,不迟到,不早退,不缺席。

② 学习态度: 注意集中,主动积极,认真训练,遵守纪律,听从指挥。

③ 意志情绪: 具有进取精神,勇于克服困难,努力完成任务,情绪稳定,发挥失常的时候不能砸枪支泄愤。

④ 师生关系: 学生间关系、师生关系融洽,同学间关系互相协作。

⑤ 成果展示: 能够沉着冷静地发挥出自己的真实水平。

五、"空中飞舞的羽毛球"课程纲要*

(一) 课程开发背景

(1) 校本课程的开发是国家一类课程和二类课程的有效补充。

(2) 校本课程的开发是学校精神文化建设的重要组成部分。

(3) 羽毛球校本课程的开发,体现了凤凰中学的办学理念和办学目标。

(4) 学校领导高度重视校园精神文化建设,聘请校本课程专家韩立芬教授到凤凰中学进行了校本课程开发的系统培训,为羽毛球课程开发提供了条件。

* 课程开发: 周俊

(5) 师生对羽毛球运动有浓厚的兴趣爱好,有课程开设基础。

(6) 羽毛球运动能强身健体,锻炼学生的反应速度和应变技能,能提高学生的身体素质,培养学生的合作能力和团队精神。

(二) 课程目标

(1) 了解羽毛球的发展史。

(2) 了解羽毛球运动的基本知识和基本技能。

(3) 通过参加羽毛球课程的学习,培养学生对羽毛球运动的兴趣与爱好,开发学生潜能,增强学生的体质,提高自我协调能力。

(4) 培养学生良好的人际交往能力和健康意识,帮助学生树立积极向上的竞争与合作意识。

(5) 学生能在实践中愉快学习,在学习中体验快乐,在快乐中创造,在创造中成长,发展学生个性,从而使学生个性得到和谐发展。

(三) 课程内容

1. 内容设计思路

本门课程重点在于培育学生对羽毛球运动的兴趣,让学生爱上一项日常体育运动。本课程内容选择的基本思路是从生活中出发,从平常百姓的运动方式入手,给学生提供一些游戏性、趣味性的羽毛球运动方法,让学生喜爱上羽毛球,最后再通过组织学生参与比赛的形式,让学生了解掌握羽毛球的规范打法。所以课程内容包括 4 个板块,即羽毛球的发展史、羽毛球场地及羽毛球运动装备、羽毛球运动规则和羽毛球运动的基本技能技巧。

2. 内容框架结构

表 3－14 “空中飞舞的羽毛球”课程内容框架

课题名称	主要内容	教学目标	课时
发展史	羽毛球运动的起源的时间、地点及重要赛事;我国羽毛球运动的发展及名将的精彩回顾	了解羽毛球运动的发展史,认识我国羽毛球健将取得的辉煌成绩,增强自豪感,激发学生浓厚的兴趣	1
设施和装备	羽毛球运动场地的规格及其使用;羽毛球运动的装备知识:球拍、球、球网及服装	掌握羽毛球运动场地的规格并正确使用;了解羽毛球运动的装备知识;能合理选择自己的装备	2
基本规则	发球规则及注意事项 违例行为 重发球和死球规则 发球区错误规则 发球区错误的裁判方法 计分制度	了解羽毛球运动的基本规则;能规范在运动中的行为;能自觉遵守比赛规则;养成积极的竞争意识	6

（续表）

课题名称	主要内容	教学目标	课时
基本技能技巧	基本握拍方法 基本发球方法 基本步伐 基本站位 基本站位 吊球 击高远球 扣杀球	掌握羽毛球运动的正手和反手握拍方法、发球方法和步伐，掌握羽毛球运动单打和双打的基本站位及常用打法，掌握羽毛球运动的吊球方法，了解羽毛球运动的击高远球和扣杀球技巧	8

（四）课程实施

1. 课程设置

（1）适合对象：七、八年级的学生，每期招收 40 名学生。

（2）课时计划：约 20 课时。

（3）开设条件：有规范的羽毛球场地及运动设施。

（4）课程资源：网络资源、图书等。

2. 实施要求

（1）学生喜欢、感兴趣。

（2）学校大力支持。

（3）争取家长支持。

（4）学校规划场地，购买部分羽毛球、球拍、球网等设施。还需要购买奖状及笔记本等用于激励学生。

（5）班主任支持。

（五）课程评价

课程评价分为过程性评价和终结性评价，包括学生迟到、缺勤及技能等方面，课程结束后，评出优、良、中、差四个等级，并评选出优秀学员，颁发奖状及奖品，形成激励机制。

技能评价按照以下标准进行：

（1）空间感。打羽毛球的必须要空间感很强才打得好。

（2）肌肉类型。羽毛球不仅需要爆发力，也需要耐力。

（3）反应速度。

（4）身体柔韧性。打球时对身体柔韧性要求其实很高的。

（5）动作协调性。这是小脑功能的发达程度。

（6）参与运动的积极程度。

第四节　美韵助行课程的开发与设计

一、"彩绘之友"课程纲要*

(一) 课程开设背景

彩铅是介于素描与色彩的绘画形式,他的独特性在于色彩丰富且细腻,可以表现出轻盈通透的质感,这也是其他工具不能达到的效果。彩铅便于携带且颜色丰富,能够让学生自由地表达,可以在画中刻画出他们的故事,反映愿望,达到与同龄人交流的目的。而且充分掌握了彩铅的独特性,还能运用彩铅这个基本技法描绘生活,让色彩斑斓、五光十色的美好生活呈现在画纸上。

我校"助行课程",旨在通过开发多元课程,帮助学生体验生活、感悟生活,让平时所学的文化知识与生活建立关联,更好的理解生活,热爱生活,做到"思学雅正、知行合一"。"彩绘之友"就是"助行课程"体系中的一个科目,这门课程在实践中已经进行前期探索,根据近段时间调查数据显示,有 80%的学生参与过这门课程的体验学习。我们也从中发现,有 60%以上的学生从认识彩铅到运用彩铅能够像运用普通铅笔一样自如,但是对于如何把彩铅课本理论知识运用于绘画创作中还有待教师的引导学习。

而云南地区地理位置以及气候决定,我们的生活与花卉直接关联,花卉成为学生生活的一部分,用于装扮生活,让生活充满诗意与美好。而且,我们还发现学生非常愿意用画面来表达情感。但是,大多数学生在熟练地运用彩铅进行多样的绘画技法,以及对彩铅灵活排线的掌握等方面还有一些困难。

(二) 课程目标

(1) 掌握一种新的绘画形式——彩铅,了解彩铅的性质,感受彩铅的绘画技法，体会彩铅绘画的快乐,培养花卉绘画兴趣。

(2) 热爱生活、观察生活、发现生活中身边各种花卉的美感,并用绘画的方式方法表达,激发想象力,培养学生的好奇心、观察力和创造力。

(3) 学会细心观察校园中的各种花卉,发现花卉的不同之处,结合生物学知识、绘画技能、颜色搭配等,用彩铅记录花卉。通过各种创意彩铅画来拓宽学生的思路,培养学生综合的观察力和绘画技巧。

---

* 课程开发: 陈静

(三) 课程内容

学校生活是学生生活的重要组成部分,凤凰中学是一个美丽的校园,一年四季都有鲜花盛开。基于“美”源自生活,“美”源自发现,本课程内容以凤凰中学一年四季校园的鲜花为素材,将课程内容划分为春之声、夏之梦、秋之魂、冬之韵四个部分,从每个季节中选择出有代表性的花卉,让学生在仔细观察的基础上用彩绘形式表达。

表 3 - 15 “彩绘之友”课程内容结构框架

主　题	彩绘项目	课时	主 要 内 容
春之声	迎春花、桃花	5	欣赏美：实地观察——选择校园中的一种花,邀请生物老师一起观察;表达美：彩绘花卉——用彩铅绘花卉;创造美：创意空间——按照自己的想象,对花卉变身;展示美：我行我秀——欣赏、点评
夏之梦	荷花、格桑花	5	
秋之魂	菊花、桂花	5	
冬之韵	蜡梅、兰花	5	

(四) 课程实施

1. 课程设置

(1) 适合对象：七、八年级的学生。

(2) 课时计划：每周班级选修上课。

(3) 开设条件：水溶性彩铅、素描纸、水粉、水彩颜料,多媒体教室。

(4) 课程资源：自编教程。

2. 实施要求

(1) 学生来源：招收对彩铅有基本认识,并且爱好彩铅画的学生,生源针对七、八年级的学生。

(2) 课时数量：每学期开设 18 节课左右。

(3) 场地设备：多媒体教室,小组合作式桌椅摆放。

3. 实施策略

(1) 校园实地观察法。

通过平面(简单直接地勾勒出花卉的外形)、立体(可以通过拍照的方式进行立体直观的光影讲解)、直观(通过光线物体的变化)、想象(根据自己所观察到的物体进行前景、中景、后景的创作和添加)、视频(通过小视频的方式快速记忆自己瞬间所留意到的美,反复阅读美并用彩绘的形式记忆出美的瞬间)速写等方式对校园的花卉进行仔细观察,观察花卉的形状、颜色以及花卉的结构特征,找到自己所观察的花卉的特点,并且记住特征。

(2) 多学科教师指导法。

在观察期间可以同生物学科进行交流和探究，如我们可以和生物学科的学生进行花卉的观察和写生，并听他们分析花卉的生长过程，从种子、胚芽、小叶、大叶、花骨朵、成熟的过程。当学生对自己所绘花卉的生长习性、繁殖过程了解透彻时，创作作品会更有自信。

(3) 自主创意绘画。

观察、了解花卉后，进行创造性绘画时，可以给自己的作品加上一些衬托和修饰，如加水、草地、其他花卉和背景，也可以创造性地加出花卉以外的事物，如根据自己所绘花卉的环境配上诗情画意的东西。例如，春天总是这样匆匆来，匆匆去，一只蚂蚁，爬行在这座日渐陌生的城市里，从东到西，从乡村到城市，从宁静到喧嚣，从清新到窒闷，一幕幕如云烟般掠过，唯有那绽放的迎春花，让它驻足。在这样的环境和氛围衬托下的迎春花岂不是很美，当然这需要专业教师的引导。

(4) 作品展示交流法。

通过几周的练习之后，把自己画的花卉进行展示，让同学之间进行评价。

① 先由创作者阐述灵感来源和创作思路，再介绍所用的方法。

② 根据作者的阐述讲解，分小组从构思新颖、构图饱满、色彩搭配、主题鲜明到制作方法，进行两分钟评价交流总结，由组长代表讲述作品中的收获与建议，并打分。

③ 同学之间交换作品点评、建议，并打分。

④ 老师点评、打分。

⑤ 创作者本人根据同学、老师的建议，思考完善作品，并打分。

(五) 课程评价

学生自评、学生互评和教师评价相结合的方法，从作品的构图形式、创新立意、彩铅技法、情感表达、综合运用能力的五个方面进行评价。

附：课程评估表

评价内容	评 价 指 标			评价方式		
	合格1星	良好3星	优秀5星	自评	互评	师评
构图形式	有前后景分	画面内容充实	有聚有散，有前景、后景、中景，有主次之分			
创新立意	有点想象力，有点创新	有局部创新内容，与主题有关	有创新内容、能标新立异、构思完美			
彩铅技法	掌握技法的合理利用	灵活运用彩铅技法	灵活运用彩铅不同的技法，多种造型技法的综合运用			

(续表)

评价内容	评价指标			评价方式		
	合格1星	良好3星	优秀5星	自评	互评	师评
情感表达	有点情感表达	现实生活	现实生活及未来憧憬			
综合运用能力	造型、技法	造型、技法、颜色、学习表现	造型、技法、颜色、观察及合作能力、学习表现			

二、"七彩舞蹈"课程纲要*

(一)课程开设背景

舞蹈是一门综合艺术,是中学生非常喜爱的一种娱乐活动,也是实施素质教育的良好手段。中学生正处在生长发育时期,舞蹈教育对于促进他们的身体素质、智力开发、心理成长等有着举足轻重的作用。舞蹈对开发学生的智力,培养学生的优良品德和情感,也有着重要的作用。教育部关于推进学校艺术教育发展的若干意见(教体艺〔2014〕1号)强调艺术教育对于立德树人具有独特而重要的作用。学校艺术教育是实施美育的最主要的途径和内容。艺术教育能够培养学生感受美、表现美、鉴赏美、创造美的能力,引领学生树立正确的审美观念,陶冶高尚的道德情操,培养深厚的民族情感,激发想象力和创新意识,促进学生的全面发展和健康成长。

通过调查,发现我校80%学生来自农村,基本没有舞蹈基础,对各民族的文化了解甚少。但同时,我们对3个班学生的调查发现有50%的女生非常喜欢舞蹈,25%的学生愿意学习舞蹈。因此借助我校三分教育中的分类教育[分层(尊重差异)、分组(选择做法)、分类(发展特长)],通过开设"七彩舞蹈"课来让学生了解和认识各民族的人文地理和风俗等,推动民族团结的教育。本人毕业于云南民族大学舞蹈学本科,对舞蹈表演和舞蹈编导有一定的基础,自2007年参加工作以来,曾在区、市参加过大大小小很多次的演出,并受到好评,一直努力想把所学舞蹈教于学生,希望舞蹈课在中学广泛开展,得到普及,使学生能够塑造形体,开阔视野,提高审美能力。

中小学校要深入推进体育艺术"2+1"项目,以班级为基础,开展合唱、校园集体舞等活动,努力实现学生在校期间能够参加至少一项艺术活动,培养一两项艺术爱

* 课程开发:白丽珍

好。凤凰中学“助行课程”开发建设的宗旨就是在课程领域为学生搭建“思学雅正”的成长阶梯，助推学生在各个领域的发展，为此开发开设“七彩舞蹈”课程有着十分重要的价值与意义。

（二）课程目标

（1）解放肢体，塑造形体。所有的舞蹈只要按照正确的方法练习都能达到塑造形体的目的。通过舞蹈的训练和表演，锻炼学生身体，提高身体素质，培养学生的动作协调性和动作美感，能跳自己想跳的舞蹈。

（2）通过学习舞蹈，能够让学生锻炼坚强的意志力，增强学生的观察力、模仿力、记忆力、审美力等综合能力。

（3）通过学习少数民族舞蹈能够让学生热爱不同民族的文化，感受民族文化的多元相融。对民族舞蹈有一定的理解和感受，对少数民族舞蹈与地域文化，人们生活之间的相关性有更深入的认识与感悟，能使学生更加团结和热爱各个民族。

（三）课程内容

我国历史悠久，幅员辽阔，拥有56个民族，各个民族的文化多姿多彩。大部分少数民族能歌善舞，可充分利用具有代表性的民族舞蹈来进行民族团结教育。用循序渐进的方法，让学生从了解舞蹈理论基础知识开始，到掌握部分少数民族舞蹈，在身体、认知、心灵等方面不断进步的过程中升华自我。

表3－16 “七彩舞蹈”课程内容结构框架

主 题	主 要 内 容	课时
舞蹈基础知识	什么是舞蹈 舞蹈的分类 舞蹈的特性	1
中国古典舞	中国古典舞的特点 中国古典舞的基本手位 中国古典舞声韵组合 成品舞《左手指月》教学(可以学生喜好而改变)	6
傣族舞	视频观看傣族舞蹈 傣族的地理分布及生活习俗，文化等情况的简介 傣族舞蹈在民族民间舞蹈中的重要性 学习傣族舞蹈的基本手型、手位和脚位 教师给音乐，让学生自主创编一段傣族舞蹈，融入现代一些元素，和个人对这段舞蹈的理解，进行个人特长的发挥 舞蹈展示，共同分享	6

（续表）

主题	主要内容	课时
彝族舞	视频观看彝族舞蹈 了解彝族的人文地理 彝族不同支系的舞蹈对比(云南省内的彝族舞蹈对比,云南与四川彝族舞蹈对比) 选择彝族烟盒舞进行教学	6
藏族舞	视频观看藏族舞蹈或看老师表演 了解藏族的相关人文地理 教授藏族舞蹈组合(弦子) 学生展示表演	2～3

(四) 课程实施

1. 课程设置

(1) 适合对象：七、八年级学生。

(2) 课时计划：每周两课时,一个学年共 22 次课。

(3) 开设条件：舞蹈教室,多媒体设备。

(4) 课程资源：自编教材,舞蹈视频,对少数民族舞蹈感兴趣的七、八年级学生。

2. 实施要求

(1) 要求学生遵守纪律,尊敬少数民族,能吃苦耐劳,对少数民族舞蹈有足够的兴趣。

(2) 要求学生穿上舞鞋和练功服,身上不准佩戴各种影响跳舞和训练的饰品。

(3) 激发学生兴趣,调动学习积极性;遵循循序渐进原则,重视基础练习,理解认识不同民族的舞蹈内涵。

3. 实施策略

(1) 视频观看。提前准备好需要的舞蹈视频、各民族文化的相关图片和影音资料。

(2) 自主模仿。学生在老师的指导下进行自主模仿,教师要运用不同的教学法,比如分段教学法、逐渐发散法、反复分解法等循序渐进地来进行教学。

(3) 分组创意。在自主模仿学习的基础上以小组为单位进行舞蹈编创,以同样的音乐和动作创作出不同的舞蹈作品。

(4) 舞台文化交流。通过一学期或一学年的学习,由学校给学生提供舞台展示机会,在舞台灯光和观众目光中,让学员收获自信、成就感和艺术享受。

(五) 课程评价

(1) 自评：用肢体语言表达情感,表现生活,对自己的学习进行简短的评论。(完成一种舞蹈学习后进行自评)

(2) 他评：让其他同学给自己的学习过程和舞蹈的成果打分。

(3) 师评：建立个人的成长记录袋，教师可根据每次课学生所学的知识、技能、情感动态等来评价学生。

(4) 评价标准：模仿得像，打合格；模仿得像，还带有表情，打良好；模仿得像，带有表情，且有自己的理解和创编，打优秀。

(5) 综合评：舞蹈最终的目的是传情达意，让观众以掌声评价作品。

(6) 考评内容：舞蹈基础知识、古典舞、傣族舞、彝族舞、藏族舞。

三、"妙手生花"课程纲要*

(一) 课程开设背景

1. 劳动技术校本课程的重要性

首先，进入新世纪以来，中华民族传统文化越来越受到重视，树立文化自信，培养高素质综合型人才的任务愈加重要。劳动技术课程注重培养学生动手能力，在培养学生动手能力过程中使学生的想象力、创造能力以及实践探索能力得到同步提升，能够对学生自身素养多样化的发展产生积极促进作用。

如今大量的现代机械化专业生产代替了传统的手工制作，但机械化生产的产品具有单一化，不能很好地展现文化多样性，而手工产品则可以弥补这一不足。手工产品是由不同手工制作人创造，具有各自的特点，可以更好地展现文化多样性，更加凸显人文元素。

"妙手生花"课程的开设不但能够促使学生掌握一定动手技能，使学生在动手中放飞思维，对学生的创新能力产生促进作用，实现创新能力与实践能力的增长，而且还能教给学生一技之长，成为他们今后提高生活质量和谋生的一种手段。

其次，开设校本课程体现了"助行广场"的落实。"妙手生花"劳动技术课程营造了师生共同动手的学习环境，学生与教师接触时间增长，相互之间的了解也在授课中得到有效增强，教师对学生的指引作用更加明显。授课教师在讲解知识与指导学生制作的过程中能够对学生的学习态度与价值观进行引领，有利于学生的健康成长，顺利达到劳动技术课程对学生的要求。

2. 劳动技术校本课程开设的必要性

"妙手生花"劳动技术校本课程的开设由易到难分为三个梯度：丝网花制作与丝网插花、仿真花制作、变废为宝。利用学生认为简单和感兴趣的部分作为课程的起始，能够有效吸引学生的学习兴趣，进而在后续教学中增加对学生实践能力与创新能力的提升。学生通过本课程的学习，不仅能够掌握一定的实际技术，最后一个梯度的学习还能够提高他们的环保意识，体现出劳动技术校本课程对学生综合素质提高的教育意义。

* 课程开发：董敏

3. 劳动技术校本课程开设的可能性

“妙手生花”劳动技术校本课程的实施条件较好，授课教师由对手工制作具有浓厚兴趣和教学经验丰富的教师担任，能够很好地应对教学中的各种状况，积极引导学生进行劳动技术的学习，达到授课目标。学生对这样的授课内容较感兴趣，学习欲望强烈。加之学校“助行广场”的优质教育环境，为“妙手生花”劳动技术课程的开设提供了良好环境。

“妙手生花”劳动技术课程的实践性非常强，授课过程中的资源很大部分依赖于网络技术，而当今时代的互联网技术发展迅猛，拥有取之不尽的课程资源，能够为本劳动技术课程的实施提供源源不断的养分。另外，授课教师还可以与开设其他类似校本课程的教师互通有无，相互沟通，交换学习资源与素材，为此门课程的开发提供了基础保障。

（二）课程培养目标

1. 课程目标

（1）学生能够在课程学习当中掌握常见的丝网花的类型与制作知识，知晓制作不同丝网花所需的材料与其相对应的制作过程，并能够独立完成作品。

（2）学生能够在学习过程中对插花盆景造型有一定了解，知道怎样对插花盆景造型进行美化，提升插花盆景造型的美观性与观赏性，在此基础上能够对照已经完成的盆景造型进行插花的美化。

（3）学生能够利用已有的材料进行仿真花的制作，按照自己的想法将一朵又一朵的仿真花制作完成，独立完成仿真花的材料裁剪、拼贴以及缝合的全部过程。

（4）学生能够掌握利用生活中常见的塑料材质、纸张材质、旧衣物以及木头材质等废弃物品进行改造，通过将相同材质或是不同材质组合到一起进行重新创造，实现变废为宝的目标。

2. 精神目标

（1）了解生活中处处存在美，以及生活劳动产生美。

（2）增加学生对日常生活中随处可见材料的利用意识，在脑海中树立起“万物皆有用途”的观念。

（3）通过课程学习产生亲近生活、亲近自然的意识，促使日常行为向环保状态转变。

3. 核心目标

（1）通过课程学习培养学生的动手能力，能够面对已有的材料进行不同物品的创造。

（2）学生能够利用生活中的各种素材进行重新组合，进行二次创作。

（3）学生在动手创作的过程中得到有关科学思维以及审美观念的培养，提升学生的劳技能力，增强学生的创新能力。

（4）在观察生活以及动手制作的良性循环中，不断提高创新意识和实践创新的操作能力。

(三) 课程基本内容

课程主要由三部分内容组成：丝网花制作与丝网插花、仿真花制作、变废为宝。授课内容安排的原则之一是考虑授课对象的特点，教师充分考虑了初一初二女生的阶段性特点以及一般学生在初中阶段的成长特点，选择了既具有一般创造性特点又具有女生特质的不同内容作为授课内容，具有一定合理性。"妙手生花"劳动技术课程内容安排如下表所示：

表 3 - 17　"妙手生花"课程内容结构框架

主题	课　题	具体内容与目标	课时
丝网花制作与丝网插花	认识丝网花制作流程、所需材料，学会选材	认识丝网花制作所需的各种材料，学会根据花朵大小选材，能在教师指导下学会扎圈、绑丝网、做花心等基础步骤	2
	自主选取插花盆景和确定制作思路	根据所选插花盆景，确定下一步要制作的花型，小组为单位依次制作所选花型	4
	插花	学生清点插花所需材料是否齐全，学生能够对照所选插花盆景完成插花，小组之间进行插花盆景作品展示评比	2
仿真花制作	材料准备	针、线、碎花布料、填充棉花、纽扣、多色丙烯涂料、白色卫生抽纸、枯树枝、铁丝、彩色胶带、泡沫纸、坚果壳等材料	
	了解制作流程	以小组为单位讨论并发挥想象确定小组制作的花型并选好制作材料；在教师指导下了解制作仿真花流程	1
	制作零部件	小组根据所选花型，分工制作零部件	2
	完成成品	学生将准备好的零部件组合在一起，完成整个仿真花的制作并进行展示	1
变废为宝	废旧衣物改造	准备材料：旧衣物、剪刀、缝合彩线、尺子、纽扣、粉笔等 操作：在教师指导下，让学生发挥想象力结合废旧衣物特点，根据自己的喜好，通过改造款式、大小等将旧衣物进行改造	2
	多肉植物花盆制作	准备材料：牛奶瓶、矿泉水瓶、木桩、树根、竹筒、洗衣液瓶、坛子、罐子、空奶粉罐、彩色卡纸、彩色笔、圆规、尺子、胶水、麻线、剪刀、手工刀、凿子等 操作：学生利用以上材料制作多肉花盆	2
	收纳盒制作	准备材料：鞋盒、纸箱、加厚卡纸、剪刀、圆规、卡纸、手工刀、纽扣、麻绳、花布、胶水等 操作：学生利用以上材料为自己制作一个收纳盒(化妆品收纳盒、纸巾盒、内衣裤收纳盒等)	2

(四) 课程实施指导

1. 课程设置

(1) 适合对象：七、八年级对劳动技术课程有兴趣的女生。

(2) 课时计划：课时数量，长课程、短课程、微型课。

① 课时数量：共 18 个课时，每周 2 个课时。

② 课程类型：理论讲解加实践操作。

③ 课程长度：根据每课时的授课内容动态变化。

(3) 开设条件：学校在制作材料费用上给予支持；简单材料由学生与教师自行准备。

(4) 课程资源：配套校本教程，网络资源、教师互相交流等。

2. 实施策略

(1) 创新教学理念，以学生作为课程主体，适当减少教师讲解比例，增加学生在课堂内外的实际动手比重。在课程开展过程中，授课教师利用不同的教学方法吸引学生的学习兴趣，并为学生构建一定的学习情境，增强学生的动手体验，使学生的动手操作更有成就感，增强学生的学习效果。

(2) 在课堂教学过程中采取小组合作模式，为学生创造“竞争＋合作”的学习氛围，使学生在合作中产生更多的奇思妙想，更能够在互相竞争中努力创造，实现更好的学习效果。

(3) 在教学过程中，教师为学生提供不同的创作情境，指导学生在课程要求范围内开展各式各样的动手实践，教师在这个过程中对学生进行适当点拨，提高学生的实践效率。

(五) 课程评价体系

(1) 教师在评价学生过程中需要坚持动静结合的原则，一方面对学生的作品进行观察评价，另一方面对学生的实践动手过程进行评价，实现对学生的动态评价，使学生能够从教师评价中有所收获。

(2) 教师评价学生的标准之一是学生作品当中蕴含的创意，其中体现着学生的创新性。教师在评价学生作品过程中还需要重视学生作品当中的作品特色，同样体现着学生的创造性。

(3) 授课教师在课堂与活动中采用多元评价的方式，互评、自评、师评相结合的方式，以尊重差异为原则，并侧重形成性评价，即重视对学生的学习过程与参与程度的评价。授课教师对学生的评价过程注重渗透探究、合作等环节，注重学生学习过程中的自主表现，并将其确定为重点评价与观察内容，结合学生的学习表现给予适当的鼓励与肯定。

附：学生参与度评价表

项　　目	评价指标		评价方式		
	第一阶段	第二阶段	自评	互评	师评
自主参与程度	一般性参与，能够与同学一起制作	能够积极参与，主动主导同学完成制作过程			
手工作品制作效果	具备基础的手工制作能力，并且能与同伴合作完成	具有高效而又精致的手工制作基本功，在小组合作中发挥指导作用			
探究成果	基本能掌握手工制作流程，作品存在一定的瑕疵，不是那么精美	熟练掌握制作流程，做工精细，色彩搭配得当，作品没有瑕疵			

四、“水墨丹青”课程纲要*

（一）课程开发背景

（1）重要性分析：中国画延续发展至今，因其独特的艺术魅力，早已成为中国文化的一种象征、一种符号、一种国粹。她独特的艺术魅力、独特的笔墨意境所生发出的山水墨趣和人文情怀，自古至今，一脉传承，韵味无穷。她穿越历史时空，凝结民族文化情感。中国画艺术千百年来早已深深渗透在中国人的文化血脉中，形成了博大精深，割舍不断，代代传承的中国文化情结。她通过笔墨的表现和渲染直指人心和灵魂，给人以一种深厚而温暖的文化抚慰和关怀。

（2）必要性分析：中学生好奇好动、模仿力很强，心理学家认为：中学生想象力丰富，模仿能力强，是学习绘画的黄金时期。教学过程中，我们利用身边的动、植物作为教学教材，让中学生切身感受艺术来源于生活又高于生活的真谛，通过系统的学习国画知识，对开发智力、培养想象力，促进学生全面发展都十分有益。作画过程中根据所画内容的不同，需要用不同的毛笔和多种颜色相互搭配作画，作画时根据画面的构图情况选用不同的毛笔、调色时根据绘画的内容自己动手调制。所以说中学生学习国画有利于提高脑、眼、手的综合协调运用。

（3）可能性分析：经过选课问卷调查，我校有约 400 个学生选中国画课程，本校有中国画专业教师，可开设中国画工作室。坚持因材施教，了解学生具体情况，防止盲目或单

* 课程开发：李丽媛

纯的临摹教学,对不同学生心理特点、智能结构和艺术修养,提出他们自身发展的潜力优势,充分发挥个性,培养出独特的艺术创造力。

(二) 课程目标

(1) 知识与技能:感受中国画的独特的文化内涵和审美特色,了解中国画发展和完善的历程。热爱生活、观察生活、发现生活中的各种的美,并用画笔表现出来。

(2) 过程与方法:引导学生掌握欣赏中国画作品的方法,体验笔墨情趣,临摹简单的山水、花卉、人物、组合创作完整的山水、花鸟画。

(3) 情感态度与价值观:体会中华民族的精神风貌和审美文化内涵,认识中华文化的博大精深,激发学生热爱中国画,培养其对民族绘画的感情,提高艺术修养。达成审美与情感的升华。

(三) 课程内容

中国画大致可分为人物、山水、风景、花卉、瓜果、翎毛、走兽、虫鱼等画科;有工笔、写意、勾勒、设色、水墨等技法形式;设色又可分为金碧、大小青绿、没骨、泼彩、淡彩、浅绛等几种;主要运用线条和墨色的变化,以勾、皴、点、染,浓、淡、干、湿,阴、阳、向、背,虚、实、疏、密和留白等表现手法,来描绘物象与经营位置;取景布局,视野宽广,不拘泥于焦点透视。"水墨丹青"课程主要从丹青白描、花卉、人物开始学起。

表 3-18 "水墨丹青"课程内容框架

主题	课题	内容	课时
丹青之白描	名作赏析	图片展示,让学生通过赏析名作,理解国画艺术的博大精深,引起兴趣	1
	国画工具介绍	笔墨纸砚的介绍,宣纸特性的了解和把握,墨的焦浓重淡清,毛笔特性的掌握	2
	基础入门	练习勾画线条,学习用笔用墨。运用毛笔勾线,对线条有严格的要求,讲究用笔,追求线条的力感、快感,所谓"工细兼力",反对纤细柔弱的线条	2
	白描练习	白描基础练习,掌握国画基本功。白描靠用笔用墨表现物体的质感,一般用较细较淡的墨勾花,较重较粗的线勾茎叶等。色彩深及厚硬的地方用线粗重、方硬,色彩浅及薄嫩的地方用线轻细、圆柔。一幅好的作品,在用线、用笔、用墨上都应考究,既有变化,又有统一,不能死搬硬套,要学会灵活运用	2
丹青之花卉	线条练习	线条的粗细、顿挫、流畅、枯润。好的线条必须与花卉的形象、质感、空间感结合得恰到好处,生动地表现花卉的生命力、精神意趣。从对象的结构出发,写出对象具体生动的形,最终达到表现对象内在神韵的目的	1

（续表）

主 题	课 题	内 容	课时
	造型练习	造型基础练习，做到准确、生动。牡丹、梅花、山茶的花瓣可从基部起笔；荷花、菊花、百合等花瓣可从尖端起笔；玉兰、木棉用线挺拔有力；牡丹、芍药等花瓣薄嫩多折，勾线可用细线颤笔	2
	花卉练习	临摹花卉、写生花卉。花萼、花托、花柄的勾法：勾花萼的尖部用笔要顿在一起，短花柄可不勾，长花柄两条线要劲挺有力，摇曳多姿，两条边线要平行均匀，不可忽粗忽细	2
	染色	通过讲授工笔花卉的着染技法，演示工笔花卉的作画步骤，使学生学习和掌握最基本的分染、罩染、勾填、反衬等传统技法并学习一些特殊技法，能独立完成一幅作品	2
丹青之人物	人物练习	工笔人物画造型能力的要求，与其他画种人物造型能力要求基本相同，包括两个方面：一是写生对象的能力，二是主观造型的能力。通过工笔人物画写生，提高学生写生能力和主观造型的能力。通过写生练习，使学生具备独立完成工笔人物线描的本领，为创作奠定基础	2
	组合构图	小组合作，发挥各位的特长，组合构图。构图是画面的内在构架，决定着画面的整体效果，决定着画面内在结构的张力，使画面既有形式美，又符合内容需要，是创意形成的第一个步骤。所以必须深入研究构图的规律及特点，创造“有意味”的构图形式，使作品产生独具创意和高雅的格调来	2
展示与评价	小组互评	每个小组把所绘作品轮流进行展示，展示要求：用的什么绘制方法；绘制此作品当时的心情；创作此作品是在什么环境下创作的。小组之间互评作业，说出优缺点	2
	教师点评	要充分肯定学生的进步和发展，并使学生明确需要克服的弱点与发展方向。对学生美术学习的评价，既要关注学生掌握美术知识、技能的情况，更要重视对学生美术学习能力、学习态度、情感与价值观等方面的评价，强化评价的诊断、发展功能以及内在激励作用，弱化评价的甄别与选拔功能	
	展示学生作品	在教室后面做展示栏，展示学生作品	

（四）课程实施

1. 课程设置

（1）适合对象：七、八年级学生。

（2）课时计划：每周两节课。

（3）开设条件：画室、笔墨纸砚的准备。

（4）课程资源：自编教材、网络资源、教师交流等。

2. 实施要求

(1) 学生来源：招收对中国画有基本认识、爱好的学生，生源针对七、八年级。

(2) 课时数量：每学期开设20节课左右。

(3) 场地设备：多媒体教室、小组设计的桌椅、每组一个大画案、每组一张羊毛毡画毯、用于临摹的图稿五百幅、每组一个毛笔架、学生每人一套笔墨纸砚。

(五) 课程评价

1. 评价原则

(1) 激励性原则：要善于抓住学生活动中的闪光点及时进行表扬，激发学生学习热情，能够以更大的激情继续参与学习。

(2) 多样性原则：自评、互评、教师评相结合的评价原则。对学生的学习评价不停留在对技能的掌握上，评价要有利于学生的综合能力发展，如学习态度、合作意识、学习兴趣的持续性等。

2. 评价内容

在评价的过程中，不光是老师作出正确的评价，更要让学生全面地参与进来，让学生自己来发现美，让他们发现自己作业中的优点和缺点，让学生感受成功带来的喜悦，对自己的缺点也要正确对待，使自己的作品更加的完善，培养学生不断进取的精神，美术涵养得到不断的发展。在课内课外多开展自评、互评和评价小组，提高学生学习积极性，也能提高学生的口头表达能力，这样的评价更有说服力。让每个学生能够自主地发挥能动性，尽可能地提高自己的创造力。总之，多鼓励，少指责，多赞扬，少批评，让学生认识到他们想象创造的成果能够得到别人的承认和肯定，以此来培养他们健康向上的创新心理品质。

附：课程评价表

评价内容	评价指标			评价方式		
	A☆	B☆	C☆	自评	互评	师评
画面、线条、构图美感						
创新能力(创意独特)						
小组合作能力						
综合运用能力(美感综合运用、纪律、学习表现)						

五、"汉裳雅锦"课程纲要*

(一) 课程开设背景

1. 重要性分析

在中共中央办公厅、国务院办公厅印发的《关于实施中华优秀传统文化传承发展工程的意见》重点任务的第12点融入生产生活这样写道:"……'我们的节日'主题活动,实施中国传统节日振兴工程,丰富春节、元宵、清明、端午、七夕、中秋、重阳等传统节日文化内涵,形成新的节日习俗。……实施中华节庆礼仪服装服饰计划,设计制作展现中华民族独特文化魅力的系列服装服饰……"

中国传统服装基本形制有两种,上衣下裳制和衣裳连属制。上衣下裳制,相传起于传说中的黄帝时代,《易·系辞下》载:"黄帝、尧、舜垂衣裳而天下治,盖取诸乾坤。"这一传说可以在甘肃出土的彩陶文化的陶绘中,得到印证。这可以说是中国最早的衣裳制度的基本形式。汉服是中国传统服饰的代表,是中国"衣冠上国、礼仪之邦、锦绣中华"的体现,承载了汉族的染织绣等杰出工艺和美学,传承了30多项中国非物质文化遗产以及受保护的中国工艺美术。

2. 必要性分析

在开设这门课程之前,我们针对100名学生进行了调查,分别是50名女生50名男生。这100名学生中58.4%的认为汉服是汉民族的传统服饰,16.9%的则认为汉服是汉朝的衣服,12.5%的认为是唐装,8.5%的认为是旗袍,3.7%的认为汉服就是现代汉族人穿在身上的衣服。女生们都表示非常喜欢汉服,但在这50名女生中95.9%都分不清楚汉服和影楼装。

由此可见,大部分的学生对汉服还是有一定了解的,但是大部分学生对汉服存在着误解,尤其是将汉服错认为是汉朝的衣服或者是旗袍、唐装,这说明大家对汉服的了解不透彻,有的甚至存在着误区,因此开设这门课告诉学生什么是规制的汉服,这是很有必要的。

3. 可能性分析

本门课程对环境场地要求不是很高,所以学校教室和一些空间都可以利用;校内有许多老师自已就非常喜欢汉服,各种规制的汉服都有收藏;昭通有汉服协会,可以请协会里的老师来给学生做专题的讲座,协会里的活动也可以组织学生参与。

(二) 课程目标

1. 知识目标

(1) 增加学生对历史的了解、对文化的了解,丰富知识面。

---

* 课程开发:李璟

(2) 重视中国传统文化的学习,如古文、诗、词、曲、赋、对联、灯谜、射覆、酒令、歇后语等。

(3) 提高学生对汉服知识的了解,对传统文化的喜爱。

2. 能力目标

(1) 培养民族自豪感和增加民族凝聚力。

(2) 感悟中华民族的古典文学,了解中华民族的传统节日。

3. 情感目标

(1) 弘扬中华文化,培养民族精神,提升校园人文底蕴。

(2) 在汉服文化中,体会中华民族的传统美德。

(3) 传承发展中华优秀传统文化,树立爱国情怀。

(三) 课程内容

"泱泱华夏,礼仪为纲,衣冠不兴,文化难长。"课程以不同朝代服饰的展示为主题,从汉服的历史、汉服服饰的变迁、汉服舞蹈欣赏、古典礼仪学习、古典文学诵读这几个方面来体会传统服饰文化。

表 3-19 "汉裳雅锦"课程内容结构框架

主　题	内　容	要　求
汉服历史	汉服起源、形成、发展史 汉服中断、衰亡史 汉服光复与复兴史	钗笄步摇,冠服相宜
男子汉服	衣裳(读音为"常")类 深衣制(衣裳连属制) 通裁类	心随汉家,着我冠裳
女子汉服	襦裙类 深衣制 袄裙类	钗笄步摇,冠服相宜
汉服配饰	发髻 发饰 鞋履	礼不必繁,示敬而已
汉服文化之古典舞欣赏	《丽人行》 《少司命》 《纸扇书生》	永系华夏,爱我宗邦
汉服文化之古典文学赏析	《缭绫》 《时世妆》 《永遇乐》	勤奋好学,慕贤思强
汉服文化之古典礼仪的学习	中国古代礼仪基本动作 中国古代政治礼仪 中国古代生活礼仪	克己复礼,恭敬谦让

（续表）

主　题	内　容	要　求
汉服文化之传统节日	元宵节 端午节 七夕节	溯洄从之，求索循道

（四）课程实施

1. 课程设置

（1）适合对象：七、八年级学生。

（2）课时计划：每星期一节。

（3）开设条件：一间教室。

（4）课程资源：老师准备、学生补充。

2. 实施要求

（1）上课实施点名制度，学生不能无故缺席、旷课，有事必须提前向指导老师请假。

（2）上课时学生要认真听讲，积极参与，听从指导老师的安排，并按时完成布置的作业。

3. 实施策略

（1）对学生进行中华传统美德教育，以汉服为切入点，形成以点带面以面整体的教育动态，在了解传统服饰文化的条件下，对学生进行礼仪教育。

（2）可以适当给学生讲古代名人的故事，这样既能扩大学生的阅读量，又能增加学生的课外知识。

（3）根据学生的兴趣和爱好，适当调整课程的内容，对学生喜欢的内容多展示，积极让学生参与进来。

（4）在汉服文化中穿插传统文学（唐诗、宋词、元曲、明清小说、歌、赋等）和传统节日（元宵节、寒食节、清明节、端午节、中秋节、重阳节、腊八节、除夕、春节）的介绍。

（5）为了增加课程的趣味性，还辅助介绍民间工艺、民风民俗、随身器物等。

民间工艺：风筝、刺绣、中国结、传统纹样（饕餮纹、如意纹、雷纹、回纹、巴纹、龙凤纹）、蜡染、雕刻、编织等。

民风民俗：礼节、婚嫁（红娘、月老）、丧葬（孝服、纸钱）、祭祀（祖）；门神、年画、鞭炮、饺子、舞狮等。

随身器物：玉（玉佩、玉饰）、景泰蓝、紫砂壶、古代兵器（盔甲、大刀、宝剑等）、古玩（铜钱）、如意、红灯笼（宫灯、纱灯）、鼻烟壶、长命锁、芭蕉扇、发饰等。

（五）课程评价

课程评价采用自评、互评、师评三种方式，从基础问答、经典诵读、古典礼仪、古典舞等几个方面进行。

附：课程评价表

评价内容	评价星级			评价方式		
	一星	三星	五星	自评	互评	师评
汉服基础知识问答						
经典诵读展现						
古典礼仪表演						
古典舞展示						

第五节　科创助行课程的开发与设计

一、"Scratch 趣味编程"课程纲要*

（一）课程开发背景

随着智能手机、平板电脑等信息设备的大量使用与普及，"微信""抖音"等智能手机的第三方应用程序（App）正在一刻不停地影响着人们的生活，被人们所喜爱。编写和开发这些小程序，已经成为驱动社会发展进步的重要环节，它使"编程教育"成为信息技术教学的最流行的趋势。

编程实际上也是一种表达方式，和写作、绘画非常相似的表达方式。当我们学习写作文的时候，如果只是学习汉字的笔画、间架结构、语法、标点等，肯定是远远不够的，真正的重点和难点在于对篇章和段落的构思和想法。同样，在绘画的过程中，重要的是要通过基础的色彩和线条来表达作者的观点。只掌握大量的词汇及基础的绘画技巧，要成为写作和绘画的大家，那几乎是不可能的。编程与写作、绘画一样，都不是单一某种技术的积累，而是一种综合的素养和表达习惯或方式的培养，关键在于要具备流畅的表达能力。作为一种表达方式，编程能够帮助人们开发思维、表达心声，进而培养自我认同感和成就感。

凤凰中学从 2005 年就开始信息技术课程，近十五年来，学校信息技术课的目标始终都是服务于国家课程标准，围绕着云南省信息技术考试纲要开展教学，在培养学生逻辑思维和创新能力上明显不足。虽然在 2017 年改版的信息技术教材中也加入了 Scratch 基础

* 课程开发：李义波

及机器人基础方面的创新课程内容，但因考试的要求没变，实际教学中对上述两块内容也得到重视。

初中学生爱好新奇好玩的各种游戏，喜欢幽默风趣的动画片，对互动艺术，音乐，舞蹈，故事等新媒体表现出来的元素有着近似于痴狂的向往。他们思维活跃，善于表达自己独特的想法并付诸实践。在知识方面，他们掌握了一定的数学知识，逻辑思维能力逐步形成。在信息技术学习过程中，他们很喜欢制作丰富精美的多媒体作品，也善于接受思考的挑战。因此，让凤凰中学的学生学习 Scratch 并不困难。

基于以上两方面考虑，我们设计并开发集编写程序、游戏和制作多媒体作品相结合的“Scratch 趣味编程”的校本课程，选用 Scratch 作为青少年的编程入门语言。Scratch 是由麻省理工学院开发的一套开源积木系统编程环境。通过 100 多块功能“积木”指令组装脚本，只要使用鼠标拖拽积木部件就能组成自己的故事、游戏、卡通动画片，如搭积木一样简单有趣。它比专业编程语言更直观、简单。能让我们没有学习过编程的学生，在短时间内创作出集声音、图像、动画等多种元素互动的益智小游戏、卡通动画情景剧等多媒体交互作品。

未来的世界充满了新鲜事物。今天绝大多数的学生，未来所从事的工作都离不开创新和创造。不管什么年龄段的孩子，学习 Scratch 不仅能够培养他们逻辑思维和创造能力，还能让他们和同龄人、老师及其他人分享沟通。Scratch 是孩子们走向未来的一个“创造力游乐场”。

Scratch 编程课程开设所需的条件比较简单，它的兼容性非常好，特别是现在使用得比较多的 Scratch3.0 版本，甚至不需要进行环境的搭建就可以通过免费的网页平台进行学习及开发。在校内，学生有一台能连上互联网的电脑即可，同时 Scratch 还兼容多种平台，学生还可以利用平板电脑或手机进行学习及开发。Scratch 还支持离线操作方式，在没有网络环境的地方也可以应用离线的方式开展教学。

（二）课程目标

总目标是提高学生获取信息、重组信息、表达信息的素养；训练其设计程序和解决问题的能力；养成严密的逻辑思维品质，以科学态度走向创新与实践。根据三维目标的划分，又可将课程目标细分如下：

(1) 知识与技能：认识并熟悉 Scratch 语言编程环境，掌握面向对象程序的基本结构，能编写面向对象角色的程序脚本；熟悉“动作”“控制”“画笔”“外观”“侦测”“数字逻辑”和“变量”等积木指令的运用；理解并运用“变量”和“链表”等常见数据结构类型；理解逻辑运算、条件判断、循环控制和事件触发等程序设计过程中的基本方法。

(2) 过程与方法：通过完整的体验设计想象、编辑角色、选择积木指令、组装搭建积木指令、执行调试等创作过程，初步掌握面向对象编程的方法和设计程序的技术。

(3) 情感态度与价值观：感受程序设计技术实现功能的独特性，激发对信息技术的学习兴趣，体验创作结合程序功能的交互式多媒体作品的乐趣，有个性地表达内心的创想。

(三)课程内容

本课程不仅需要介绍各类积木代码的基础知识,还需要通过一些项目实例来展示这些积木代码的使用方法,学生只需要跟着老师设计的项目实例来动手操作,很快就能掌握 Scratch 编程的基本技能。

在内容设计中,我们把 Scratch 编程学习和创作多媒体作品结合起来,在创作动画作品和编写游戏作品的过程中掌握程序设计的方法,让学生充分体验思考的乐趣、满足创作的欲望和收获成功的喜悦。在课程活动中,加入了模拟编写知名游戏的尝试,把自己喜欢的小故事制作成一部动画片,做智能出题的程序,还有编写画板程序等等。在这个课堂里,需要为学生创造"边学边玩"的氛围,运用 Scratch 积木式编程语言环境,开设一个轻松有趣的创作课堂。并且鼓励学生发布程序作品至 Scratch 网站,与来自不同国家的 Scratch 作品爱好者进行交流。

表 3－20 "Scratch 趣味编程"课程内容结构框架

主题	课　题	主要内容	教学目标	课时
预备篇	初识程序设计	编程是一种表达方式 Scratch 的前世今生,主要介绍从 LOGO、乐高积木到 Scratch 语言的发展历程 Scratch3.0 版本介绍	了解编程的目的和意义,掌握 Scratch 语言的特征	1
技能篇	Scratch3.0 环境搭建及环境介绍	加入 Scratch 社区 Scratch3.0 离线版的安装 项目编辑器各区域的功能及用法 让小猫动起来	掌握进入 Scratch3.0 的环境的两种方式;知道项目编辑器各区域功能;学习初步接触积木代码编程	1
	Scratch 基本概念	角色 造型 背景 声音 积木 代码 坐标 碰撞 执行程序	了解各个元素的基本功能;知道元素在程序设计中的作用;学习修改元素的方法及程序执行的方法	1
	程序设计基本概念	变量 列表 数学运算 循环 逻辑运算(条件判断) 事件和消息	了解程序设计基本概念;知道这些基本概念的作用及区别;学习程序设计基本概念的用法	1

（续表）

主题	课 题	主要内容	教学目标	课时
角色和背景	角色和背景	添加角色 添加背景 角色动画 创作故事 切换背景	了解角色及背景的作用；知道角色和背景的操作；学习在不同的场景中使用角色和背景	1
	运动的主角	运动代码 旋转的风车 溜冰的北极熊 向左走、向右走 猫和老鼠（小游戏）	了解各种运动代码的作用；知道使用运动代码实现需要的功能；学习交互控制的基本操作	2
	演员的自我修养	外观积木代码 大小你说了算 隐身秘籍 演技爆发（效果使用）	了解改变角色的外观和行为；知道外观积木代码的作用；学习通过改变造型或背景影响角色和舞台的外观	1
	用事件驱动程序	事件积木代码 有声音就心动 鸡蛋进入足球场	了解事件代码的作用；知道程序设计的条件设置；学习事件控制中条件触发运用	1
	有声的世界	声音积木代码 乐器演奏 猫和老鼠（改进）	了解声音代码的作用；知道添加声音的方法；学习添加背景音乐	1
	控制程序的执行	控制类的积木代码 鸡蛋吵醒了蛇 克隆的效果 鸡蛋变出足球	了解控制代码的作用；知道循环和条件的概念及作用；学习运用控制代码编制游戏	1
	侦察兵	侦测积木代码 花开的声音 大鱼吃小鱼	了解侦测代码的作用；知道确定鼠标位置及与其他角色的距离；学习判断角色间碰撞后触发事件操作	1
	老师再也不用担心我的数学	运算积木代码 四则运算 逻辑运算 俄罗斯套娃素数	了解运算代码的作用；知道逻辑运算和数学运算区别；学习使用运算代码解决实际问题	2
	存储和访问	变量积木代码 打飞机 改进大鱼吃小鱼 成绩表	了解变量代码的作用；知道变量代码对数据的存储和操作；学习建立变量和建立列表	2
	我是画家	画笔积木代码 植树节	了解画笔代码的作用；知道形状和线条的绘制；学习添加扩展功能	1
	摄像头侦测	视频侦测积木代码 打气球 演奏架子鼓	了解视频侦测代码的作用；知道视频动作的触发作用；学习开发带有体感功能的程序	1

(续表)

主题	课题	主要内容	教学目标	课时
角色和背景	交互机器人的应用——乐高 EV3	连接 LEGO 机器人 LEGO 积木代码 机器人过障碍 拍篮球	了解 LEGO 积木代码的作用;学习使用 Scratch 控制机器人	3

(四) 课程实施

1. 课程设置

(1) 适合对象:七、八年级学生。

(2) 课时计划:20 课时。

(3) 开设条件:师资具备、学校能提供计算机网络教室及机器人教室。

(4) 教学资源:使用谷歌浏览器直接进入 Scratch 官网平台、离线版直接在官网免费下载。教学中使用的角色及背景素材均可在互联网上获得。最后一章,交互机器人的应用,学校现有 10 台 LEGO—EXT 机器人,可以下载 Scratch2.0 版本直接使用,同时也可以虚拟 LEGO EV3 机器人进行教学。

2. 实施要求

(1) 学生必须对本门课程有兴趣才能参与选课,选中的学生必须在家里有终端设备能完成作业。

(2) 学校提供计算机网络教室及机器人教室。

(3) 开课教师课前准备充分,编制好校本课程,采用丰富多彩的形式授课,课后完善校本课程。

3. 实施策略

为了让本课程能真正具有可操作性,特制定了以下策略:

(1) 安全实施策略:通过对学生及家长进行学校开设"助行广场"校本课程安全方面的知识介绍,让学生与家长了解参加 Scratch 趣味编程学习具体要求。因需要在计算机网络教室开展教学,在开课前需对学生进行计算机网络设备使用、网络信息安全、文明上网等相关知识的培训及教育,并签订网络安全文明公约书。

(2) 实践操作策略:首先是针对学生的喜好和学习特点合理安排好操作任务,有助于激发学生操作实践的兴趣、高效完成教学任务。通过了解掌握学生的特点,会发现他们上网时最喜欢当前流行偶像明星资料、卡通动画、游戏动漫等方面的内容,所以在学生上机实践操作时,针对课本知识合理设计操作任务,比如实例项目中的角色和背景,可以通过学生的喜好来更改替换。这样一来,不仅让学生兴趣大增,积极收集资料,也激发了同学们的操作、创新和应用的能力。

在管理学生上机实践操作时,要充分了解学生的特点,合理地采用教学方法和措施对他们进行控制和管理。因为学生接受能力有差别、模仿性强、学习能力易激发、爱突出表现、学习中需要不断启发和引导以及自制力不太强等特点，所以需在学生实践操作过程中运用“奖惩结合”“任务驱动”“监控管理”“互相监督”“团结互助”等方法和手段。

这样可以让学生提高信息整理能力，在社会实践中学习，也能为本课程学习打下基础，还能增加本课程的生动性和实践性。

(3) 师生共同参与策略：师生共同操作实践，有利于激发学生操作兴趣和师生共同进步，教师只有起到榜样作用，才能更好地促进学生的学习。由于教师是每个学生崇拜的偶像和模仿的对象，因此教师的行为举止关系到学生的成长。教师应规范自己的言行，做好学生的榜样。Scratch 是一门逻辑性和操作性很强的课程，为了让学生学到有用的新知识以及激励学生学好更多的知识，教师自身就必须不断地学习新知识和巩固旧知识、不断地进行实践练习和操作，这样才能跟得上信息技术的发展变化，使师生共同进步。

通过与师生共同学习操作，共同完成项目实例，不仅激发了学生学习 Scratch 编程的热情、增强他们的成就感和培养了他们的实践操作能力，同时也能激励自身的专业技能，不断提高知识的多样性和灵活性。

和身边的同学一起学习和探讨，不仅可以分享自己的项目，也可以快速地学习到别人的优点。还可以通过 Scratch 的“分享”按钮来分享自己的成果，让更多的人看到自己的项目，发表评论，甚至修改使用它们。

(4) 创新学习策略：引导学生多思考、多尝试，Scratch 鼓励青少年“瞎捣鼓”。只有多思考、多尝试，才可能学到和收获更多知识。在教学的过程中，要求学生并不止步于学会每一类积木代码和介绍的每一个项目案例，而是要思考和进一步拓展每一个案例，从而选择自己喜欢的项目进行设计，进而开发出属于自己的项目。一旦形成自己的风格，就能带来更多的粉丝和互动，产生巨大的成就感和认知度。

(5) 借助其他平台策略：Scratch 作为今天青少年编程的主流语言，在很多地方都有可供参考和学习的优秀项目资源，Scratch 网站就有很多“精选项目”，学生可以通过搜索工作室，来查找其他用户的一些优秀的作品。Scratch3.0 网站还提供了很多入门的视频教程，这些教程用浅显易懂的方式介绍了 Scratch 能够做什么以及怎么做，这对学习有着很大的启发想象和创意的作用。

(6) 综合评价策略：为了对参加本课程学习的学生有一个公平、公正的评价，坚持过程性评价与终结性评价相结合的原则，教师制定一套科学、合理的评价策略。根据实施策略，制定出在不同的场地、环境相应的评价标准，评出优秀学员给以表彰，比如，表达之星、创作之星、实践之星。这样可以鼓励学生，也有利于激发学生的学习兴趣，培养学生持之以恒的毅力和不怕艰辛的精神。

(五) 课程评价

通过教师和同伴的课堂学习活动记录及课堂学习效果考察等方法进行综合性评价

(以优、良、需努力来评价),评价的内容包括构思作品、自主实践、拓展创新和学习成果,采用过程性评价与终结性评价相结合的方式进行,通过教科室对学生的问卷调查评价。教师应力求做到客观、公正。以激励性评价为主,重过程,重变化,鼓励学生用文字语言对自己的学习过程进行自主评价,表达自己学习的收获与启示。

附:学习过程评价表

子内容 评价内容	子内容及其说明	评价结果
构思作品	设疑质问(对老师给出的信息任务积极思考,提出疑问)	
	领会任务(能够理解任务的要求和含义,明确完成任务所需的工具和步骤)	
自主实践	策略制作(能够根据任务所需的信息进行资源检索、收集、整理,并以书面或者口头形式表达出制定的切实可行的解决方案)	
	模块熟悉(对 Scratch 各模块功能操作熟悉)	
	脚本设计(能够灵活合理地使用各模块进行设计,脚本完整)	
	动手操作(实践过程规范,能够按时完成任务)	
	合作沟通(团队成员愿意参与活动,能够共享、交流资源和想法,友好相处,分工合理)	
	好奇心与兴趣(学习过程中心情愉悦,情绪高昂,注意力集中)	
拓展创新	推论反思(能够积极思考,总结经验,发现作品中的不足)	
	完善优化(能针对作品的不足进行完善设计,并做出更好地改善创新)	
	作品展示(作品完整度好,能用生动形象的语言展示作品制作的思路)	

附:学生作品终结评价表

项　目	优	良	需努力	结　果
作品名称(合理明确)				
作品类型(益智游戏/动画情景剧/其他)				
作品说明(要求:说明作品执行操作的方法)				
脚本代码(附截图)				
作品链接(上传到 Scratch 网站)				
学习总结				
考勤				
总分				

备注:优为 3 分,良为 2 分,需努力为 1 分。20 分以上颁发课程结业证书。

二、“叶脉书签的制作”课程纲要*

(一) 开设背景

为响应学校课改，实施三分教育，对学生实行分类指导。所以开设一门与生物学科相联系的一门特长课“叶脉书签的制作”，可以让学生体验到自己动手的快乐，让她们真正感受到在“做中学”和“乐学”。

开设本课程可以让学生看到叶片中完整的输导组织，更能理解植物体的组织与器官之间的关系，亲自感受自然界的伟大，感受小小叶片也很神奇，更能用心的对待每一样事物。叶脉书签在制作需要时间较长，参与者要有极大的兴趣和耐心才能得到一件完整的叶脉，再通过发挥各自的艺术天分加以修饰和装点，最终呈现一份独一无二的作品，借此也可以锻炼参与者的毅力和耐力，提高他们的艺术修养。

(二) 课程目标

(1) 了解书签制作的基本原理和制作的基本过程。
(2) 培养学生持之以恒的学习态度。
(3) 让学生体验到理论到实践的过程，真正做到学以致用。

(三) 课程内容

表 3－21 “叶脉书签制作”课程内容结构框架

主题	课　题	内　　容	课时
兴趣导引	认识叶脉书签	展示网络图片、往期学生作品、未加工图片、粗加工图片和制作完成的作品等	1
	所需器材	药品：氢氧化钠(NaOH)清水　双氧水或漂白水 工具：旧牙刷(学生自带)、平面的盘子、一次性手套、旧书本、水粉等 仪器：大烧杯、三脚架、石棉网、酒精灯、玻璃棒、镊子、火柴、打火机、塑封机等 叶片要求：叶脉密而质地较硬的树叶，如桂花、玉兰和非洲茉莉等的叶为最佳	1
	注意事项	1. 学生分多次粗加工得到足够多原始的叶脉书签，再在老师的指导下对它们进行脱色处理，然后漂洗并根据自己的喜好染色。染色、晾干、压平后的书签可以单独装饰，也可以拼贴成更复杂的画面 2. 因所用药品氢氧化钠有腐蚀性，所以整个加工过程必须戴好手套和遵守纪律，不可随意丢弃未刷成功的叶片以免造成污染	

* 课程开发：王萍

（续表）

主题	课题	内容	课时
兴趣导引	作品展示	学生展示自己的成品(可个人或小组展示,有条件的建议学校组织特长班学生作品展)	1
实施过程	操作要领	给学生展示所有要准备的材料,并做好她们的分组事宜。选出班委并明确分工,以保证课程的有序进行	6
	叶脉书签的粗加工	1. 叶脉书签的制作原理：叶肉遇到腐蚀性液体就会发生腐烂,经过加热,它会腐烂得更快,叶脉比较坚韧,不容易被腐蚀。因此,可以将一些叶片坚硬、叶脉坚韧的树叶制成叶脉书签 2. 需要备齐的工具与材料：烧杯、三脚架、石棉网、酒精灯、玻璃棒、火柴、天平、旧牙刷、镊子、10%氢氧化钠、3%双氧水、一次性手套、桂花树叶等 3. 叶脉书签制作过程(全程需佩戴手套)： ① 煮：适量的10%氢氧化钠倒入烧杯搁在石棉网上,用酒精灯加热,煮沸溶液。把树叶浸没在溶液中,继续加热30分钟左右,用镊子轻轻翻动,使叶肉分离,腐蚀均匀 ② 刷：当叶片变色、叶肉酥烂时,用镊子取出叶片,放在盛有清水的玻璃杯内洗去氢氧化钠。从清水里取出叶片,放在平底盘或盆内用旧牙刷在流水中轻轻地刷叶片的正面和背面,刷去叶片的柔软部分,露出白色的叶脉(此过程需注意力度,以免弄断叶脉或刷不干净)	
	漂洗	1. 把已经粗加工好的叶脉进行漂白,有两种方法：一是用3%的过氧化氢溶液(医用双氧水)浸泡24小时直至变为纯白色即可;二是用家用的漂白水适当加水后浸泡20分钟即可。两种方法可根据实际情况选择操作 2. 把漂白的叶片,再进行清洗直至没有残留物	1
	染色	1. 根据自己的喜好在容器里调配好不同颜色的染液 2. 放入叶片进行染色,30分钟后取出 3. 用卫生纸去除多余的染液,放入干燥的书中展平至干即可	1
叶脉书签的后期制作和绘图	绘图	学生可以根据自己喜好对已染色书签进行点缀和装饰,也可直接在未染色的叶脉上绘画等	1
	塑封	用专用的塑封机对每片之前加工好的叶脉进行塑封	1
	修剪	学生根据自己手中叶片的形状结合自己的想象修剪出自己最喜爱的书签,或将多片进行艺术拼贴	1
拓展	其他方法	叶脉书签制作其他方法的介绍(可以在家完成)	1
课程评价	学生打分	让学生为自己和他人的作品打分,也为这门课程和任课教师打分以便老师可以了解学生的接受程度	1

（四）课程实施

(1) 适合对象：七、八年级学生均可参加,每次招收不超过40人。

(2) 课时计划：16课时。

(3) 开设条件:在学校实验室进行,有学校购买相关药品,学生自行准备平底盘子,软毛刷和各种硬质叶片。

(4) 课程资源:结合本校实际选取现有材料进行,在学生不破坏植被的前提下,请学校允许学生在校园内摘取所需叶片。

(五) 课程评价

通过教师和课堂学习活动记录及学习成果考察等方法进行综合性评价(以优、良、合格来评价),评价的内容包括学习态度(兴趣浓厚,认真勤勉)、学习能力(主动参与、积极动手、及时反馈)和学习成果(学以致用,作品丰富,质量上乘),采用过程性评价与终结性评价相结合的方式进行。教师应做到客观、公正。以激励性评价为主,重过程,重变化,学期结束时鼓励学生用一到两分钟对自己的学习过程进行总结评价,表达自己学习的收获与启示。组内成员间进行互评以达到取长补短之效。最后每位学生完成本课程的问卷调查以便上课教师能根据需求及时作出适应性调整。

三、"十字绣秀"课程纲要*

(一) 课程开发背景

学校是实施素质教育的主阵地。为了在课程改革的大背景下,让文化的氛围、环境的布置、课程的开发和德育教育有机结合起来,让学生获得传统文化的熏陶、感受到现代文明的魅力,拓展每一位学生的个性发展空间。

随着计算机家庭化,儿童、少年、青年甚至成年人,将大量业余时间用于上网、玩游戏、聊天,自己亲手动手的事情和氛围越来越少,连钉纽扣、洗衣服等这些最基本、简单的事都销声匿迹了。

十字绣是在十字绣布上使用专用的绣线,用交叉的方法搭"十字"的一种手工绣制艺术。十字绣既能增强自己的耐心和细心,又能陶冶性情、修身养性。通过"十字绣"课程,既尊重学生的学习兴趣,又能为新时期、新课改实施劳动技能教育搭建新的实施平台,对发展学生的劳动技能,培养学生的实践创新能力有一定的促进作用。让学生的手、眼、脑充分地动起来,不断培养学生的动手能力、操作能力、审美能力,也激发学生的创造才能和创新能力,让学生获得成功的体验和信心,为学生的幸福成长奠定良好的基础。

(二) 课程目标

(1) 了解十字绣,并会一些简单的手工绣方法。

---

* 课程开发:李文梅

(2) 通过十字绣的学习,解放学生的眼、手、心灵,培养学生的兴趣爱好,提高发现美、欣赏美、创造美的能力。

(3) 培养学生的细心、耐心精神,审美意识、环保意识和团结合作精神。让学生劳动过程中有情感体验,以及劳动态度、观念和良好习惯的养成。

(三) 课程内容

表 3－22 “十字绣”课程内容结构框架

主题	课　题	内　　容	课时
启发	欣赏作品	风景、人物、花卉、动物、抱枕、钱包、钥匙扣、手机袋、历史字画、名人肖像和家居用品等	1
认识材料	绣针	绣针有 3 种规格,分别为 22、24、26 号,编号越大越细长,24 号为常用绣针,此外,还有用于穿珠子用的珠子针	1
	绣线	绣线通常为六股,刺绣时一般用两股,勾边用一股	
	绣布	十字绣的绣布呈网格状,格眼方正,与图案相对应,可按大小裁剪,绣完洗涤熨烫后效果更佳	
	剪刀	剪刀是十字绣所专用的,与普通的剪刀相比,使用时无论多么细小的部位,利用鹤形剪刀都能处理的干净利落,其贴合手形的人性化设计	
学习基础绣法	如何看图	每种花型图案均以方格图的形式表示;每个方格代表一个全十字针;半个方格代表四分之一的十字针;黑色或彩色圆点代表法兰西结;黑色或彩色椭圆代表平式花瓣针;直线代表勾边;每个图都附有一个颜色表,表示图中所需的绣线颜色	1
	基本针法一:全针绣	十字绣方格的四个角分别为 1、3、2、4,先从第一个角上来,第二个角下去,再从第三个角上来,第四个角下去,这样一个全针绣就完成了。在实际操作中,也可先连续绣出多个半针绣,再回头把每个半针绣补成全针绣	1
	基本针法二:半针绣	这种十字绣的绣法和全针绣的前两针一样,只绣一个对角线,另一个对角线不绣,即为全针绣的一半	
	基本针法三:四分之一针绣	四分之一针绣是由只绣对角线的一半,如果要边线正方形中残留的部分,表现不同颜色,则需要有这种绣法来表现	1
	基本针法四:四分之三针绣	和全针绣的方法类似,前三针完全相同,第四针只绣对角线的一半即可,即形似一个“人”字	
	基本针法五:法兰西结	先绣两个半针绣,然后从两个半针上绕过,将线穿过绣布,到达背面,即在绣布表面打结,这样可以提高绣图的立体感	
	基本针法六:勾边	勾边是十字绣针法中的最后一个步骤,就是对应着图纸在绣布的任意处起针,通过拉线的方式拉出斜、横、竖线勾勒出线条,但拉线过程中一定要注意拉线的长度,拉线的长度尽量控制在 3 格以内,一条很长的直线可以分成几段,只要不超过 3 格的距离即可;结束时,要将剩余的绣线从背面绣好的绣线底下穿过去固定住	1

（续表）

主题	课　题	内　　容	课时
掌握技巧	刺绣方向一致	绣十字绣有一条很基本的规则，就是所有小方格里的两条交叉线必须是相同走向的，不过3/4针绣例外。一定要注意其绣的方向一定要一致，如果开始绣时是由上而下且由左而右，则整幅作品都要遵行一致的方向，否则将会破坏整幅的作品。虽个人的习惯有所不同，但仍要遵照一致性原则	1
	找准中心	一定要先找到布的中心点位置才开始绣图，否则可能会造成图绣好之后，却无法顺利裱褙的窘境	
	拉线均匀	绣的时候线不要拉得太紧或太松，好的十字绣应尽量保持绣品背面的平整、不凌乱，要少出现跨度大的连线，线头必须要隐藏好，并且足够的结实不会脱线，也没有凹凸感	
	切勿将绣花线打结	当开始用第一条绣花线时，请在布料后预留一寸长的线尾。用手指按住线尾，然后开始刺绣；在进行刺绣时，针步会将线尾固定下来；完成一条绣花线后，只需在布料背后连针带线穿过几个针步，并将余下的线段剪去便可；要使用新的绣花线时，请在重新开始刺绣的位置附近，将针和线穿越几个针步的底部	
自己动手绣	绣出自己喜好的水果、小动物或精美小饰品（任选一种）	1. 选择好自己喜欢的图案后，将绣布对折两次找到交汇的中心点，仔细对照长宽，按照图纸上中心点所标记的线号要求，在绣布上的中心位置绣上第一针 2. 抽取需要的绣线股数，如果在绣制的过程中绣线紧缠在一起，可以放开手中的针，让它悬于半空，绣线将会自然解开 3. 在绣的过程中，需要不断根据图案计算每一种颜色的十字绣线开始的位置，最简单的办法就是数其距离十字格布中点的坐标。绣的过程中切勿从一个区域跨到相隔很远的另一区域 4. 开始用第一条十字绣线时，请在十字格布背后预留一寸长的线尾。用手指按住线尾，然后开始制作十字绣。当完成一条十字绣线后，只需在十字格布背后使用收针针法，并将余下的线段剪去便可 5. 在绣的过程中绣线交叉的方向要保持一致，即上面的二分之一针，如果是左下到右上就永远保持这个方向 6. 在绣的过程中绣线不要拉得太紧，否则容易造成绣片不平整，十字格布暴露太多从而影响绣片效果。而且不能在任何地方将十字绣线打结	8
秀出自己的作品	秀秀自己的作品	1. 个人秀：学生个人把绣品展现给同学欣赏，并介绍自己绣品所运用的材料及这幅绣品运用到的技巧；请同学对自己的作品进行评价，指出作品中存在的不足和改进的建议。这样可以锻炼学生的语言表达能力，对事物的归纳总结能力 2. 集体秀：一个班级内的所有同学把个人完成的同类作品进行组合，合成一件作品进行展示。这样能够让学生体会合作学习的快乐 3. 应用秀：把学生的作品应用到生活用品、学习用品或生活环境之中，以此让学生体会用自己的手创造美好生活的意义	1

(四) 课程实施

1. 课程设置

(1) 适合对象：七、八年级学生。

(2) 课时计划：16 课时。

(3) 开设条件：材料便宜，地点不限。

(4) 课程资源：完成好的作品、图解和视频等。

2. 实施要求

(1) 适合学生自主创作的环境和氛围。

(2) 参与者态度端正，认真学习。

(3) 不迟到，不早退，不旷课。

3. 实施策略

(1) 自主选择。

① 选择绣品材料：通过学生自己的喜好、主观感受以及自身条件，选择最适合自己的绣品材料。

② 选择小组成员：根据绣品材料和自己喜好、性格等选择自己的小组成员。

③ 在教学中，师生之间、生生之间建立民主、平等、友好、协作的关系。

(2) 动手制作。

① 在讲授技巧时，要演示熟练、步骤清晰、讲解透彻、点拨精辟，充分调动学生的积极性，使学生主动地去完成。

② 在学习过程中，教师要传授一些基本的制作方法，这些方法要有非常鲜明的实践性，要学以致用，尽可能地把理论和知识转化为能力。

③ 学生在绣的过程中，尽量让学生在掌握十字绣的基本方法和技巧的情况下，自主完成，也可以是小组合作完成。

④ 通过动手制作的实践练习，可以增强学生的动手能力、独立思考能力和观察事物的能力，从简单的动手动脑中掌握到基础知识和基本技能。

⑤ 动手制作过程中要注意学生是否积极参与，在创造过程中他们合作是否成功，在原有的基础上他们的动手、动脑能力和实践能力是否有所提高。

(3) 绣品展示。

① 让学生欣赏大量的优秀“十字绣”作品，是学生开阔眼界、陶冶情操、提高素养和创新能力的重要手段。

② 通过绣品欣赏，借助匠心独具的作品和通俗易懂的图文讲解，用最直观的步骤图、最简明的语言，由浅入深，循序渐进，把学生带入十字绣天地，向学生展示十字绣手工艺的神奇魅力，让学生畅享十字绣世界的时尚美丽！

(五) 课程评价

课程评价的目的在于通过评价促进学生综合能力的发展,激发学生创造性思维发展,使学生的个性特长得到发展,提高学生学习十字绣的兴趣。

(1) 给出要求,引导学生进行自评与互评,总结学习成果,寻找差距,培养学生评价能力。

(2) 以学生的考勤、课堂表现及最后完成作品的情况为依据。

(3) 学生自评、小组互评、教师点评、学习过程性评价,评价主要是对兴趣的延续性、针法的规范性、作品的完整性及美观、合作意识和课堂行为等综合评价。

附: 学习过程评价表

项 目	4 星	3 星	2 星	1 星	比例
出 勤	全勤	一次缺勤	两次缺勤	三次以上缺勤	30%
课堂表现	认真听讲、认真训练	操作规范、稍有错误	基本完成任务、错误较多	态度不端正、不按时完成任务	30%
作 品	掌握技巧、作品优美	掌握一定技巧、但美感不足	作品基本完成、稍有缺陷	有重大缺陷或没完成作品	40%

期末终结评价表

评价内容 \ 评价标准 \ 评价方式	自评(30%)			互评(30%)			师评(40%)		
	1 星	2 星	3 星	1 星	2 星	3 星	1 星	2 星	3 星
自主动手的能力									
合作能力									
观察能力									
表达能力									

注: 以激励性评价为主,重过程,通过过程和终结两方面的评价,最后得出学生的最终成绩。4 星为优秀,3 星为良好,2 星为一般,1 星为差。

四、"家电维修"课程纲要*

(一)课程开设背景

基础教育课程改革实行国家、地方、学校三级课程管理,这使校本课程的开发成为新时期我国课程改革乃至教育改革的热点问题之一。随着现代科学技术的迅速发展,世界各国劳动技术教育的核心也越来越趋于一致——提高学生的技术素养。根据我校"助行课程"建设的要求,为提高学生的动手操作能力、实践能力,激发学生强势智慧,培养学生的特长倾向,特开设"家电维修 "课程。这门学科基于物理学科电学知识,挖掘学校物理课程资源,一方面能够大力发展学生对家电维修的兴趣和爱好,提高学生实践能力;另一方面,在初中开发"家电维修"校本课程也是培养学生学物理用物理的一个重要途径和方法。

(二)课程的核心育人价值

通过学生参与"家电维修"课程实践,它能培养学生对电器故障的判断能力,实际动手操作能力。也进一步培养学生分析问题、解决问题的能力,即培养学生学科学用科学,训练学生用科学实验探究的学习方法。

(三)课程目标

1. 知识目标

(1) 了解家用电器的结构及基本原理。

(2) 掌握家用电器的测试和故障分析方法。

(3) 掌握家用电器的故障处理方法。

2. 能力目标

(1) 会准确使用简单的电工仪表。

(2) 能通过检查判断出一些电路的故障。

(3) 掌握较基本的维修技能。

3. 情感目标

(1) 培养学生热爱科学,实事求是的学风和创新精神。

(2) 培养学生吃苦耐劳的精神。

(四)课程内容

首先从最简单的常识入手,熟悉家电维修的常用工具,比如万用表、电烙铁等,认识常

* 课程开发:曾丽萍

用电子元器件，包括电容、电阻、三极管等常用器件，了解简单电路的基本知识，包括三种状态通路、断路、短路等。进一步，能用生活中常用小电动玩具、电子电路及废旧家电进行试验性维修探究。用小电动玩具进行试验的目的主要是激发学生的学习兴趣。在教学过程中，不能急于求成，应循序渐进，因为家电维修对于初中学生不是很容易的事，老师更应该有耐心。

表 3 - 23　“家电维修”课程内容结构框架

主　题	课　题	具体内容与目标	课时
认识家电维修的常用工具及电子器件	基础电路知识	内容：让学生了解电路的组成和电路状态 目标：认识电路基本元件、元件符号和电路组成；介绍通路、断路、短路状态，让学生掌握	2
	展示器具	内容：观看各种器具 目标：初步了解万用表、螺丝刀、电烙铁的用途及基本操作；认识电容、电阻、二极管、三极管等常用电路元件及各元件的作用	2
维修	多谐振荡器(LED闪光电路)	内容：学生对照实物了解电路及线路原理，如果某处出现故障，尝试诊断故障及维修 目标：会初步诊断断路故障；会进行断路故障维修(包括会用电烙铁焊接断路处)；练习万用表、螺丝刀、电烙铁的操作使用	2
	触摸振动报警器(趣味电子制作)	内容：学生对照实物了解电路及线路原理，如果某处出现故障，尝试诊断故障及维修 目标：会初步诊断断路、短路故障；会进行断路、短路故障维修；会用电烙铁焊接电路	2
	收录机(含音响)的原理与维修	内容：概述；整机线路原理；线路举例；利用示教板讲解、演示故障及排除方法 目标：培养观察能力及动手操作能力	2
	电视机的原理与维修	内容：概述(方框图解说)；整机线路原理；发彩电大板；分析彩电故障现象和排除故障实习 目标：培养学生热爱科学、吃苦耐劳的精神	2
	直流电动机	内容：先讲原理、结构，然后让学生亲自绕制，完成实物教学 目标：掌握故障及能排除；培养观察能力及动手操作能力	2
	VCD、DVD、EVD、电话机的原理与维修	内容：基本原理；电路解说及故障检修，通过实物教学及电化教学，使学生懂得数字电路及故障检修 目标：学会初步发现故障及会排除故障；培养观察能力及动手操作能力	2
交流和评价	展示自己的成果	内容：演示自己对某一电路的检修过程，向大家介绍方法；说说某工具的使用技巧 目标：通过交流，开发学生独立自主去发现问题的能力	2

(五) 课程实施

1. 课程设置与要求

(1) 适合对象：八、九年级在校学生。

(2) 课时计划：18 课时。

(3) 开设场地：物理试验室。

(4) 资源配置：人力资源有我校"家电维修"课程方面的专家型教师付德金老师，他在家电方面有独特资源和研究；设备资源有废旧电器、物理实验室设备设施、多谐振荡器(LED 闪光电路)、触摸振动报警器(趣味电子制作)等。

2. 课程教学策略

(1) 观摩教学。

(2) 实践操作教学。

(3) 评估交流教学。

(六) 课程评价

1. 评价预备

评价前，教师要将评价的内容、评价的等级标准明确地告知学生，使学生能够在不感到压力的情况下，客观、公正、确切地评价自己和别人。这种评价方式更加客观、更加民主，有利于实验教学的开展，有利于提高学生的学习兴趣，有利于提高学生的实验技能。

2. 评价方式

(1) 学生个人的评价：即学生根据自己在学习过程中的参与程度、学习表现、学习态度以及在协作学习过程中的贡献做出自我评价。

(2) 小组评价：小组对个人的自主学习能力、参与程度、协作精神、学习态度以及在协作过程中的贡献做出评价。

(3) 教师评价：教师根据学生的自我评价和小组对学生的学习成绩做出最后评价。评价应多看到学生的长处和优点，应给予表扬和鼓励。

附：课程评价指标

指标 内容	三　星	两　星	一　星
参与度	无论是课前的准备工作、课堂活动还是最后的桌面清理工作都能积极地参与	能参与课前的准备工作、课堂活动以及最后的桌面清理工作	课前的准备工作、课堂活动过程以及最后的桌面清理工作中的某一项或某几项做得不好

（续表）

内容＼指标	三 星	两 星	一 星
合作能力	积极参与合作，共同完成课前、课后整理工作	参与了活动过程，能共同完成课前、课后的整理工作	没有较好的参与活动过程，没有较好的共同完成课前、课后的整理工作
行为习惯	课前整理桌面，活动过程中规范的进行操作，课后对桌面及时的清理和整理，始终保持桌面整洁	课前整理桌面，活动过程中操作较规范，课后能对桌面及时的清理和整理	课前整理桌面有些问题，活动中能进行操作，课后对桌面的清理和整理存在一些问题
能力展示	能正确演示自己对某一电路的检修过程，向大家介绍方法或科学说明某工具的使用技巧	能基本完成要求的活动过程，方法正确	活动中存在一定的问题，不能完成基本操作任务

附：评价记录表

<table>
<tr><td colspan="3">课程主题：</td></tr>
<tr><td rowspan="3">课前准备</td><td>整理实验台面、检查、准备所需器具</td><td></td></tr>
<tr><td>熟悉将要进行的活动内容</td><td></td></tr>
<tr><td>安全及注意事项</td><td></td></tr>
<tr><td rowspan="4">课堂探究活动结果记录</td><td>操作情况</td><td></td></tr>
<tr><td>小组的交流内容</td><td></td></tr>
<tr><td>哪些因素影响团队协作</td><td></td></tr>
<tr><td>完成任务所用时间</td><td></td></tr>
<tr><td rowspan="3">课后</td><td>有序整理器材</td><td></td></tr>
<tr><td>清理操作台</td><td></td></tr>
<tr><td>清理实验室</td><td></td></tr>
<tr><td>自我评价</td><td colspan="2"></td></tr>
<tr><td>小组评价</td><td colspan="2"></td></tr>
<tr><td>教师评价</td><td colspan="2"></td></tr>
</table>

五、"奇妙的天文世界"课程纲要*

(一) 课程开发背景

天文学是一门古老的学科,从人类文明诞生至今,天文学一直不断发展,天文学也一直推动着人类文明的进步。从"盘古开天地"到"宇宙大爆炸",从"天圆地方"到"哈勃太空望远镜",从"嫦娥奔月"到"登陆月球、探测火星"等等,人类不断地刷新对宇宙的认知,目前还有很多的宇宙之谜等待破解。

目前中学并没有开设天文学课程,但天文学的研究对我们的生活有很大的实际意义,对于人类的自然观形成有很大的影响。比如古代的天文学家通过观测太阳、月球和其他一些天体及天象,确定了时间、方向和历法,这也是天体测量学的开端。如果从人类观测天体,记录天象算起,天文学的历史至少已经有五六千年了。天文学在人类早期的文明史中,占有非常重要的地位。埃及的金字塔、英国的巨石阵都是很著名的史前天文遗址。哥白尼的日心说曾经使自然科学从神学中解放出来。而且对天文学的了解和学习,能让中学生把课堂里学的物理、地理等学科的知识应用起来,学以致用,也能让学生开阔眼界,提高科学素养。

学习天文学不但要学知识理论,还要学会天文观测,而天文观测就需要观测仪器。在古代人类就为观测日月星辰的运动规律和历法的推算建造了"天文台"和一些观测仪器,比如,中国最古老的天文观测仪器是圭表,后来演变成日晷;还有"浑仪""天体仪""水运仪象台"等。在实际观测中最常用也是最实用的是望远镜,所以在教学中要把天文望远镜的使用方法教给学生,让学生透过望远镜看到肉眼无法看到的天文景观,这样不但能让学生提升学习天文的兴趣,也能让学生自己动手进行天文观测,达到手脑结合的学习方法。

(二) 课程目标

1. 知识目标

(1) 了解人类认识宇宙的过程。

(2) 知道太阳系的构成。

(3) 知道日食、月食、流星雨和一些常见天象的形成原因。

(4) 能分辨一些代表性的星座,认识有名的恒星。

(5) 简单了解恒星的演化进程。

2. 能力目标

(1) 学会使用星图来查找星座、恒星和行星。

---

* 课程开发:兰志翔

(2) 学会使用天文望远镜来进行天文观测。

3. 情感目标

(1) 激发学生探索星空、探索宇宙的兴趣。

(2) 关注我国天文事业的发展,增强热爱祖国、热爱家乡的情感。

(3) 增强利用宇宙资源、保护宇宙环境的使命感。

(三) 课程内容

此校本课程主要针对初中学生,所以在内容上主要是选择比较简单易懂,能和初中地理、物理等相关知识相契合,在天文观测上也选择比较容易的项目进行。所以课程内容分为五大部分"探索宇宙""灿烂星空""地球和她的兄弟姐妹""仰望星空""展望未来"。

表 3-24 "奇妙的天文世界"课程内容结构框架

主 题	课 题	具体内容	课时
探索宇宙——人类永恒的追求	宇宙的起源	宇宙大爆炸 膨胀的宇宙	1
	宇宙中的星体	恒星	1
		恒星的摇篮——星云	1
		白矮星、中子星、黑洞	1
灿烂星空——星座的故事和星空目视观测	认识星座	星座的划分 黄道十二星座	1
	星空观测基础	星图和星表的使用 星等	1
	四季星空	雄狮怒吼——春季星空	1
		壮美银河——夏季星空	1
		飞马当空——秋季星空	1
		猎人出没——冬季星空	1
	天象观测	彗星 日食与月食	1
		流星和流星雨 月相的变化	1
地球和她的兄弟姐妹	地球和月球	地球的形状 地球的运动	1
		地球的卫星——月球 月球对地球的影响	1

（续表）

主　题	课　题	具体内容	课时
地球和她的兄弟姐妹	地球的兄弟姐妹	"神行太保"——水星 地球的"姐妹"——金星	1
		红色行星——火星 灵活的胖子——木星	1
		最美行星——土星 "躺着"的行星——天王星	1
		笔尖找到的行星——海王星 被降级的行星——冥王星	1
仰望星空——天文观测	古代的观星	中国古代的天文成就	1
		外国古代的天文成就	1
	天文望远镜	光学望远镜	1
		射电望远镜 太空望远镜	1
	用镜窥星	天球坐标	1
		赤道仪 天文望远镜的使用	1
展望未来	天文学的未来发展		1

（四）课程实施

1. 课程设置

(1) 教学对象：七～九年级。

(2) 计划课时：25 课时。

(3) 开课条件：星图、赤道仪(带 GOTO 功能)、马卡式或折射式望远镜、天文双筒望远镜(巴德膜)等。

(4) 活动地点：校内在多媒体教室和操场、校外在城郊空旷无光污染的地方。

2. 实施要求

(1) 学生必须对天文感兴趣才能选此课，而且最好懂得一些地理和物理的基础知识，具有良好的空间想象能力。

(2) 学校提供多媒体教室，观测用具等。

(3) 开课教师必须要做好课前准备，特别是使用仪器时要保证学生及仪器的安全。要不断完善校本课程。

3. 实施策略

(1) 安全策略：天文观测一般都在户外，所以学生的安全必须要有保障，尽量在学校操场进行观测,如要到郊外,不能去有河流、湖泊、池塘和道路崎岖的山区等远离城市的地方。教师和家长要教育好学生遵守纪律,听从安排,注意安全。还有在观测太阳时,一定要在望远镜上安装太阳滤光片(巴德膜)。

(2) 实践观测策略:天文学是以观测为基础的学科,所以天文观测是非常重要的活动。天文学理论性的知识非常深,学生不易掌握,而天文观测确是非常有趣,但观测活动不能是走马观花,要结合知识,有目的的观测,并做好观测记录。

(3) 评价策略:学完每个章节后要对学生的学习结果进行评价,这样能知道学生的学习进度,了解学生掌握知识的程度,对课程完成度高的学生要给予高评价,这样能鼓励所有学生积极学习。

(五) 课程评价

(1) 评价原则:个性化原则,多元化原则,激励原则。

(2) 评价形式:自评、互评、教师评价相结合。

附:课程评价标准

指标 内容	三 星	两 星	一 星
学习过程	能在课程学习前自主找相关资料,学习过程中能积极参与,观测活动能按要求完成并做记录,课后有反思与总结	能完成大部分的学习任务,在合作中能基本完成观测任务	需要更多的时间才能完成一部分学习任务,学习过程中理解能力较差,观测活动需要别人帮助才能完成
观测活动	能自主完成对目标天体的观测,能准确完整记录观测结果	不能自主完成观测任务,但能在教师或同学的帮助下完成观测,能比较准确地记录观测结果	不能自主完成观测,在教师或同学的大量帮助下能基本找到目标天体观测,观测记录不准确、不完整
合作探究	能和同学合作完成课题、观测活动等任务,有自己的见解并能分享给别人	能和同学一起合作,但没自己的见解	不能主动和同学一同完成课题

第四章

探　　索

我们要创造适合学生的教育，需要通过课程改革，进行课程重构，让课程适应每一个学生的个性发展、特长发展。让课程就像一盏明灯，照亮学生前行，应对复杂多变的社会环境与生活，为学生未来发展打好基础。“助行课程”的建设与实践，就是要落实“助行课程”理念，对国家课程进行校本化的实践与探索，就是要建立一种校本化的育人模式。

第一节　国家课程的校本化实施

国家课程校本化实施是由新课程改革本身的特点决定的。2001 年启动的国家新一轮基础教育课程改革是一次自上而下的大规模的课程改革。由于地域、校情等差异性客观存在，统一的课程改革方案需要不同地区、不同学校加以改造，以适应本地区、本学校的课程实际，这也就是说，课程校本化实施成为必然。由于课程的校本化实施没有固定的方法和操作步骤，更没有现成的最好模式。因此，需要我们在教学实践中，加以实践和探索。

一、国家课程校本化实施的理论基础

（一）国家课程：校本化实施的理念与主张

国家课程主要是由国家编印发行的教材来呈现的，课堂则是国家课程在学校实施的核心阵地，由“教材、教师、学生”这三个关键要素组成的，在实施国家课程过程中，我们的课堂通常存在两个矛盾。第一是相同的教材和不同学生的矛盾。教学中，目标是相同的，教学内容是相同的，教学进度是相同的，很难解决教材与学生差异之间的矛盾。第二是教师和学生之间的矛盾，就是教与学的矛盾。这些矛盾如何化解？就需要通过国家课程校本化实施加以解决。正因为如此，在国家层面，给地方和学校在实施国家课程时，对课程的校本化实施留下了空间和余地。

什么是国家课程的校本化实施？主要指学校根据国家课程标准、依据学校的实情、学校的课程理念、课程的育人目标等，对国家课程因地制宜创造性的进行整合、改编和开发，

使之更好地适应本校的教育发展需求,更好地促进学生的发展的过程。

如何对国家课程进行校本化实施呢?我们主要实施“四个”优化:一是学习目标优化。我们从学情分析开始,作为国家课程校本化实施的出发点,进行学习目标的校本化处理。例如,新课程改革的三维目标,特别是情感态度价值观方面的课程目标,在课堂教学中,确实难以细化分解,就需要进行学习目标优化。二是依据优化的学习目标,对国家教材进行补充、整合与再编写,我们称为“教材优化”。三是在教学方法的改进方面,对课堂教学模式进行改进,鼓励教师构建学科教学模式,综合运用多种教学方法,鼓励教师的个性化创意设计,我们称之为“教学模式优化”。四是对教学评价进行优化。评价是引领,评价是推进国家课程校本化实施的有效手段。针对学生的个体差异性,学校主张教师设计多元的发展性的学生评价策略,即进行教学评价优化。

(二) 课程标准: 进行课程校本化实施的学科课程标准研析

课程标准研析是国家课程校本化实施的前提。所谓课程标准,是学科课程的实施根本性文件,是教材编写的依据,也是国家课程校本化实施的指南。新课程改革中的一个重要举措就是编制出台了课程标准,课程标准它从本质上和我们以前所说的教学大纲它是完全不同的。课程标准当中不仅包含编制教材、教学活动、教学评估,甚至是考试命题的依据,还包括教学的实施建议,同时还提供一些典型的案例,帮助老师理解课标,实施操作。实际上,课标要解决的问题就是为什么要教、教什么、怎么教、教得怎么样的问题。

由于教师在理解教材和课标方面有一定的偏差,需要开展学科课程标准的研析,这是国家课程校本化实施的前提。

(1) 在学校层面。充分利用学科教研组织,切实有效的开展课程标准的研读与分析。研读分析的基本流程:一是学校课程改革的理念的传递,让全体教师知晓学校校本化实施的策略和方案,比如,“助行课程”建设与实践的理念与方法,课堂教学模式,课堂教学评价方案等。这是在研读分析时,实现课程理念的价值引领。二是通读课程标准,在阅读课程标准的基础上,认真通读教材,达成对学科知识体系的整体把握,为后续进行教材优化打下坚实基础。三是聘请教育部教材审定专家进行课标专题培训,结合案例解读教材和课程标准,通过专家的解读,促使教师领会课程标准和教材,真正理解教材编写的意图。四是围绕课程总体目标,对学段教学目标、年级目标、单元(章节)目标进行调整和优化,比如,绘制学科课程图谱、主题单元图谱等。系统设置学科课时学习目标,进行目标优化。

(2) 在学科教研组层面。学科教研组是课标研析责任单位,在学校通识培训的基础上,学科组针对课堂教学存在的问题,组织教师自主研读课程标准,研读分析教材,开展课程标准和教材研究,进一步加深对课标、教材的掌握,有利于让课标在课堂教学中得以落实。

(3) 在学科教师层面。要在研读课标的前提下,深入领会课标中蕴含的教育教学理念,对课标进行分解细化,结合教学内容,把课标要求变成可操作、可检测、应知应会、可评价的内容，并在课堂教学中加以落实。比如，教师应对课时分配、课时目标、课时内容、评价方式等方面加以细化落实。

（三）课程教材：课标落位的教材优化与研究

编写课程实施方案。国家课程的校本化实施，需要教师以学科发展的现状为出发点，对统编教材进行校本化处理。如何优化教材？需要编写基于学校“助行课程”理念的学科课程实施方案。学校聚焦“助行课程”体系构建，对学科课程标准进行了研析，在此基础上，组织教师从学科发展现状分析，学科发展目标，单元（模块）教学目标（应知应会），学科课堂教学模式设计，教材优化（重点是学生作业系统设计），备课、作业布置与批阅、课外辅导基本规范与要求，学生评价标准，教学评估指标体系这八个维度，编写“凤凰中学‘助行课程’××学科课程实施方案”。学科课程实施方案模板如下：

一、××学科发展现状分析（或者SWOT分析）
二、××学科发展目标
三、单元（模块）教学目标（应知应会）
四、学科课堂教学模式设计（或者学科教学流程）
五、教材优化（学生作业系统设计）
六、备课、作业布置与批阅、课外辅导基本规范与要求
七、学生评价标准
八、教学评估指标体系

××课程实施方案（模板）

我们对模板的八个方面进行了校本化的解读，具体如下：

1. 学科发展现状分析

从学校现在学科课程设置、学科教学现状、目标意识和规范、管理机制、作业系统、师生评价等方面对该学科发展的现状进行分析。

2. 学科发展目标

对照学科课程标准要求，联系本校学科现状，提出三年发展目标。

3. 单元（模块）教学目标（应知应会）

单元教学目标的设计是从一章或是一个单元的角度出发，对一个阶段（而不是一个课时）的学习进行系统设计。它的优势在于学生掌握个别的知识点的同时也理清了知识点之间的关系，形成更加完整的知识体系。对目标设计的建议：

建议一：明确教学目标的功能。单元教学目标在“导教”方面，应注意教学内容的选择、教学方法的运用；“导学”方面，应重在指导学生学习，激励学生的学习动机；“导测评”方面，作为学习测量与评价的依据。

建议二：明确制定单元教学目标的依据“学科课程标准、学生实际情况（最近发展）、教材（教学内容）。”

建议三：遵循教学目标设计的原则和方法。

(1) 符合学科课程标准的要求。单元教学目标的设计，紧紧围绕学科课程标准。学科课程标准是指导学科教学的根本性文件，也是对学生学习的最低要求。

(2) 单元教学目标不能笼统，要明确、具体，可操作，能够检测，或者说要能够测量。有效的学习目标应该清楚地表述出来，要能够具体的指明学生在学习结束后应该知道"是什么""能做什么"，以及"怎么做"。要有具体的检测手段，用以检测目标的达成度。

(3) 单元教学目标的设计，不能太多，能够在一个单元或者一节或者几节课上实现，能实现的才是有效的目标。

(4) 在进行目标表述时，要将学生放在主体位置，也就是把学生作为表述的主体，要具体陈述在学习活动结束后，学生能达到一个什么样的水平？具体能做什么？

(5) 对三维目标进行整合，不必彼此独立。情感态度价值观、过程和方法、知识和能力这三维目标可以相互融合，三者之间的关系是密不可分的。

建议四：正确陈述教学目标。

(1) 学生是行为主体要明确。目标的表述必须从学生的角度出发，表述行为的主体必须是学生。尽管有时行为主体"学生"两字没有出现，但也须是隐含着的。以往我们习惯采用"使学生……""提高学生……""培养学生……""教育学生……"等方式都是不符合表述要求的。

(2) 目标行为可评价。目标陈述应该避免运用一些笼统、模糊的术语。如果使用"提高……""灵活运用……""培养学生……的精神、态度""了解""掌握"等行为动词，缺乏质和量的具体规定性，评价就无法开展。应该用能表述学生形成的可观察、可测量的具体行为的显性行为动词。

(3) 三维目标不必彼此分离。在实践层面必须是三位一体。教师在设计教学目标时，不必将三维目标分开表述。比如，在设计教学内容"力的图示"(八年级物理课)时，可将教学目标表述为"能正确说出力的三要素(应知)；对提供的实例，能用力的三要素来分析力的作用效果(应知)；对提供的实例，能用力的图示法正确作出力的图示(应会)"。简洁明了，便于在教学中落实。

何为应知、应会知识？陈述性知识即应知知识，要求学习者能正确陈述的知识，如事实性知识(今天是星期六)，言语符号类知识(book 是书)。程序性知识即应会知识，要求学习者能正确运用和操作的知识(会计算、会操作、会运用)。

4. 学科课堂教学规范的设计

教学模式可以定义为是在一定教学思想或教学理论指导下建立起来的较为稳定的教学活动结构框架和活动程序。其特点是具有有序性和可操作性。学校建议各学科教师，根据"助行课程"课堂教学规范("三课五环"课堂教学模式)，进行学科课堂教学规范(或者流程)进行设计。

5. 教材优化

教材优化主要聚焦教材的整合与取舍、学生作业系统设计两个方面展开,学生作业系统设计是校本化实施的一个重点。

(1) 教材的整合与取舍:围绕一个主题或一个连接点,通过增、调手段将相关的课文资源或者内容聚集一起,进行再次优化,便于在课堂教学中更好地实施。

(2) 学生作业系统设计:作业系统是由作业设计与布置、作业完成、作业反馈三要素按照一定的关系共同组成的一个整体。课堂内当堂作业,在设计时要避免随意性、盲目性,脱离学生认知水平和生活实际,形式单一、机械重复、负担过重,惩罚性、无趣等。主要设计“分层达标作业”,给不同水平的学生设计不同的作业,尽量设计成“当堂检测”作业,当堂反馈、及时纠错、分层评价。课外作业的设计,要注意减轻学生课业负担。三是建议各学科组编写“××学科易错题集”。

6. 备课、作业布置与批阅、课外辅导基本规范与要求

在学科课程实施方案中,要求各学科组,根据学校教学常规管理中关于开展集体备课、作业批阅、课外辅导部分有关规章制度,拟定各学教研科组实施要求。

7. 学生评价标准

学校常规管理内容。建议在结果性评价的基础上,增加过程性、发展性评价指标,如学生个人特长、参加各种竞赛、参加社团活动情况等等。

8. 教学评估指标体系

建议拟定各学科教师参加教学工作评价体系,比如,专业能力展示、公开课、示范课、辅导、论坛讲座等等。

编写《凤凰中学“助行课程”××学科课程实施方案》,以学科教研组为单位,组织各学科教师编写,使课标从抽象到具体,并把课标要求与教学内容有机地结合起来,变成具有可操作、可检测、应知应会、可评价性的内容。比如,教师应对课时分配、课时目标、课时内容、评价方式等方面加以细化,并在课堂教学中加以落实。这是国家课程校本化实施的实质性阶段,也是奠基性工程。

二、课堂教学的转型

课堂是课程实施的核心阵地。全国本真教育研究会会长、山东省课程研究中心主任、齐鲁师范学院徐洁教授曾说:“凤凰中学的课堂教学改革,直抵学校发展新的生长点。”聚焦课程建设与实践的课堂教学转型,也是国家课程校本化实施新的生长点。

(一) 课堂教学: 助行课堂教学流程与规范

课堂教学流程,是指课堂教学中实施的具体环节,具体步骤。任何课堂教学都是通过一定的流程来实现的。学校对课堂教学的改革,也是通过改革课堂教学流程来实现的。

课堂教学流程的重构，是学校课堂教学改革的基础性环节。

那么，课堂教学是否有一个适用所有的固定流程呢？放之四海而皆准的模式是没有的。但是，课堂的基本要素是相同的，课堂都有共同之处，我们可以把这些共同的要素提炼出来，形成几个基本节点，便于学校管理与评价，便于教师教学时运用和把握，指导教师的课堂教学开展。凤凰中学实施课改以来，各个学科组都在提炼自己的教学流程。学校在各学科教学流程的基础上，总结提炼形成了一个可供参照、教师容易操作的基本模式，即“助行课程”课堂教学模式。由于这个模式将课型分为三种课程，教学流程分为五个环节，所又叫“三课五环”课堂教学模式。

1.“三课”即三个基本课型

(1) 新授课：新授课就是教学新内容、新知识的课，是基本课型之一。学生学习新知识，主要通过新授课。新授课的质量从根本上决定着学生学习的质量。新授课一般按照：出示学习目标、自主学习、合作探究学习、展示交流、测评反馈五个环节进行教学。我校新授课的特点是强调学生的课前预习、自主学习(独学)，或称预习情况反馈，即“自学”学习。

虽然新课导入不作为课堂教学的一个基本环节或者步骤来看待，但是应该高度重视新课的导入。新课的导入能够很好地为课堂注入学习的动力，注入活力，增强内驱力。总之，导入有法，但无定法。但无论用何种形式和方法导入新课都为了启迪学生的思维，激发学生学习的兴趣，达到课堂教学的有效性。

(2) 复习课：复习课是梳理巩固内化已学知识的课型。我校复习课的特点是强调学生对知识的自我检查，主要查找知识的疑难点，学习知识的遗漏点，即“自查”学习。

复习课的主要任务是对基本概念、基本要点、基本规律、基本原理等知识的复习，复习时要注意进行查漏补缺。复习课要遵循系统性重点性、针对性和主体性的原则，运用多种方法，比如导学法、竞赛法、纲要式、思维导图复习法、专题复习法等引导学生参与复习的全过程，调动学生多感官，比如，动手、动口、用眼，用脑思考等。

在复习课中，我们重视《凤凰中学学科错题集》的使用，在使用错题集时，技巧是教师一定要亲自做错题集，才能把握问题所在。

(3) 讲评课：讲评课即以评讲学生作业、习题练习、试卷为主要内容的基本课型。我校讲评课非常重视组织和指导，以小组为平台，在学生自学，对学，群学的基础上，给出充分的时间让学生进行纠错反思，合作讨论。讲评课的特点是重在对知识的纠错上，强调“自纠”学习。

2.“五环”即五个基本环节

(1) 第一环节目标明确。目标决定着课堂教学的方向。明确的目标可以引领师生一节课朝着既定的方向前进、努力。课堂教学中，要求教师要明确出示学习目标，让学生清晰地知道该完成什么，学习目标出示时间一般为1～2分钟。目标出示的方式是课前由教师或学生板书于黑板左上角，或者运用多媒体、教学白板进行展示；一般要求学生要齐读学习目标。

(2) 第二环节自主学习。自主学习分为课前和课中两种情况,如果在课前学生已经通过自主学习完成了预习任务,课堂上则称为预习情况反馈。课中的自主学习一般不超过 5 分钟。如果是课前已经完成预习的,预习反馈时间一般为 1～3 分钟。

本环节主要是学生根据导学案,或者学习要求,自学来完成基础知识,培养基本技能,培养学生主动学习的良好习惯。教师要设计难度适中、适量的自主学习(预习)检测题(在导学案上呈现),针对不同对象设计不同的检测内容。自主学习环节内容是当堂课教学全部内容中的基本部分。对自学结果要进行检查评价,教师到各组巡视、抽查,也可由小组长对本组检查、组员互查,也可各小组间相互检查等;检查时要覆盖好、中、差各层次学生,重点关注学困生。学生在听清教师的要求后,安静、聚精会神、迅速进入学习状态,这一阶段学生要用双色笔,用黑色边学边勾画,记录学习成果。

(3) 第三环节合作学习。合作学习的内容是课堂的重点、难点内容,是需要通过对学或者群学才能解决的问题。所以,这里合作学习并不是一开始就进行合作学习,而是根据本环节合作学习任务,需要进行自主学习(独学)、合作学习(对学、群学)、探究学习三个步骤,是在自主学习的基础上进行的对学和群学。对学、群学仍然以解决问题为主线。

首先,各小组在合作学习任务分配后,根据教师合作学习的要求,学生进行自主学习。自主学习是合作学习的基础,不能够任务一分配,就开始合作讨论,这也许就是许多合作学习无效、低效的原因所在。

其次,通过组内对学,解决独学过程中存在的问题,讨论的步骤有:对学(我校现为 2A+2B+2C 的小组构建模式,小组组建原则为组间同质、组内异质)、群学、得出讨论结果。对学、群学的重点是会的可以教不会的,所以,组内对子应该异质为宜。要明确合作学习任务,以保证合作探究效果;合作学习要在组长的组织下有序进行,合作学习进行到一半的时间时,教师要分配展示任务,明确哪些组上台展示,哪些组质疑、对抗或评价。比如,在各小组对合作探究的问题全部学习的基础上,教师可以分配 1～3 组讨论第一题,4～6 组讨论第二题,7～9 组讨论第三题等。

如何分配展示任务,要根据教学内容、学生学情等情况而定,做到化整为零,分配到各组。讨论同一问题的几个小组,明确其中某一组展示,其他组质疑、评价。如 1 组展示,2、3 组质疑、评价;5 组展示,4、6 组质疑、评价;9 组展示,7、8 组质疑、评价。

(4) 第四环节展示交流。这一环节是小组合作学习成果的展示,展示分为组内展示和组间展示。展示组根据自己的展示任务依次进行展示;展示组不少于三人上讲台进行展示,质疑组要能提出展示中存在的问题或对展示结论进行补充,其他组认真聆听,教师要适时进行抽查。

展示过程要注意完整性,展示组完整展示自己的成果,其他组进行补充、质疑、对抗和评价;教师尽量不打断学生,即便是学生的展示有偏差甚至错误,教师也要尽量让学生展示完毕。待学生展示结束后,教师再进行及时点拨、指导。展示题目的时间分配一般根据展示题目数、难易程度调整各题的展示时间,但要预留一定的时间供点拨评价。

展示要求自信大方、体态端庄、面向全体、语速适中、口齿清楚、表述完整；书写工整、规范、快速；利用前后黑板供学生充分展示，小组固定展示位置，展示形式力求丰富多样；保持安静、认真倾听、礼貌质疑、不打断别人的发言；教师要对学生的展示进行即时评价，教师给予展示的学生以赞赏地点头微笑、竖大拇指、口头肯定表扬、掌声、小组赋分等。

(5) 第五环节测评反馈环节。这一环节大约 5 分钟左右，组织学生完成导学案上的当堂检测题，并力求及时评判。教师评阅组长的、组长评判组员的，要充分调动学生的积极性。

3. 助行课堂教学范式图谱

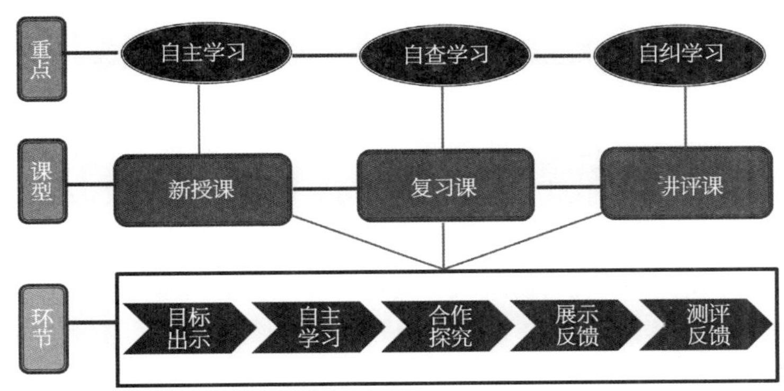

助行课堂教学范式(“三课五环”课堂教学模式)图谱

(二) 合作学习：助行课堂教学范式下的学习小组建设

新课程改革的基本要求是突出学生主体地位，主要任务是实现学生自主、合作、探究地学习。在课改的背景下“学习小组”是学生进行自主、合作、探究的重要学习组织。我校提出的“小组合作学习”内涵包括学生的“自主学习”“合作学习”和“探究学习”，而不是单纯的合作学习。学习小组是学生课堂学习的基本单位，它贯穿学生的整个学习过程，是支撑课堂改革的重要组织形式。

根据国家课程校本化实施以及“助行课程”教学建模的需要，学校拟定了“凤凰中学小组合作学习建设实施方案”。

1. 学习小组建设

(1) 学习小组建设的人数和组数。学习小组的组成人数一般以 4～6 人，建议学习小组人数的组成以偶数为宜。教学班级按照 4～6 人为一个组对学生进行分组，组数控制在 9 个学习小组以内为宜。否则的话，我们的课堂模式操作、兼顾学生差异的任务完成起来难度就比较大了。

(2) 学习小组的座位摆放。小组合作学习采取的座位排放一般使用围坐式，不主张采用插秧式。

(3) 学习小组建立的原则。我们建立小组所遵循的基本原则是组内异质(AA、BB或者AA、BB、CC形式),组间同质。组内的学生组成由不同层次的学生来组成,目的是为了保证合作,促进优秀学生带动薄弱学生。而一个班级当中不同组织间要保证基本均衡,目的是为了促进竞争。

(4) 学习小组建组的步骤。第一步,推选组长。组长的推选要求遵循的原则是民主选举,教师调控。具体操作方法是由教师推选出多于或者是二倍于小组长人数的组长人选,然后再由全班同学民主选举,选出小组长。在教师调控当中,教师要注意的问题是我们在选择组长人选时要注重挑选品行优良,具备一定的管理能力,学习成绩只在中上即可这样的原则。第二步,挑选组员。组长选举出之后,我们把剩余的同学依照学习情况、性别这两大基本要素进行顺序排队,然后由组长进行挑选,也就是由组长选组员来组建自己的小组。小组成立形成之后,我们一定要有组员的分工。组员的分工方式目前有两种,一种是以学习为依据,小组的组员每一个都成为一个学科组长;另一种方式是以职能管理为依据,小组的每一个成员可以依据卫生、纪律、记分员、记录员等的角色进行分工。各班主任在选择的时候可以按照这两个方向进行选择。第三步,对学习小组进行文化建设。一是给小组取组名(每一个学习小组明确的标识);二是制定组训(有利于增强小组的凝聚力);三是制定组规(保证小组的正常、高效运转,约束小组成员学习行为)。

(5) 学习小组的培训。学习小组培训是每年七年级新生入学时学前教育的一项内容,该项培训任务由教学管理中心课程室与教科室共同完成。平时则由班主任对组长进行培训。培训使组长认识到自己是学习小组管理者的角色,增强组长的团队意识。只要我们把组长培训好,整个小组的运行、学生的自主管理、课堂模式的进行都有了基础。同时需要对学生进行课改模式当中的学习流程培训。具体培训的可以由班主任或教师先对小组长进行培训,重点就课堂模式当中的讨论、展示等环节进行培训,然后再由小组长分别对每个组的组员再次进行培训,必须定期开展学习小组培训。

(6) 学习小组的评价。学校建议以学习小组为单位进行团队捆绑式评价。评价以组为单位,目的是要增强小组的凝聚力,增强小组的团队意识。

各班级各学科要依据课堂教学评价标准和“助行课程”学科实施方案,建立适合学科特点的学习小组评价标准。评价的方法应该多元化。我校施行以加分为主要方式的量化评价,用量化的方法最有效,因为量化它可以把标准细化,有利于学生掌握细节。分数是最能抓住学生的、最能够调动学生积极性的,对小组建设也是最为有利的。

建议在课堂教学每个环节结束之后,教师、学生都要对这个环节进行明确的点评,目的是及时反馈,要及时评价。只有把学习小组的评价和课堂操作的评价标准真正的结合,学习小组才能够真正地发挥作用。

学校和班级要建立学习小组激励机制。要求节节有评价,周周有总结,月月有表彰。评价是小组建设的引领和保证。

2. 学习小组建设与管理

学习小组建设与班级评价挂钩，与教师考核挂钩；学校制定和完善小组合作学习管理的措施与制度；学习小组的建设与管理主体责任部门是学校教学管理中心。

（三）导学案：导学案的编制与使用

课程标准研析、教材的优化设计、聚焦课堂转型的学习小组建设都是国家课程的校本化实施关键节点。课堂教学模式、学习小组建设和问题导学共同构成了课堂改革三位一体的操作体系。而导学案、问题导学单等则是问题导学的重要表现形式，它们在国家课程的校本化实施中发挥着不可替代的作用。由于我校采取先学后教课堂教学模式，采用导学案作为问题导学的主要形式，作为课堂教学的辅助和补充，引导学生进行自主学习、合作学习和探究学习。

1. 导学案的编制

(1) 导学案的问题编制要求。导学案其实是一个帮助、引导学生学习的学习设计。反映的是为什么学、学什么、怎样学和学得怎么样的问题。知识问题化是导学案这份学习设计的本质。而现代教学论认为，问题才是产生学习的根本原因，问题是学习的起点，是学习的动力，是学习的主线。本质上一个完整的学习过程，就是提出问题、分析问题、解决问题和评价问题的过程。编制导学案是编什么？就是编问题。是以学科问题为基础，以学生问题为起点，由教师来编制一些引导性的问题。一份导学案本质上就是一个问题结构，几份连续的导学案实际上就是一个问题系统。

要求一，问题层次化。由于学生存在个性差异，我们在导学案的问题设置上，就需要分层设置问题。一般设计为三个层次，第一个层次是需要学生掌握的一些基础的概念、原理等方面的基础内容。第二个层次是属于理解和运用层次，也就是中等以上的学生需要掌握的内容。第三个层次属于拓展延伸类的。老师在具体操作的时候，可以进行自由的组合，比如，班级学习层次非常好，可以把理解提到识记这个层次来。

要求二，问题情境化。究竟问题情境如何设置？比如可以用图片和实物来创设问题情境，也可以设置一些动作或者活动场景来创设情境，还可以通过语言、前后知识之间的矛盾关系等来创设情境。

要求三，问题探究化。新课程改革目的就是为了打破学生单纯被动地接受与掌握知识这种局面，主张学生进行探究学习。所以，问题探究化是我们知识问题化的第三个要求。一般来说，开放性问题都具备探究性。比如，理科问题当中的一些变式的训练，或者是一题多解的问题都具备探究性。

(2) 导学案的格式编制要求。助行课堂教学模式的流程，是编制导学案格式的主要依据。为了便于老师开展导学案的编制，学校设置一个统一的导学案的编写格式，提供给各学科组参考。

导学案的题头(排头)编制：在导学案的左上角嵌入学校徽标、学科课题名称、课型；

主课题名称下边标注主备人、审核人,然后是学生的姓名、学习小组、班级,这是导学案的排头部分。

导学案的正文内容编制:根据课堂教学流程,按照五个部分进行编制:学习目标、学习重难点、自主学习、合作探究、当堂检测。学习目标要求对三维目标进行重新的整合优化,形成2～3个应知应会的学习目标;学习重难点指编制时要明确本课学习的重难点;自主学习部分的学习内容,我们应该选择概念性、原理性的基础知识,大部分学生都能够独立完成的内容来编写,学习的问题呈现方式可以是填空、选择、判断等;合作探究是导学案编制的重点部分,应围绕本节课重难点内容,编制情境化、探究化、活动化的问题,建议合作探究的题量尽量不要超过3个;当堂检测要求达标检测题要分层设计,力求保证在课内完成。要求这五部分分别标注上层次(A层、B层、C层)。

导学案版面编制:可采用分栏式、表格式、混合式和普通式进行版面编制;纸张一般为16开(B5);页眉字体为宋体,小五号;课题字体为宋体三号;正文内容为宋体,小四号。

导学案版本编制:导学案要求编制两个版本(教师版、学生版),教师版导学问题,要求附上参考答案。导学案编制要求做到一课一案。容量不宜超过16开纸的正反面。

(3)导学案的编制步骤与方法。我校导学案的编制按照以下六个步骤进行编制:

第一步进行课程标准研析。实际上我们的课标要解决的问题和教学设计要解决的问题是类似的,就一个为什么要教,教什么,怎么教,教得怎么样的问题。在编制导学案的时候,可以把课程标准作为我们的一个重要参考。因此,课程标准的研析,是编写导学案的前提。

第二步进行教材研析。新课程改革提倡大教材观,提倡用教材,而不是教教材。也就是说,只有我们的老师真正的吃透了教材,真正的把握了教材的内涵,才有可能引导帮助学生创造性的、个性化的去学习教材,也才能够最终达到促进学生创新精神和个性发展的可能,所以仍然要强调教材的重要性,把握教材,研究分析教材是基础。依据优化的教材编写导学案。

第三步进行学情分析。学情分析是编制导学案的起点。如何进行学情呢?根据学习基础和学习能力粗略的对学生进行分层,一般分为三个层次,导学案中目标的确定和问题的设计也是基于这三个层次的。还应该了解学生的学习态度,比如是否厌学。

第四步进行分层设计。由于学生存在个性差异,我们在导学案的问题设置上,就需要分层设置问题。编制导学案的过程当中,一是要分层设置学习目标;二是要分层设计导学问题,主要是合作探究的问题要分层设计;三是要分层设计当堂测题;四是要分层设计学习评价,重点关注学困生,多给予他们展示、出彩的机会。

第五步进行学法指导设计。导学案是引导学生进行学习的方案,因此,在导学案中要注重学法指导的设计。学法就是学习的方法,在导学案中可以要求学生使用一些学习的工具学习,如词典、双色笔、纠错本、思维导图等;要求学生按照一定的要求进行学习;要求学生在读教材后,完成导学案的“自主学习”内容;要求学生先自学,再交流展示等。

第六步进行集体备课。集体备课是形成导学案文本的环节。集体备课基本流程：个人初备到学科教研组集体备课，再到教师的个性化处理（个人—集体—个人）。集体备课要做到四定：定时间、定地点、定主题、定主备课人。

2. 导学案的使用

导学案该如何使用呢？一般在课前、课中、课后三个阶段进行使用。

(1) 课前。学校要求导学案应在课前一周提前发放到学生手中。并且学生自主完成，教师要适当批改，以便了解学生学情。教师的批改可采用抽改，课前一个组批改一份。

(2) 课中。课中导学案的使用一定要和我们的课堂教学的流程相结合，要求和学习小组的自主学习、合作学习、当堂检测等环节有机地结合起来。

(3) 课后。课后导学案的使用，主要就是学生对导学案进行整理。

总之，导学案它是学习设计，它只是一个工具，主要是帮助学生实现自主、合作、探究的学习。我校导学案编制和使用遵循在课改初期强调编制使用导学案，课改中期注重编制精品导学案，随着课改的深入，教师形成自己的教学风格，淡化使用导学案。

三、国家课程校本化实施的评价

国家课程的校本化实施，应该加强对课程的管理与评价，以提升课程开发的可行性和实效性。在国家课程校本化实施中，我们逐步建立起了以校为本的课程管理与评价机制，不断将国家课程的校本化实施推向深入。

（一）评价组织是课程校本化实施的组织重构

为加强对课程的管理与评价，提升学校的课程领导力，我们进行了课程管理评价组织的重构。一是对学科教研组进行重构，赋予新的内涵和任务。二是围绕课程建设成立学校课程发展中心。在校长、教学副校长的领导下，由课程发展中心负责和指导学科教研组开展课堂教学的评价。

1. 对学科教研组的重构

学科教研组是基础教育阶段学校中负责教师教学和研究活动的基层组织，它在带领教师研究教材、提高课堂教学技能等方面起着非常重要的作用。为使学科组更好地为课程实施服务，学校根据国务院关于《基础教育课程改革纲要(试行)》构建符合素质教育要求的新的基础教育课程体系的要求和国家《义务教育课程设置实验方案》所设定的全部课程科目，对学科教研组进行了重构。

学校将原来的语文、数学、英语、政史地、生理化、体育、艺术、信息技术组等 8 个学科教研组，组建为语文、数学、英语、道德与法治、历史、地理、生物、物理、化学、体育与健康、音乐、美术、信息技术、劳技共计 14 个学科教研组。把学科组建设成为课程实施与评价的专业性组织。

2. 围绕课程建设成立学校课程发展中心

学校淡化对课程的行政化领导，强调专业引领，围绕课程建设成立课程发展中心。负责落实国家课程计划，进行学校基础型课程的设置与安排；编制学校课程规划方案；进行教师课堂教学的跟踪评价；负责学校课堂教学模式改革的研究、实践和课堂教学模式的推广；进行校本课程的开发，进行分类指导教学的研究与评价；对学科教师课程教学工作量、教学绩效的考核与评价；学科导学案的编制与管理；学科学业水平考试备考、复习指导，学业水平考试质量的分析研究；对学科组教研活动的管理与评价等。

（二）课堂评价是管理与评价制度的体系重构

管理与评价制度是课堂教学推进的机制保障。为全面推进国家课程校本化实施，推进助行课堂建设，对教师的课堂教学进行全面评价，学校拟定了：凤凰中学课堂教学评价实施方案、凤凰中学助行课堂模式操作要领、凤凰中学助行课堂教学评价指标、凤凰中学合作学习小组建设与实施方案、凤凰中学课堂教学听课记录本，对学校管理与评价制度的体系进行了重构。

表 4－1　凤凰中学助行课堂教学评价规范

评价内容	评价指标	分值
教学目标（目标、内容、重难点）	1. 能根据学生层次确定学习目标；目标明确、具体	5
	2. 每节课将目标板书于黑板左上角；或者多媒体呈现；齐读学习目标	5
	3. 根据目标确定教学内容，根据学生层次确定教学内容难易程度、进度	5
	4. 合理使用课程资源，灵活使用教材，对教材进行校本化处理	5
	5. 很好涵盖重难点，容量适度，有效突破重难点；能根据学生层次决定教学进度	5
	6. 教师（学生主持人）有效地导入，注重情境设置，课堂气氛和谐、民主；导学问题（活动）紧扣目标；导入连同目标出示最多不得超过 3 分钟	5
自主学习	学生能根据导学案（学习单）预习、自主学习有深度，有基本勾画或者落实在自学本上，能提出有价值的问题；预习、自主学习做到全员参与，有效完成导学案自主学习内容	5
合作探究	小组角色分工、任务分解有效，组织有效，教师有学法指导，讨论激烈，同伴之间相互促进，共同提高，有效完成任务	5
展示交流	1. 展示要充满自信、积极踊跃、自然大方、声音洪亮，展示脱稿有互动，展示形式多样（如歌舞、相声顺口溜）	5
	2. 每个小组有固定展位，充分利用教室的展示空间，充分利用前后黑板进行展示，提倡以小组为单位展示（或者个人展示），展示面广	5
	3. 板演字迹工整，版面美观，提高板演速速，体现小组活动多样性、趣味性、实效性，体现竞争性、对抗性	5
	4. 教师根据学习状态，结合学业水平测试要求，根据不同的层次进行点拨与提升	5

（续表）

评价内容	评　价　指　标	分值
测评反馈	1. 根据教学内容设计典型的当堂检测题，题目体现学科特点，难度有梯度，符合学生层次	5
	2. 组织学生完成导学案上的当堂检测题，并力求及时评判；教师评阅组长的、组长评判组员的，要充分调动学生的积极性	5
	3. 当堂检测时间不得少于5分钟，当堂检测，当堂反馈，巩固达标	5
效果评价	1. 各学科根据不同课型流程进行课堂教学	5
	2. 导学各环节衔接紧密，过渡自然，时间调控合理，教学任务按时完成，教学目标达成	5
	3. 学生学习积极性高，课堂气氛活跃，学习动机得到激发，思维活跃，多种感官参与，愉快地获得新知	5
	4. 学生能理解和掌握所学的内容，能运用所学知识解决问题，获得发展	5
	5. 多媒体、双色笔，自学本（或者纠错本、财富本）等辅助手段的合理运用，帮助学生有效学习	5
	合计得分	100

附：凤凰中学听课记录表

时间：___年___月___日　　　星期___上午（下午）　第___节

<table>
<tr><td>年级</td><td></td><td>班级</td><td></td><td>科目</td><td></td><td>版本</td><td></td><td>授课教师</td><td></td></tr>
<tr><td>课题</td><td colspan="6"></td><td>课型</td><td colspan="2"></td></tr>
<tr><td colspan="10">教学过程记录</td></tr>
<tr><td>时间</td><td colspan="3">教的方面</td><td colspan="5">学的方面</td><td>及时点评</td></tr>
<tr><td></td><td colspan="3"></td><td colspan="5"></td><td></td></tr>
</table>

（续表）

<table>
<tr><td colspan="7">教学过程记录</td></tr>
<tr><td>时间</td><td colspan="2">教的方面</td><td colspan="3">学的方面</td><td>及时点评</td></tr>
<tr><td></td><td colspan="2"></td><td colspan="3"></td><td></td></tr>
<tr><td>亮点</td><td colspan="6"></td></tr>
<tr><td>不足</td><td colspan="6"></td></tr>
<tr><td>改进建议</td><td colspan="6"></td></tr>
<tr><td rowspan="2">课堂纪律</td><td>全班人数</td><td>实到</td><td>迟到</td><td>睡觉</td><td>课堂纪律</td><td>班级文化</td></tr>
<tr><td></td><td></td><td></td><td></td><td></td><td></td></tr>
<tr><td rowspan="3">教室状况</td><td colspan="6">教室卫生(优、良、中、差)
课桌摆放(优、良、中、差)
教室布置(优、良、中、差)</td></tr>
<tr><td colspan="6">班级文化(优、良、中、差)</td></tr>
<tr><td colspan="6">主要问题：</td></tr>
</table>

（三）成效考核：国家课程校本化实施的质量分析与考核

国家课程校本化实施效果要通过教学质量来体现，而教学质量分析则是发现问题、分析问题、解决问题的有效手段。学校由教学管理中心定期组织对教学质量的分析与考核。同时，学校重视对教师课堂教学跟踪评价结果的考核与应用。学校课堂教学评价组对教师课堂教学的评价结果，纳入教师的绩效工资的考核，在教师评优晋级评先等方面予以体现。

第二节　国家课程校本化实施案例

一、语文学科“《西游记》阅读课”校本化实施案例*

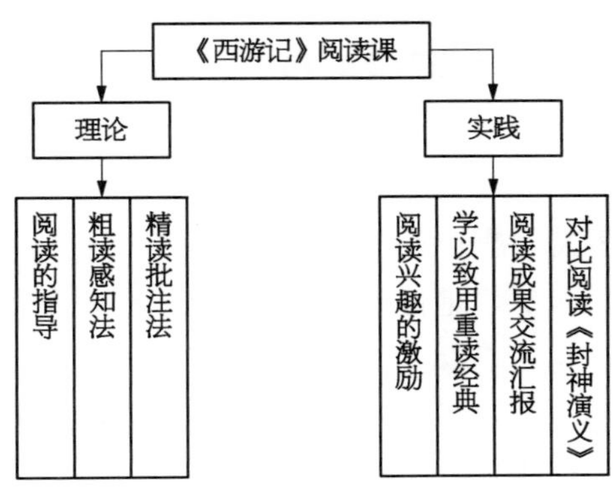

阅读课主题单元图谱

（一）课程背景

新课标下初中语文阅读教学，应该突破过去局限于课堂、局限于教材、局限于学科的局面，树立大教材观、大语文观，让阅读教学由封闭走向开放。应该强调学生主体建构、自主探究，变训练为主、积累为主，变深入分析为培养悟性，变被动阅读为主动阅读。尊重师生的个性和作品的个性，体现现代教育的民主化、科学化和个性化。应该体现语文学科工具性和人文性相统一的特点，从知识与能力、过程与方法、情感态度与价值观三个维度入手，全面提高学生的语文素养。重视学习结果但更要重视学习过程，特别要努力做到把以教为主的过程变成以学为主的过程。

“腹有诗书气自华，最是书香能致远”。为了深化“书香校园”活动的开展，推进校园文化建设的高品位，拓宽学生的知识面，激发学生读书的兴趣，培养学生想读书、爱读书、会读书的良好习惯和能力，本着吸收中华文明之精华，同时起到发展学生智力、陶冶情操的目的，我们制定了阅读课的阅读计划。此计划作为学校阅读教学活动的延伸与补充，目的是更好地促进学生参与阅读实践活动，提高阅读能力与水平。

（二）学习目标

（1）理清小说结构，了解小说内容。

* 案例撰稿：李璟

(2) 学会“粗读感知法”和“精读批注法”两种方法阅读名著。

(3) 培养学生良好的阅读习惯,激发学生阅读名著的欲望。

(4) 鼓励学生课外阅读古今中外名著,培养学生欣赏文学作品的能力,提高学生的人文素养,培养创新精神。

(三) 教学设计

1. 引入新课

【设计用意】“兴趣是最好的老师”,本环节意在提高学生的阅读兴趣,并让学生了解《西游记》的艺术魅力。

(1) 由我国四大古典小说谈起,引入新课的学习。

(2) 向学生提问:作者吴承恩知多少?

(3) 简单介绍写作背景及文学地位:《西游记》描述了一个色彩缤纷、神奇瑰丽的幻想世界,创造了一系列妙趣横生、引人入胜的神话故事,它在奇幻的故事中曲折地反映出世态人情和世俗情怀,它是我国文学史上浪漫主义神魔古典章回小说的巅峰之作,不仅是中国文学中的一部杰作,也是世界文学中的瑰宝。

(4) 向学生提问:什么是章回小说?《西游记》共多少回?还知道哪些类似的小说?

2. 读名著,读什么

【设计用意】明确小说三要素:人物形象分析、环境的作用、情节的跌宕起伏。挖掘小说背后的深意。

(1) 学生自由发言:《西游记》读到了什么?

(2) 根据近几年中考名著阅读题考察内容提问:文学常识、人物形象、故事情节、内容理解、阅读感受等。

(3) 发散思维:原著的写作手法、写作技巧的借鉴。

3. 怎样阅读名著

【设计用意】学生阅读名著时大多是走马观花,随便翻翻,印象不深刻,很快什么都不记得了,需要给予一些阅读技巧的点拨。

(1) 学生介绍自己的阅读方法。

(2) 点评、分析、鼓励各种阅读方法,为引出“粗读感知法”和“精读批注法”做准备。

(3) 粗读感知法:读懂内容即可,读后可以说出故事情节、人物特点、自己的阅读初步体会。默读是最有效的读书方法之一,可以边读边思考,默读速度约500字/分钟,也可以是浏览,一目十行的完成。

(4) 精读批注法:可以划出自己喜欢的语段,多读几遍,可以摘抄,再推荐给同学;还可以对印象深的内容批注自己的阅读感受,写小书评。

4. 学以致用

【设计用意】指导学生采用“粗读感知法”和“批注精读法”相结合的方法重新阅读《西

游记》。

5. 汇报

【设计用意】学生能按回进行阅读，并且在交流中分享名著的精华，让学生在兴趣盎然中期待阅读，兴趣自然提高。

(1) 标题和情节。

(2) 展示精彩语段。

(3) 展示阅读批注(读内容的感受，对悟空形象的感悟，写法的赏析)。

(4) 展示书评。

(5) 也可以用其他的方法进行多角度展示。

教师点评：点评以鼓励为主要原则，同时给予指导。

6. 对比阅读

(1) 推荐另一部古代神魔小说《封神演义》，可以做两本书的对比阅读。

(2) 找一找《封神演义》《西游记》以外的故事。

(四) 教学总结

我校在七年级和八年级开设了以语文课本中名著推荐为材料的阅读教学课，它对于丰富学生知识，提高学生学习能力有着极为重要的意义。

1. 阅读课开展情况

上课的形式是多样的，一般采用阅读指导课、读物推荐课、阅读研讨课、阅读欣赏课、读书汇报课等多种课型进行阅读指导训练，激发学生阅读的兴趣，提高他们的阅读能力。还可以根据学生课堂实际需要，灵活、适当地选择朗读、默读，精读、略读、速读，范读、分组读、研读、赏读等读书的方式。在课堂上让同学们相互传授有效读书方法，在此基础上指导学生学会阅读，教给学生读书方法。要求学生们填读书卡片、摘抄精彩片段、撰写读书心得；在自己的书上做圈、点、勾画、批注，也可以写读书笔记。在读书期间开展丰富多彩的活动。如优秀读后感评选、精彩片段朗诵比赛、多媒体读书展示会等，以激发兴趣，巩固成果。

2. 课外阅读课成效

激发了学生的阅读兴趣，让学生喜欢读书，和书成为好朋友，让文学书籍成为学生的终身伴侣；通过引导学生诵读经典，积累经典，有了较丰富的积累之后，形成良好的语感；让学生在积累知识的同时，提高写作能力，尤其是文字鉴赏、随感、短评的写作；能初步理解、鉴赏文学作品，受到优秀文学作品的熏陶，丰富精神世界，提高综合语文素养。

二、历史学科“郑和下西洋”校本化实施案例*

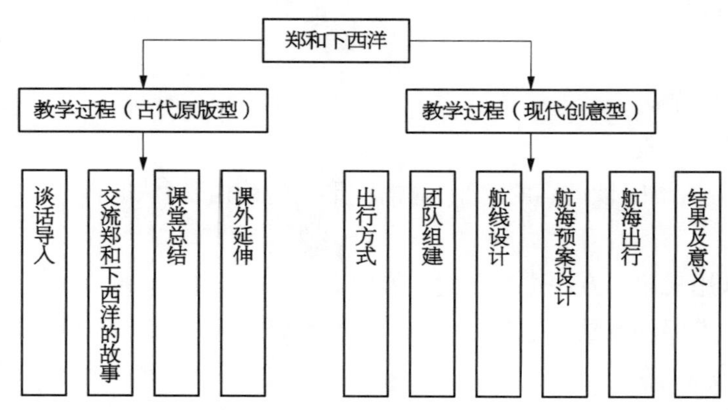

郑和下西洋主题单元图谱

（一）课程背景分析

凤凰中学从2013年开始组建兴趣小组，最后发展到今天的“助行课程”，凤凰中学课程哲学：以人为本，止于至善。我们的课程建设目标：课程以学生发展为本，着眼于时代的要求，把学生身心全面发展和个性潜能开发作为核心，基本构建起为学生人格和能力的自我发展、终身学习意识与能力的养成提供足够时空的“助行课程”体系。学校致力于培养具有个性特长的人。在全面发展基础上的有差异的发展，充分发挥特长优势，激发潜能，成就最好的自己，不管身在何处，都能爱护自然、关爱他人、服务社会。通过课程实施，学生形成三个方面的素养，即文化基础素养、自主发展素养和社会参与素养。

因此，我们对课程进行校本化设计时，既要体现学校的育人目标，也要体现现阶段提升学生素养的需要。于是我们选择了“郑和下西洋”为题，进行了校本化设计。

（二）郑和（古代）下西洋教学设计

1. 教学目标

（1）了解郑和下西洋对世界文明的交流和发展所做出的重要贡献。

（2）体会东西方文化互相渗透和交融在人类文明史上留下的辉煌篇章。

（3）培养将历史与现实相结合的能力，从历史事件中借鉴经验。

2. 教学重点

了解郑和下西洋对世界文明的交流和发展所做出的重要贡献。

3. 教学难点

体会东西方文化互相渗透交融在人类文明史上留下的辉煌篇章。

* 案例撰稿：高普红

4. 教学过程

通过谈话导入,与同学们一起交流郑和下西洋的故事,提出问题,比如:

(1) 围绕这个课题,大家想了解哪些内容呢?(学生提出自己想知道的问题)

(2) 根据同学们的自学情况,谁能说说对郑和这个人物有哪些了解?

(3) 我们对郑和已经有了初步的了解,谁知道郑和下西洋中的西洋指的又是哪里呢?

(4) 郑和下西洋主要去干什么呢?

(5) 为什么要派郑和下西洋呢?

(6) 要想组建大型船队下西洋只有郑和一个人可以吗? 如果你是明成祖朱棣你认为还需要具备哪些条件?

(7) 现在我们具备了足够的条件可以远洋航行了,你们知道郑和的船队有多少船只? 船上共有多少人吗? 结合图片介绍郑和的船队和编制以及郑和下西洋的路线。

(8) 郑和在 28 年间七次下西洋经过了那么多的国家,有那么多的船只,船上又有那么多的人,大家想象一下这一路上可能会遇到哪些困难呢?(疾病、暗礁、海盗、风浪等)郑和与他的船队是如何面对这重重困难的呢?(播放视频)

(9) 郑和下西洋的故事真是离奇而又精彩,谁知道郑和每到一个国家主要都做了哪些事情呢?

(10) 下面请大家想一想郑和七次下西洋,产生了怎么样的影响呢? 也就是说有什么重大的意义呢?(小组讨论)

(11) 追寻郑和的遗迹。

5. 课堂总结、课外延伸,启发学生的思考

郑和下西洋体现了明朝初期的开放式的对外关系,体现了中国人民的智慧和勇敢。郑和下西洋的故事虽然结束了,然而那 600 多年前由我们中国人创造的世界远航海洋史上的千古绝唱却永远留在世人的记忆之中。

(三) 郑和(现代)下西洋教学设计

同学们,思考一个问题,如果郑和身在现代,他还可以怎么下西洋? 下面就让我们一起来完成这个假设,进行一次伟大的“航海之旅”!

1. 学习目标

(1) 郑和今天出行可以选择的交通方式。

(2) 学会团队的组建及分工。

(3) 认识科技改变世界,网络拉近人们之间的距离。

2. 学习重点

今天的郑和如何下西洋。

3. 学习难点

郑和下西洋古今意义的不同。

4. 学习过程

(1) 选择出行方式：学生讨论每种出行方式的优劣，为了能够体现出古今一致，大家决定选择坐轮船。那坐什么船呢？(展开讨论和想象)

(2) 团队组建：轮船操作的技术人员、安排衣食住行的后勤人员、负责礼仪接待的外交人员及礼仪人员、会各种语言的翻译人员、能够应对临时突发问题的特警部队人员、随行的医护人员。

(3) 航线设计：经过讨论，大家一致决定沿用郑和下西洋的航海路线。

(4) 航行预案制定：确定航海路线站点及航行的具体行程，安排人员的各自分工，做好各项准备工作。

(5) 航海出行：尽管之前我们做了充分的准备，但在具体航行中，船队还是遇到一些突发问题。风暴、暗礁、传染病和一些国家的内乱，甚至是与自己的知己、好友的“生离死别”该怎么办？

(6) 结果及意义：这是一次激动人心的尝试，特别是在航海过程中“遇到”的很多未知危险，让同学们感受到出海远航的不易！同学们也开始思考，生命存在的价值是什么？是索取还是奉献？知道了要敬畏生命、敬畏大自然，才能与大自然和谐相处。

(7) 课堂小结：比较和讨论古今下西洋的不同，结合时下的国际环境分析我国的外交政策。

(四) 教学反思

通过这样一种全新的教学设计，对师生都是一种特殊的挑战，活动实践下来之后，师生都有所裨益。总起来说，体现在以下几个方面：

(1) 这样一种全新的教学模式，能激发学生的学习兴趣，充分发挥学生的主观能动性。学生在活动中积极查阅资料，做出各种预设，并寻求老师、家长、专家、学者的帮助，找到解决问题的方法。活动无形中提升了学生的学习能力，也扩大了学生的知识面。

(2) 学生能够“身临其境”，综合运用历史、地理、物理、化学、生物等各学科所学知识，跨学科整合，进行航海路线设计，达到一种理论联系实际，学以致用的目的。这也是当前比较流行的一种STEAM教学模式，项目式学习在历史学科的全新运用，打破了传统的教学模式，改变了学生的思维定势。

(3) 通过跨时空思考，今为古用，真正感受“郑和下西洋”的不容易，从而更好地理解郑和被誉为“伟大的航海家”的原因，以及郑和下西洋的伟大历史意义。

(4) 通过古今对比，感受今天中国的强大，激发了同学们的民族自尊心、自信心和自豪感。

(5) 通过这一活动，同学们有了一种敬畏生命的感受，更能树立一种与自然和谐相处的理念。

(6) 通过这种设计，能有效提高学生的历史学科素养，为学生以后高中阶段的深入学习，打下了坚实的基础。

三、英语学科"How about exploring Tian'anmen Square?"校本化实施案例*

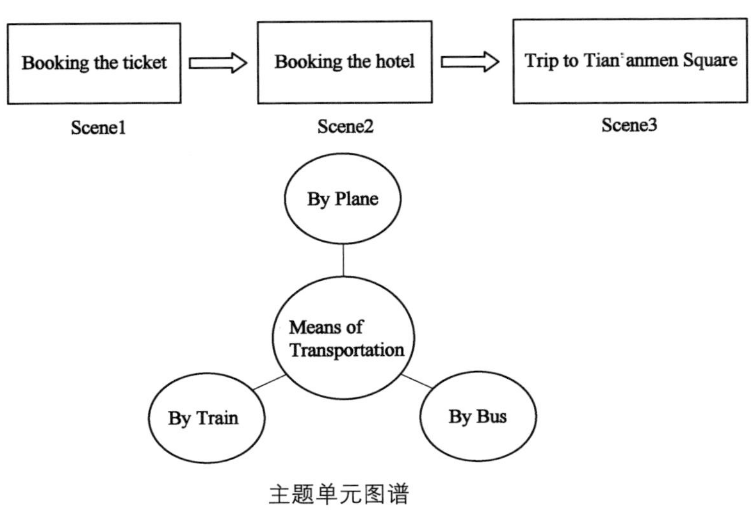

主题单元图谱

(一) 课程背景分析

仁爱版八年级英语单元"*How about exploring Tian'anmen Square?*"以游览天安门广场为话题展开故事情节。先是邀请，接着是游览，进而对天安门广场进行描述，引出方向和方位词，通过谈论天安门各个建筑物之间的关系来学习方向和方位介词。本话题还以日记形式叙述旅行的感受，培养学生热爱旅游，积极探索，热爱祖国的态度。按照常规上课方式，老师会带领学生先处理生词，带读，拼写，然后掌握语音语调，检查拼写，纠正发音，然后老师会带领学生分析课文，掌握语言知识点，划出句型，给出范例，模仿造句，掌握段落之间的关系，模仿表演，完成练习等等。虽然这样处理也大致符合一般课文教学流程，但是如果这样处理学生的主动参与积极性没有调动出来，单元话题之间的联系是割裂的、分开的，没有考虑到单元间的联系，忽略了同学间的交际和交流，学生掌握情况也一般，这样处理效果不太好。因此重新整合单元内容，考虑到主题单元间的联系，重新整合教材，把在教材后面的内容按照真实的三个场景：打电话订机票、打电话订宾馆、天安门之行这样的顺序来处理，既符合一般的旅游流程，又符合学生的认知规律。

(二) 教学思路设计

(1) 趣味性原则：对于初中八年级的学生来说，通过准备一些关于模拟真实场景运用

* 案例撰稿：何荣华

英语打电话订机票和订旅店的活动,学生们是非常感兴趣的,并且是很乐于去完成,能够调动他们学习英语的积极性。

(2) 交际性原则:本单元的教学内容有一定的实用性。教师要充分利用教材提供的场景展开师生以及学生之间的交流。在教学中,教师要尽量减少机械性的模仿操练,即便是一句话也要让学生在交际中学习。交际的目的是服务于生活,在教学中要为学生创设尽可能多的场景,发挥他们的想象力,让他们意识到只有学好语言才能和别人做好沟通。

(三) 教学目标设计

(1) 给学生创造英语电话订票的情境,并能现学现用。

(2) 给学生创造英语电话订旅店的情境,接触真实语境,激发学生参与积极性。

(3) 通过角色扮演,让不同学习程度的学生积极参与教学活动,开口说,学会用。

(四) 教学流程设计

1. 热身(Warm-up)

(1) English Songs,营造愉悦的英语环境。在每一节英语听说课前,带领全班学生齐唱一首英文歌曲,通过课前这一热身活动,学生迅速把注意力转移到课堂上,并感受到一种轻松和谐的学习氛围,真正融入听说的情景之中,全神贯注地聆听老师所授内容。这节课选取的是迪斯尼英语的 Let's travel。

(2) Free Talk,自由交流。坚持每天三分钟的 Free Talk。Free Talk 是一项行之有效的口语训练方式,在这项训练中,学生有充分的自主权,选择自己感兴趣的话题,可以提前准备。

2. 引入(Lead-in)

针对本单元所涉及的中心话题,联系学生以往所学的有关内容,创设适当的语境,联想与话题有关的内容,进行小组合作学习,以旧带新,拓展知识,为新课做知识准备。

T: Now, I have some exciting news to tell you. If we are going on a seven-day visit to Tian'anmen Square in Beijing. How many means of transportation do you know?

S: ...

T: We'll decide on the best way to travel for our trip. If we're going on a seven-day visit to Beijing by train. What will you do next?

通过以上创设的情境,学生的学习积极性得以提高,主观能动性被充分调动起来,学习热情高涨。

3. 学习目标语(Study New Language)

(1) 学习新单词和句型。

① 新单词: hotel, hard sleeper, pay, single, condition, comfortable。

② 新句型：I want to book some tickets and rooms。

(2) 观看视频,听、读。

4. **分角色朗读**(Role Play)

(1) Scene 1 Booking the train tickets。

(2) Scene 2 Booking the hotel。

(3) Scene 3 Trip to Tian'anmen Square。

学生分角色朗读三个场景的对话内容,达到会读、会用的目的。

(五) 反思

回顾整个具体教学环节,这样的教学设计可以调动学生积极性,把学生分成小组,分工合作,有利于调动学生参与的积极性,把任务先布置下去,即给他们时间做准备,势必也会激发组与组间参与的积极性,学生在课堂上积极发言,把课堂气氛调动起来,迎来一个个课堂的高潮,大家身心愉悦,处于积极参与的热情中。经过这样处理后,课堂效果良好,学生还能熟练地说出天安门各个建筑物的名称,相互间的位置关系,这样就达到了课堂教学目的,也给他们留下了深刻的印象,不仅掌握了英语知识点还在真实场景处理中积累了经验,为下一步英语学习打下坚实的基础。

四、美术学科“标志设计”校本化实施案例*

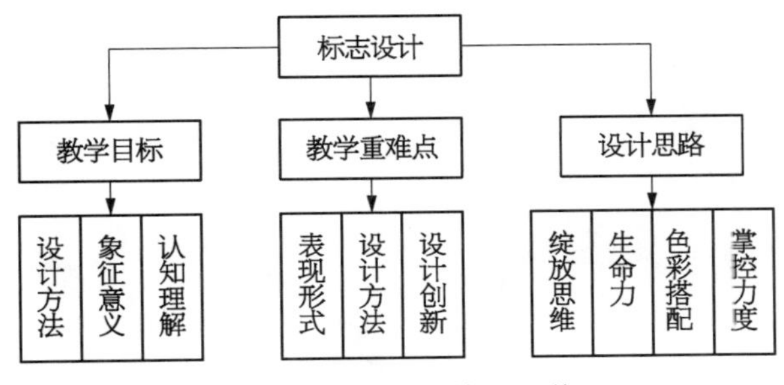

“标志设计”主题单元图谱

(一) 课程背景分析

凤凰中学校本化美术工作室成立于 2017 年,介于美术课程新标准中“以人的个性发展”为出发点,催生出美术教育的一个新理念。转变了过去“满堂灌”的教学方式,倡导学生积极主动的学习方式,在教学的过程中教师不再是一味地将知识灌输给学生,而是通过

* 案例撰稿：陈静

师生交流、生生交流等合作模式进行思想上的碰撞，通过学生的视角来发现问题，并学习如何解决问题。而教师从始至终都是以一个引导者的身份贯穿其中，要求以学生为主体就是要让学生作为学习的主控者。中学美术课堂有着客观的变化，教师不再只是关注学生的绘画图片，而实行多元素多角度教学，包括学校开设了多种多样的美术课程，教学内容更加关注人文及地方特色文化，教师对学生的多方向评价，以及对学生作品的要求标准等。从细节到整体的变化都是美术教育的进步。传统美术教学多是灌输式教育，原来的美术课缺少互动，导致教学效率低下。学校为了保证学生的全面发展，立足当前学校的特色，发挥自身强大的资源优势，开设美术工作室全面开展校本课程开发。这里以“标志设计”为例，展示校本化实施。

（二）课程设计

1. 教学目标

（1）了解标志设计的基本概念、分类，以及图形、文字、符号等标志设计的表现形式，并掌握设计标志的方法。

（2）在欣赏、分析、讨论中熟知标志的象征意义，理解生活中的标志及表现形式。

（3）体验美术活动乐趣的过程中，养成热爱艺术，加深对艺术的认知，增强对美术学习的兴趣，进而提升对世界多元化的认知和理解。

2. 教学重难点

（1）重点：了解图形、文字、符号等标志设计的表现形式，掌握设计标志的方法。

（2）难点：设计创新型标志，并熟知标志与图案的区别。

3. 设计思路图谱示例

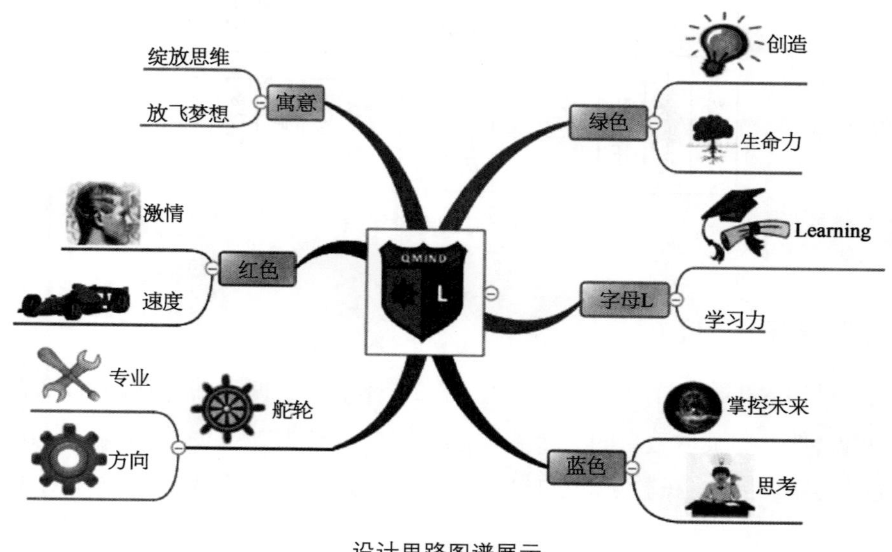

设计思路图谱展示

(三) 教学过程

标志设计这节课属于综合课,不但要实现标志的欣赏,还要完成标志的设计。因为学生对标志了解较少,缺乏热情,所以在上这节课时首先考虑提供什么样的信息给学生及如何表现问题。在内容的选择上尽量选他们熟悉的标志,增强他们的熟悉感,尽快进入学习状态。这节课的重点应放在开发学生的思维,作出好的创意。所以为了解决这点,先让学生参阅大量的成功标志案例,再分析这些案例的独到之处,特别是设计时的巧妙构思。这个过程中学生自主分析,用自己的知识去了解,然后用自己学到的知识去设计。对于课上学生较好的作品及时加以展出、鼓励,给予肯定,增强他们成功的喜悦和学习的动力,培养他们的设计意识。

1. 导入

(1) 耐克标志的故事起源。

(2) 在黑板上画出一些常见标志,引领同学们回忆这些标志的名称。

(3) 简单概括出标志的功能、种类、含义等。

【设计意图】直接快速激发学生的兴趣。

2. 授新

一个优秀的标志应该具备的条件:

(1) 简:简明易认,一目了然。

(2) 准:内容准确、形象直观。

(3) 奇:独树一帜、不能雷同。

(4) 美:符合艺术美的规律、符合大众的审美情感。

【设计意图】联系现实生活,进入问题情境。结合学生的衣食住行说一说日常生活中存在的品牌标志,用形象的图片直观地引导学生了解优秀标志的设计原则,激活已有的生活经验和知识储备创设问题情境。以问题组织教学,运用问题设计策略,形成师生互动、组组互动、生生互动的课堂学习氛围,培养学生发现问题、提出问题、分析问题和解决问题的能力与技巧。

3. 开阔眼界

标志的艺术表现有以下几种典型的方式,同学们通过图片辨别它们属于哪一类?

(1) 具象型标志:生动形象。现实中的形象要经过一定的提炼和概括,才能作为具象型的标志使用。

(2) 抽象型标志:让人产生丰富的联想。

(3) 字图型标志:准确、直观。

4. 实践与探究

(1) 以小组活动的方式设计一个具有象征意义的标志,要体现班级的团结、互助、合作的精神。

(2) 可以自由设计相关标志,如班级、小组等。要求运用适当的造型表现方式,作品简单明快。

(3) 学生将做好的作品,贴在事先已张贴在黑板上的白纸上,全班展示。学生自主评价。

学生作品展示

(四) 教学反思

在教学过程中,教师主要充当了引导者和鼓励者的角色,为学生创设好探索与创造的平台和空间,在师生、生生交流互动中,营造了共同探究的学习氛围。教学内容不限于教材本身,重点从图形的创意手法入手,激发学生表现、创造的能力。在创作实践的过程中,对少数拿着剪刀、铅笔不敢动手表现的学生,教师则需要及时的引导,提供一个可供其把握的参考,鼓励其大胆尝试,使之树立信心,积极地投入创作,激发学生的创新精神,培养学生的实践能力。通过多种形式的活动,引导学生在美术创作活动中,创造性地运用美术语言,并鼓励学生在开展探究性的学习,发表自己独特的见解。学生通过美术学习,加深了对设计的认识,激发创作热情,培养学生的观察、想象、创作思维能力,提高学生的审美水平。

第五章

发　　展

教师是课程的构建者和开发者，是课程实施的主要角色。“助行课程”建设与实践，需要一支能够进行课程建设与开发的教师团队来实现，而教师团队的思想高度、执教水平，又直接影响着课程建设的水平。我们教师团队的建设和培养，主要通过校本研修来实现。

第一节　聚焦助行课程建设的校本研修实践探索

“校本研修”的概念是教育部原部长袁贵仁 2004 年 3 月 27 日，在一个培训会议上正式提出的。校本研修，又叫校本培训，就是以校为本，让教师在专家引领、同伴互助、个体反思、资源平台为支撑的实践中，立足课程、聚焦课堂开展教学研究与研修的活动。校长是校本研修的主要领导者，教师是校本研修的主体，校本研修的目标是促进教师教学能力和素养的提升。将课程建设与实践和教师校本研修培训有机地结合起来，为教师专业发展开辟了新的途径。

一、运用助行课程理念引领校本研修

（一）课程理念：助行课程建设的思想与主张

学校的课程理念是什么？课程理念是课程的灵魂，课程理念分为国家课程理念和学校课程理念。国家课程理念体现国家意志，是国家在设计课程时蕴含于课程之中，需要课程实施者付诸实践的教育教学的价值取向。学校课程理念是对国家课程理念的“落地”，是学校对国家课程校本化实施的价值取向，体现了学校对教育发展的趋势、对未来人才培养的整体系统的追求。

近年来，学校以“助行课程”建设为载体，在促进内涵发展方面大胆创新，提出校本特色的“助行课程”理念，即“让课程适应每一个学生的特长发展，让课程点亮每一个学生的正行人生”。

“让课程适应每一个学生的特长发展”。学校课程，最终要以促进人的发展、以人的发展服务为宗旨。我们要创造适合学生的教育，需要通过课程改革，课程重构，构建“助行课程”体系，真正让课程适应每一个学生的个性发展、特长发展，通过课程的实施，让学生在充分体验基础上，找到自己前进的方向。学校整合利用各类课程资源，开发的“魅力足球”“妙手生花”等校本课程，就是为学生提供多元的“助行课程”体验，培育学生个人的兴趣特长倾向，激发学生潜能，让课程适应学生的特长发展内在需要。

“让课程点亮每一个学生的正行人生”。学校课程重视立德树人。学校在校训“正行思学”中对学生品格培养提出了明确的要求，旨在培养一种身心全面发展的理想的人格，追求人性臻于完善的教育理想。

培养学生“正行人生”，体现在通过课程的实施，主要培养学生形成三个方面的素养：文化基础素养，即人文底蕴，科学精神；自主发展素养，即学会学习，健康生活；社会参与素养，即责任担当，创新精神。让课程就像一盏明灯，照亮学生前行，应对复杂多变的社会环境与生活，为学生未来发展奠基，使学生成为一名具有担当的“身正令行”的少年。学校开设的“乌蒙骄子”“远离毒品”等德育校本课程，都能够很好地落实“助行课程”理念。

课程理念蕴含于课程之中，通过课程建设与实践来实现。需要课程实施者即广大教师在教育教学的实践中加以贯彻落实，让课程理念落地，让课程更加切实学生发展需要。

（二）校本研修：学校课程理念传递的必经之路

每一个教师都是课程创造者。如何更好地推进课程建设与实践，这就需要有一支能够进行课程建设与开发的教师团队，这支团队的建设与培养，需要通过校本研修来实现。因此，校本研修是学校课程理念传递的必经之路。用课程理念引领校本研修，通过研修促进教师内化课程理念，促进教师专业不断发展，提高专业技能，形成独特的教学风格。这样，才能实现“让每一位教师的职业获得发展”，才能让每一位教师在课程建设与实践中都获得成功。

课程理念的“落地”，校本研修至关重要。开展校本研修应以校为本，以生为本，以师为本，必须立足本校实际，要将校本研修与本校教育教学实践和师资队伍建设实际相结合，才能探索出适合本校特点的研修内容、研修方式、运行机制和管理办法。

（三）价值引领：体现校本研修特色的主轴

教师建设课程、开发课程、实施课程，为全体学生服务，教师是课程的动态构建者、课程的开发者，是课程实施的主要角色。因此，“助行课程”建设与实践，必然需要全体教师的参与，课程理念必然成为全体教师校本研修的行动指南，引领校本研修。如何让价值引领“落地”？学校通过对校本研修的顶层设计，达成以课程理念引领校本研修的“战略”布局，采取了有效的策略。比如，“助行课程”理念的“主题学习”“专题研讨”等活动与过程，促进课程理念的传递与内化，成为不同学科、不同类型教师校本研修的共同价值追求。

马克思曾说:“人的思维是否具有客观的真理性,这不是一个理论的问题,而是一个实践的问题。”课程理念统领课程建设与实践的全局,统领根本、统领方向、统领长远,直接关乎课程建设与实践成效乃至成败。近年来,凤凰中学把握教育发展的时代趋势,提出“让课程适应每一个学生的特长发展,让课程点亮每一个学生的正行人生”的课程理念,是指引方向的航标。课程理念引领课程建设和校本研修朝着持续的方向迈进。价值引领,真正体现学校校本研修特色的主轴。

二、采取“三全”策略助推教师研修

学校课程建设、校本教研、校本培训,相互交织、相互关联、相互促进。我校校本研修主要实施以“全员参与”“全域推进”“全过程评价”三位一体的“三全”推进实践策略。

(一) 全员: 进行校本研修组织的重构

按照《中共中央国务院关于全面深化新时代教师队伍建设改革的意见》和《云南省教育厅印发关于加强和改进中小学教师培训工作有关文件的通知》(云教师〔2017〕3 号)的文件精神,实施全员参与校本研修的策略。我校要求每位老师、教研人员、行政人员都要参与校本研修。其鲜明特点是全员参与、同伴互助、多层级、全方位地开展教师校本研修。基于此,我们进行了校本研修组织的重构,一是对学科教研组进行重构,赋予新的内涵和任务。二是围绕课程建设成立学校课程发展中心,提升学校的课程领导力,加强课程建设与校本研修的管理。

1. 对学科教研组的重构

学科教研组是基础教育阶段学校中负责教师教学和研究活动的基层组织。它在带领教师研究教材、提高课堂教学技能等方面起着非常重要的作用。面对新时期的教育形势和任务,对教师专业素质的要求越来越高,我们必须赋予学科教研组新的内涵和任务,除了负责教学研究之外,还要担负起教师培训任务,把教研、培训有机地统一起来,整体推进,以适应教育改革与发展的新需求。

根据国务院关于《基础教育课程改革纲要(试行)》构建符合素质教育要求的新的基础教育课程体系的要求,国家《义务教育课程设置实验方案》所设定的全部课程科目,为使学科组更好地为课程实施和校本研修服务,学校对学科教研组进行了重构。

学校将原来的语文、数学、英语、政史地、生理化、体育、艺术、信息技术组等 8 个学科教研组,组建为:语文、数学、英语、道德与法治、历史、地理、生物、物理、化学、体育与健康、音乐、美术、信息技术、劳技共计 14 个学科教研组。同时,为把学科组建设成为教师专业发展的推进器,学科教师发展的“火车头”,我们对学科教研组办公室的功能也进行了全新的定位,使它成为教师的“休息室、备课室、学习室、培训室、发展室”五位一体的幸福“家园”,并冠名为“××学科室”。以学科教研组为基本研训单位,有助于形成良好的研训氛围，快速促进教师专业化发展，打造教学研修共同体，有利于建设真正意义上的研究型、学习型组织。

2. 围绕课程建设成立学校课程发展中心

学校淡化对课程的行政化领导，强调专业引领，围绕课程建设成立课程发展中心。课程发展中心包括"课程与教师评价室"和"教科室"。其中，课程与教师评价室的职责是负责落实国家课程计划，进行学校基础型课程的设置与安排；编制学校课程规划方案；进行理化生实验教学的管理；对学科教师课程教学工作量、教学绩效的考核与评价；协同教科室做好校本课程的开发与管理。

教科室的职责是负责学校课堂教学模式改革的研究、实践、课堂教学模式的推广；进行教师课堂教学的跟踪评价；学科导学案的编制与管理；学科学业水平考试备考、复习指导，学业水平考试质量的分析研究；对学科组教研活动的管理与评价；进行校本课程的开发，进行分类指导教学的研究与评价；指导教育科研课题的研究；负责教师参加各种课赛的安排与指导；教师培训工作的组织与评价；涉外教育教学交流的组织与管理。

（二）全域：让校本研修覆盖课程的全学科

我校教学实施的范式是"三分教育"。即基础性课程探索分层教育；课堂教学范式的核心是分组合作学习；校本课程，则以学生的兴趣特长为依据进行分类，实施分类指导教学。分层教育、分组合作学习、分类指导教学，简称"三分教育"。我校"三分教育"曾得到全国著名专家冯恩洪教授的高度评价。

我校课程建设是基于国家课程、地方课程、校本课程的管理体制为基础来构建课程体系的。在功能上形成了基础型、拓展型、探究型三类课程结构，在横向内容上，形成了包含"立德助行、启智助行、健体助行、美韵助行、科创助行"五大课程群。其中，美韵助行课程群建立了工作室，实行走班教学。五大课程群，整体体现了初中三个年级段课程目标，课程结构多元，尊重选择，差异发展。

校本研修是提升教学质量的保障因素，基于"助行课程"建设与实践的校本研修，需要全体教师的参与。因此，在全域推进中，要让校本研修覆盖所有学科，我们重点实施了以下三个方面的实践探索。

1. 基础型课程校本研修需要走出传统

在基础型课程校本研修方面，学校以新时代教师素质要求和国家课程标准为导向，实施全学科推进的校本培训。研修、培训重点突出对新课程、新教材、新方法、新技术的培训学习和研究能力提升，着力推进国家课程的校本化实施，不断提高课堂教学、作业与考试命题设计、实验操作等能力。因此，在校本研修中，研究和解决的内容是各学科遇到的共性问题。这样能够真正有效调动全体教师的主观能动性，打破学科藩篱，杜绝一些学科校本研修开展得如火如荼，一些学科却无动于衷，冷冷清清的不平衡现象；有利于消除率先开展校本研修的学科教师畏首畏尾的顾忌，也有利于消除尚未启动校本研修学科教师置身事外，冷眼旁观的负面影响。

全域推进让研究成果具有通识性，普适性。能够较好地避免短板学科拖全校学科教学后腿的问题。有助于整体、系统地推进国家课程的校本化实施，全面的提升学校教学质量。

2. 拓展型课程校本研修需要特色突破

在拓展型课程校本研修方面，特色鲜明。为了实现“让课程适应每一个学生的特长发展”，利用校内外课程资源，开发有利于学生的个性发展、特长发展的课程。学校注重教师展示舞台的搭建，比如，“英语话佳节”开展的全校演讲比赛，“魅力足球”“校园射击”参加云南省总决赛等。同时，聘请全国著名校本课程专家韩立芬教授担任我校课程建设与开发的指导专家，对课程开发实施培训，培训充分调动教师的积极性，内容上聚焦课程开发、实施与评价展开。教师们称韩立芬教授的培训是“手把手地培训”，培训特色鲜明。拓展型课程纲要、拓展型课程校本教材，目前已经编辑出版。

3. 探究型课程校本研修需要关注实践

在探究型课程校本研修方面，打破学科界限，需要的是学科的整合，需要教师具有跨学科整合与指导学生参与社会实践能力。教师这些方面的能力，都要通过校本研训才能提升。综合型课程的校本研修同样注重搭建展示的舞台。比如，“妙手生花”课程为白血病患者进行“爱心义卖”活动，全校师生参与丝网花的制作，很多社会爱心人士也参与进来，义卖筹款 40 000 多元。课程育人价值得到了很好的体现。

（三）全程：在校本研修中记录教师的成长

1. 注重教师参与研修的过程设计

校本研修活动是基于教师发展需求开展的，应注重教师参与研修的过程设计，学校组织，教师参与，充分发挥教师的智慧和力量。而注重教师参与的校本研修，在实施过程中也将会得到教师更多的拥护与支持。

2. 教师在研修中开展自主评价

校本研修，需要凸显教师的自主性。教师在研修中开展自主评价，是教师与自我的思考和审视，是教师自主、自律地进行专业研究的过程。例如，指导教师结合自己的教育教学实践，撰写班级管理反思案例、课程故事、主题教研案例、同课异构的课后反思，进行主题研讨论坛交流等。通过教师的教学反思和自主评价，能够快速促进教师在思考中提升，在总结中内化，认识自我，改造自我，教师会增强专业发展的内驱力。

为什么要进行全程评价？在校本研修过程中，总会遇到许多困难和问题。而要解决这些问题，需要全体教师上下同心，群策群力，积极而为。如何在实施过程中将教师培训、教研活动、课题研究等有机地拧成一条线，并保持校本研修持续稳定地向前发展？这需要我们在实施校本研修过程中，在校本研修计划（方案）的确定，研修行动的开展，研修进程的评估与调控，研修的总结与反思的过程，需要采用适当的方法、技术对校本研修过程进行连续控制和持续改进,对每个过程细节进行细化管理,同时在校本研修中记录教师的成长轨迹。

三、围绕课程落位,开展课堂研究

课堂教学是课程实施的基本组织形式,是教学的主阵地。校本研修要基于课程,聚焦于课堂,以提高教师的课堂教学能力为基础,促进教师课程建设与开发的能力的提升,推动教师专业发展为目标。要将学校教研活动和教师培训有机结合起来,以研促教、以研促训,切实提高校本研修的针对性和实效性。任何校本研修,如果离开了课程建设,离开了课堂教学,不能让课程得以很好的落位,单纯的为研修而研修,将成为无水之源,无本之木。为此,我们在校本研修中开展了课程落位的课堂教学研究。

(一)课标落位:针对课堂落实课标的学科组研修

由于教师在理解教材和标准方面有一定的偏差,开展聚焦课堂落实课标的学科组研修,以学科组为研修单位,聘请教育部教材审定专家进行课标专题培训,结合案例解读教材和课程标准,通过专家的解读,促使教师领会课程标准和教材,真正理解教材编写的意图。尤其是语文、道德与法治和历史学科统一使用部编版教材后,在通识培训的基础上,学科组研修针对课堂教学存在的问题,组织教师自主研读课程标准,研读教材,开展课程标准和教材研究,进一步加深对课标、教材的掌握,让课标在课堂教学中得以落实。

(二)理念落位:关注助行课程理念在课堂的落实

如前所述,课程理念是蕴含于课程设计之中,需要课程实施者付诸实践的教育教学的信念。“助行课程”理念“让课程适应每一个学生的特长发展,让课程点亮每一个学生的正行人生”是我们对国家课程校本化的价值取向,以及对未来人才培养的整体系统的追求。基于“助行课程”理念,关注“助行课程”理念在课堂教学中的贯彻落实。

如何让“助行课程”理念在课堂教学中得到落实?主要策略是在进行课程建设的基础上,推进课堂教学范式改革,开展以小组合作学习为核心的课堂教学实践探索,最终形成了“助行课程”课堂教学流程与规范,也叫“三课五环”课堂教学范式,并构建了相应的课堂教学评价体系。

在课程理念落实方面的校本研修,比如,集体备课、示范观摩、听课评课、同课异构、课例分析、教学竞赛、小组合作学习培训、主题教研、科研课题研究等。校外专家进行入校指导,开展现场观察、诊断、培训和咨询等。在评价方面,学科教研组、教师分别从不同视角参与主题教研案例征集、各种课例评选活动,同时,邀请各领域专家开展线下、线上评审,并给予获奖者精神和物质奖励。

(三)资源落位：展开课程资源供给且丰富的课堂研究

我校教研正处于规范化发展的初期阶段，受学校规模和教研资源短缺的限制，学校开展了课程资源供给且丰富的课堂研究。这里所指的课程资源，主要服务于教师的课堂教学的资源。课堂教学的三要素：教师、学生及教学媒介。其中，教师是教学的主导，学生是学习的主体，教学媒介（如教材、网络媒体和教室等）为教学提供支撑。我校在"课程资源供给"探究方面，是围绕"课堂教学流程与规范"改革研究为核心而开展的。因此，开展了"学科课程资源开发和利用""课堂教学流程与规范改革""教师资源开发""资源与环境建设"四个方面的课堂教学研究。

1. 具体学科课程资源开发和利用

学科课程的开发和利用，在课程理念引领下，一是构建"助行课程"体系，编制《凤凰中学课程规划实施方案》，编制《凤凰中学课程实施方案》，对国家课程进行校本化实施，包括编制课程图谱和主题单元图谱等；二是进行校本课程的开发，开展"凤凰中学学生及家长对特色课程发展需求调查分析"的研究，开发形成了"拓展型课程"和"探究型课程"，编辑出版校本课程；三是结合课堂教学，编制导学案和各学科的易错题集；四是利用各学科教学辅助资料，比如《中考说明》，各学科组进行研究和编制校本教学辅助资料、编制试卷等。

2. 课堂教学流程与规范的改革

主要是学习全国课改先进地区学校的课改文字、视频资料，聆听校外专家课改培训，进行课堂教学流程与规范的改革，开展课堂教学跟踪评价，制定凤凰中学课堂教学听课记录本、凤凰中学"助行课程"课堂流程与规范操作要领、录制"优课"视频、撰写课改反思和案例等。

3. 教师资源开发

充分利用教师编制，补充缺编教师，注意教师年龄结构。由于校本研修载体的缺少和相应的理论素养的欠缺，教师队伍专业化发展环境亟待改进。学校重视教师的团队建设和专业发展，将自己的课程领导力转化为教师团队的集体意识，探索与课堂教学相匹配的教师校本研修长效机制。

4. 围绕环境与资源落位的课堂教学研究

围绕的环境与资源落位的课堂教学研究，主要是"小组合作学习"资源建设研究，促进课堂教学资源形成，促进班级文化建设；多媒体和信息网络资源的建设；以"阅读"教学研究的"班级阅读图书角"资源建设。

四、指向共研共享的供给研修条件

为有效推进"助行课程"的建设与实践，提升校本研修的深度和宽度，学校在立足本校的基础上，借助校外专家资源，同时加强校际合作，构建研修共同体，实现校内外优质资源“共研共享”的供给研修条件。

（一）项目推动：制定乡村教师发展三年行动计划

为提升校本研修的实施的效果，进一步拓宽视野，学校为教师创造研修条件。我们与中国教师研修网合作，启动了“云南乡村好老师校本研修计划”，项目为期三年（2018～2020 年），以凤凰中学为基地，区域内部分学校加入项目形成校际教研联盟。该项目让我们能够在校本研修过程中，与教育部部编教材专家一道，为教师提供精准的专业指导。聘请全国校本研修的知名专家，开展专题讲座、案例点评、咨询诊断、交流研讨，讲授相关主题内容的理论基础和实践背后的原理认知。“乡村教师发展三年行动计划”针对学校校本研修的主要问题，根据教师对象的不同，分层次设定校本研修目标如下：

表 5－1　分层研修对照表

研修对象	研　修　目　标
学校领导团队	通过学习教育领先地区校本研修促进学校内涵发展的理念、策略和实施经验，促进学校课程教学领导团队的前瞻性思考，丰富学校校本研修实践和管理经验
教研组	借助中国教师研修网、中国教研网和“三人行”研修中心课程教材资源，聚焦新课程环境下的学科教研组建设研究，促进学科教研组快速提升课程标准和教材的理解与认知，促进学科教学质量的整体提升。探索与“助行课程”体系和校本研修相匹配的长效教研机制
教师	通过学科专家、课程教学专家与本土专家的协同指导、参与课程教学研究活动，提升课程教材的把握与应用能力，提升优质案例的撰写与分享能力，提高教学水平

（二）创新平台：打造校本研修线上线下融合平台

我们以现代网络信息资源为支撑，引进国内先进的校本研修资源，搭建网络信息研修平台。比如，利用中国教师研修网及其旗下的中国教研网和“三人行”平台，网络信息资源都非常丰富，对校内外网络资源进行整合，开展线上线下相结合的研修培训。

学科教研是提升教学质量的核心环节，“三人行”研修中心为这个环节量身定制了平台和资源，下面是这个环节过程性资源清单：

在中国教师研修网的支持下，借助其旗下的“教研网”和“三人行”平台，为校本研修提供坚实的技术保障；“三人行”平台汇集了教育教学专家及一线教师多年教学实践的教学资源，教师可以直接获取具有科学性、优质性的教学资料，同时可以广泛参与校本研修过程，与专家直接对话交流，与同行互动分享。

基于网络平台的研修，信息资源网络平台的支撑，学科领域专家和成功案例教师，聚焦相关主题进行指导，针对主题内容给予学员相应实践方法指导或对实践中遇到的疑惑做解答，在短期内有效帮助教师提升教学效果。

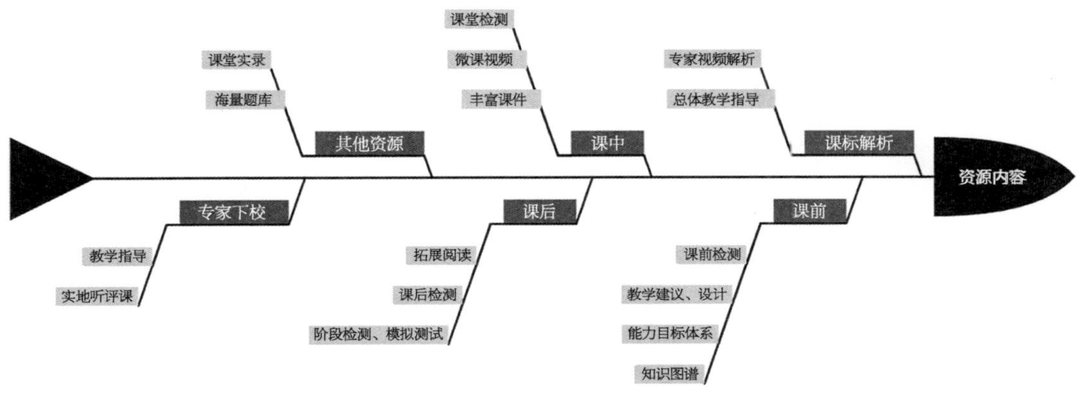

校本研修线上线下资源融合

(三) 建立梯队：结合教师发展现状给予成长舞台

教师是学校的第一资源，其精神状态和工作状态决定学校组织的兴衰成败。如何唤醒教师的主体性，激发教师的潜能？需要为教师专业发展搭建展示的舞台。比如，学校充分利用工作坊(室)、“乡村好老师校本研修计划”、名校访学、校际支教、组织教师到中国研修网基地学校观摩学习，或参加基地学校有关研修活动等平台进行展示交流。

“只有教师发展了，学生才能得到最终的发展”。每一位教师都是全人类最珍贵的资源，我们寄希望于每一位教师都能为了孩子们奉献自己的智慧和力量。我们有责任确保每一位教师都能有机会学习，并最终获得成功——就如同我们有责任确保每一位孩子都能有机会学习，并最终获得成功一样！

第二节 教师校本研修案例

一、历史学科研修案例

“历史学科集体教研与教师的参与度”教研活动之关于部编版七年级下册《江南经济的开发》的集体教研*

(一) 活动背景

凤凰中学自2011年开始实施“课改”，在全体师生的努力下，有效地提升了学校的教育教学质量，不但使学校化解了濒临撤并的危机，而且还发展成为昭通市的一所优质名

* 案例撰稿：高普红

校。但是，凤凰中学的教研，一直是学校发展的一个短板。“教而不研则浅，研而不教则空。”历史学科组虽然一直以来都认真组织开展各种常规教研活动，如导学案的修改、月考试卷的质量分析、集体备课、公开课等，也取得了一定的成效，但几乎每次教研都变成了任务安排，似乎完成学校教科室的任务，就万事大吉，组内的教师对教研活动的理解也就局限于完成任务。在上课过程中，都是各自为战，我行我素，教师之间教学质量个体差异较大。为了改变这种现状，在凤凰中学教科室的安排下，各学科组开始探索有效教研的活动方式。经过各位老师集思广益、群策群力的讨论，最终达成一个共识，决定开展“历史学科集体教研与教师的参与度”这一主题教研活动。目的是改变传统的任务式教研为教师的主动参与式教研，从而探寻“历史学科集体教研与教师参与度”内在的关系。我们历史组决定以一节组内公开课为内容，进行一次集体教研活动，从而探索有效教研的开展模式，达到全组共同学习，共同进步的目的。

（二）活动方案

1. 活动目标

（1）通过本次活动，将传统的任务教研变为主动教研。

（2）通过本次活动，探究教师参与历史集体教研的方式。

（3）通过本次活动，探究教师参与度对教研活动的影响。

2. 活动准备

历史组各位老师认真下去查阅资料，收集整理，为集体备课做准备。宋德先老师结合本组的导学案制作出 PPT，设计出教学流程。李文梅组长联系好上课班级，安排好活动相关事宜。

3. 活动设计

本次活动研究的是“历史学科集体教研与教师的参与度”的主题教研，先全组教师进行一次集体备课，修改导学案，完善 PPT。再进行问题预设，完善活动细节。接着由宋德先老师进行展示，检验成果。最后是对活动进行总结和反思。

4. 确定主题

历史组决定确定一个主题，全组老师进行集体备课，然后由一位老师进行课堂展示，检验集体备课的成效，从而总结开展有效教研下的集体备课的具体措施和意义。因为历史三个年级使用的版本不一致，九年级还是中华书局最新版，七、八年级使用部编版。历史组组长李文梅征求了全组教师的意见，决定选择部编版七年级下册《江南经济的开发》这一课作为主题教研的课题。

5. 任务分析

这次活动的关键是探究教师参与度对历史学科集体教研的影响，所以，需要各位老师群策群力，发挥所长并全程参与。不能各自为战，要有一种整体意识和大局观。宋老师比较辛苦，需要做好充分的准备，收集各位老师的意见，进行课堂展示，全组教师为宋德先老师服务。

6. 组织分工

为了进行好本次教研活动,组长对任务进行了安排和分配。

(1) 导学案编制人:司剑老师。

(2) 主持人:李文梅老师。

(3) 上课人:宋德先老师。

(4) 参与者:历史组全体人员。

(5) 时间:星期三上午 8:30。

(6) 地点:205 班教师和历史学科教研办公室。

7. 流程设计

第一周的教研活动在历史学科组进行课题选定和集体备课。第二周教研活动时间全组教师先到 205 班听一节宋老师的公开课,再到教研组进行评课总结和反思。

8. 结果预设

通过这次主题教研,我们应该能够找到教师参与度对历史学科集体教研的具体做法和影响,从而探寻出一些有效教研的方式方法。每位教师只要认真参与,一定能从活动中收获许多。

(三) 活动实录

1. 修改《江南经济的开发》导学案

第 18 课 东晋南朝时期江南地区的开发(导学案)

学习目标:

1. 能知道东晋兴亡的基本史实。

2. 能知道南朝政权的更替及南朝政治的特点。

3. 要掌握我国江南地区经济开发的原因和表现。

学习重点:东晋的兴亡及南朝的更替,江南地区的开发。

学习难点:江南地区经济开发的原因。

自主学习:

1. 东晋建立:316 年,内迁的________,灭掉西晋。________年,皇族________重建晋朝,定都________,史称“东晋”。

2. 东晋朝廷大权多被世家大族掌握,司马睿________上依靠王导,________上依靠王导的堂兄王敦。时人称之为“________”。

3. 东晋成功抵御了________的军事威胁。局势稳定,经济发展,江南出现了“________________”的景象。

4. 南方在东晋灭亡后,政权更迭频繁,相继出现了________、________、________、________四朝,这些王朝都在________定都,历史上统称________。

5. 北民为躲避战祸大量南迁,带去了大量的________先进的________和________。

合作探究：

材料一　江南地域辽阔而人烟稀少，稻米和鱼是主要食物，放火烧荒，种水田；不需要商人贩卖货物，没有非常富裕的人。

——《史记》(西汉)

材料二　江南是全国最繁荣昌盛的地方。民户越来越多，超过了以往任何时期。江南土地肥沃，百姓勤奋，丰收的年头，一年的收获能满足几个郡人口的需要，生产的丝绵布帛能供天下人穿用。

——《宋书》(南朝)

(1) 对比一下，上述两则材料对江南地区的描述有什么不同？

(2) 南方经济得到开发的原因是什么？

(3) 从江南地区变化的原因中，你能得到哪些经济发展的有益启示？

当堂检测：

1. (2016·江苏盐城)东汉末年，关中地区人口从240万减少到50万，扬州从320万增加到433万，荆州(今湖北境内)从359万增加到620万。导致这一时期南北人口变化的主要因素是(　　)

A. 江南地区开发　　B. 北方战乱频繁

C. 经济重心南移　　D. 民族融合加强

2. (2016·山东潍坊)李白的诗句“三川北虏乱如麻，四海南奔似永嘉。”反映了西晋末年中原动乱、人口南迁的情况。人口南迁产生的主要影响是(　　)

A. 破坏了南方环境和农业发展　　B. 加剧了南北矛盾和割据状态

C. 完成了经济和政治重心南移　　D. 促进了江南开发和民族交往

3. (2016·福建泉州)魏晋南北朝时期，晋江流域得以开发的最主要原因是(　　)

A. 自然条件优越　　B. 统治者施行仁政

C. 水利设施齐全　　D. 中原汉人南迁带来先进技术

4. (2016·云南曲靖)三国两晋南北朝时期，江南地区获得开发的最主要原因(　　)

A. 南方战乱相对较少　　B. 北方人口大量南迁

C. 南方自然条件优越　　D. 南方生产技术先进

5. (2015·湖北黄冈)东晋南朝时期，江南经济发展迅速，而北方经济日益落后。导致这一变化的客观因素是(　　)

A. 江南生产工具和生产经验比北方强　　B. 南方人比北方人勤劳

C. 北方社会动荡，南方相对安定　　D. 先秦以来，南方的自然条件优于北方

针对导学案，全组老师集体讨论：

(1) 学习目标及重、难点是否合理？

司剑老师认为：学习目标就是教学目标，所以表述可行。

聂吉凤老师认为：学习目标是针对学生制定，不能等同于教学目标。

邓荣老师认为：学习目标应该简洁明了，每课不超过三个，课程结束能够检验是否达成，从而判断教学效果是否有效。

訾成俊老师认为：学习目标表述用知道、掌握来进行表述，不具体，没有评价标准，建议表述为“我能说出东晋兴亡的基本史实；我能记住南朝政权的更替及南朝政治的特点；我能通过具体史实分析出江南地区经济开发的原因和表现，并记住分析结果”。众人无异议，达成共识。

锁燕老师认为：教学重点过多，加重学生负担，根据标题，教学重点就制定一个即可，江南经济的开发，大家一致通过。

李文梅老师总结：以后的导学案，学习目标制定一定要具体，要有可操作性和可评价性。每课制定的目标不能超过三个，不能用知道、理解、掌握等不可评价的词语来描述学习目标。教学重点一般一课一点，过多则不易突破，加大教学负担。

(2) 自主学习内容、合作探究内容、当堂检测内容是否合理？

这三点，老师们都没有什么争执和分歧，一致通过。

2. 预计问题

预估上课过程中可能出现的问题，一一列举出来，还估算每一教学环节的时间，细化了教学流程。接着思考学生学这一课可能会出现的状况及会遇到的问题，这是一种全新的尝试，我们真正开始换位思考，尝试站在学生的角度来思考这一问题。老师们比较兴奋，进行了各种猜想和假设。

(1) 当学生回答不出某个问题该怎么办？

司剑老师认为：学生回答不出来问题，就换一个学生回答。

邓荣老师认为：不能打击学生的积极性，教师可以引导学生回答。

(2) 采用哪些方法对学生进行鼓励？

聂吉凤老师认为：实行小组加分

锁燕老师认为：掌声鼓励学生。

高普红老师认为：拍拍学生肩膀，因为物理距离的接近，可以拉近学生心理距离。

彭泽刚老师认为：可以给学生一个大拇指微笑鼓励。

(3) 如何让学生有效记忆本课的知识点？

訾成俊老师认为：让学生当堂背诵。

高普红老师认为：把课程内容变成顺口溜，方便学生记忆。

李文梅老师认为：归纳出本课核心知识点，学生及时记忆。

各位教师结合自己的教学经验，各抒已见，提出一系列问题及解决办法。宋老师综合各位教师的意见，修改了导学案和 PPT，让教学流程和导学案达到一致，在学科组办公室的白板上进行了验证，全组完成了第一次集体备课。

3. 课堂展示

宋德先老师按照修改过的导学案进行上课，效果显著，目标都落实到位，学生参与面较广，课堂气氛比较活跃，时间把握较好，教学环节设计科学合理，教学流程清晰，知识讲解到位，重、难点突出，当堂检测效果较好。

全组教师都全神贯注的听课，认真记录着课堂每一个细节，从导入到目标呈现，从自主学习到合作探究，再到当堂检测和课堂小结。

4. 点评总结

课堂是一门遗憾的艺术，永远没有“完美”的课堂。我们全组教师积极参加，发挥集体智慧,才有了这样一节精彩的课堂展示。各位老师积极思考以后自己的课堂应该如何改进?如何提高课堂效率,进行有效教学。"当局者迷,旁观者清"通过对比,发现平时自己无法发现的问题,思考了改进的办法。

(四) 由教研引发的思考

子曰:"三人行,必有我师焉,择其善者而从之,其不善者而改之。"每位教师都对本次活动进行了深刻的反思。在活动中对比自己的教学,如教学方法、教学流程、激励措施等,哪怕是一个知识点的处理方式,通过对比反思,老师们都学习到其他老师的有效经验,也发现了自己很多的不足。思考自己在今后的教学工作中怎样才能有效提高教学效果,并制订出一系列做法。通过这样一种全新的尝试,历史组每个教师都真实参与到教研活动中来,彻底改变了之前马虎了事的无效教研、任务教研的状况,活动成效显著。对教师积极参与教研活动提高有效教研这一主题也有如下思考:

(1) 在思想上,各位教师都变被动为主动,积极参与本次活动,献计献策,充分发挥了各位教师的主观能动性。改变了传统教研下的"单兵作战"状况,全组形成一种合力,充分发挥了团队精神。

(2) 打破了传统的"教会徒弟,饿死师傅"的束缚,各位教师毫无保留把自己教学的经验无条件共享,为活动的有效开展,提供了有利条件。

(3) 通过这次活动,历史组的老师实实在在进行了一次有效的集体教研,全组教师全程参与,人人主动,团结起来力量大。各自在活动中都有所受益,这是一次有效教研的积极探索,对以后历史组教研活动的开展有重要意义。每位教师在本次活动中都进行了深入的思考,对以后的教学工作开展将大有裨益。

(4) 通过本次活动,历史学科组也摸索出一套教师主动参与,提高教研效果的活动模式,将有利于以后学科组主题教研活动的有效开展。历史组教师打破了之前的"门户之见",开诚布公的真诚交流,达到一种资源共享,从而也提高了全组教师的授课水平。

二、数学学科研修案例

数学教学中"数形结合"数学思想的学习与运用之"平行四边形专题复习"的主题教研活动*

(一) 活动背景

凤凰中学自 2011 年开始实施"课改",在全体师生的努力下,有效地提升了学校的教育教学质量。但是在总体提升的过程中,我们仍然存在很多的不足,例如,班级与班级之

* 案例撰稿:王雪淞

间的差异性越来越明显，两极分化的问题仍然很严重，部分老师仍然还有一些倦怠的情绪。为此，我们开展了多种多样的主题教研，意图在帮助老师们提升，也引导更多的学生能够发现数学学习的乐趣，增强他们学习数学的兴趣，提高他们的数学成绩。

平行四边形是初中数学里面的一个重要章节，这章既是对之前学习过的几何知识的一个延续和提升，也为进一步学习几何题的证明起到了一个非常重要的过渡，还为进入高中，学习立体几何埋下了很重要的伏笔，做好了相应的一些铺垫。所以我们以“平行四边形专题复习”为主题，进行了一次教研活动，紧紧抓住学生对直观图形的认识和喜爱，再围绕着四边形一些特有的边角关系，借助图形以及合理的总结归纳，引领学生加强对本章知识点的一个梳理和理解应用。

(二) 活动方案

1. 活动目标

(1) 回顾本单元知识，领会四边形以及特殊四边形的概念、性质、判定，以及三角形中位线定理，发展合情推理能力。

(2) 通过四边形基本性质和常见判定方法的复习交流过程，使学生学会“合乎逻辑地思考”，建立知识体系，获得一定的技能基础。

2. 活动准备

(1) 教师准备：投影仪，制作投影片。

(2) 学生准备：写一份单元小结。

3. 活动主题

本次活动研究的是“数学教学中‘数形结合’这一重要数学思想的学习与运用”的主题教研，首先全组教师进行一次集体备课，修改导学案，完善 PPT。然后再进行问题预设，完善活动细节。

4. 活动内容

因为本节课是复习提升课，所以主题定为“平行四边形的性质与判断及其运用”。

5. 任务分析

本次活动关键是老师和学生同时参与，对学习数学几何部分的知识找到合理、科学的方法去突破提升，所以需要老师们群策群力，有统一的整体意识和大局观，对教学内容的设计既有一定基础性，又不乏适当的拓展提升。

6. 组织分工

(1) 导学案编制：王雪淞老师。

(2) 主持人：李朝丽老师。

(3) 参与者：数学组教师。

(4) 时间：星期三下午第一节课和第二节课。

(5) 地点：193 班和数学组教研办公室。

7. 流程设计

第一周的教研活动在组内进行课题选定和集体备课。第二周教研活动时，先到 193 班听一节公开课，再到教研组进行评课总结和反思。

8. 结果预设

(1) 教师方面：通过这次教研，我们应该能够找到教师对集体教研的具体做法和影响，从而探寻出一些有效教研的方式方法。参与教师都能从活动中有所收获。

(2) 学生方面：大部分学生能熟练地掌握四边形的判定与性质，并能用这些性质和判定解决一些基础问题，个别学生下来还需要再单独指导。

(三) 活动实录

1. 平行四边形复习课实录

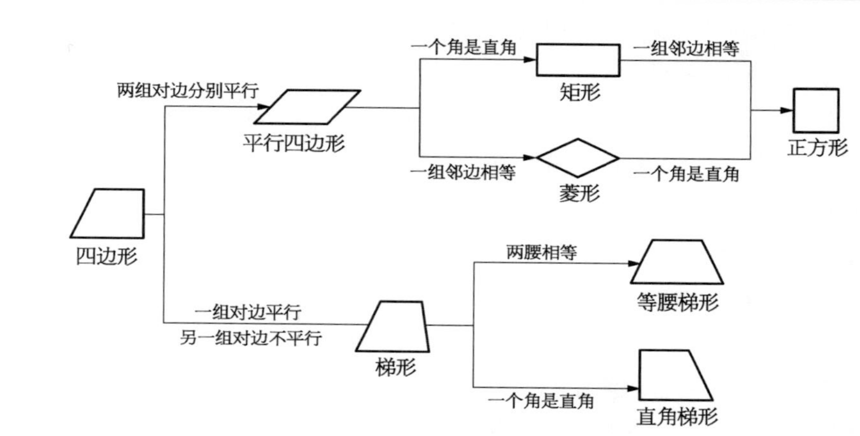

平行四边形复习课堂实录

一、回顾交流，系统跃进

教师活动：操作投影仪，指导学生以知识结构为主线，系统复习。

学生活动：首先参与教师的回顾，然后分成四人小组进行交流，最后进行小组汇报，弄清本单元的知识体系。

二、分类学习，优化思维

1. 重难点精析

名称	定 义	性 质	判 定	面 积
平行四边形	两组对边分别平行的四边形叫做平行四边形	对边平行；对边相等；对角相等；邻角互补；对角线互相平分；是中心对称图形	定义；两组对边分别相等的四边形；一组对边平行且相等的四边形；两组对角分别相等的四边形；对角线互相平分的四边形	$S=ah$ (a 为一边长，h 为这条边上的高)

（续表）

名称	定 义	性 质	判 定	面 积
矩形	有一个角是直角的平行四边形叫做矩形	除具有平行四边形的性质外，还有：四个角都是直角；对角线相等；既是中心对称图形又是轴对称图形	有三个角是直角的四边形是矩形；对角线相等的平行四边形是矩形；定义	$S=ab$ (a 为一边长，b 为另一边长)
菱形	有一组邻边相等的平行四边形叫做菱形	除具有平行四边形的性质外，还有：四条边相等；对角线互相垂直，且每一条对角线平分一组对角；既是中心对称图形又是轴对称图形	四条边相等的四边形是菱形；对角线垂直的平行四边形是菱形；定义	$S=ah$ (a 为一边长，h 为这条边上的高)；$S=\frac{1}{2}bc$ (b、c 为两条对角线的长)
正方形	有一组邻边相等且有一个角是直角的平行四边形叫做正方形	具有平行四边形、矩形、菱形的性质：四个角是直角，四条边相等；对角线相等，互相垂直平分，每一条对角线平分一组对角；既是中心对称图形又是轴对称图形	有一组邻边相等的矩形是正方形；有一个角是直角的菱形是正方形；定义	$S=a^2$ (a 为边长)；$S=\frac{1}{2}b^2$ (b 为对角线长)

2. 拓展

(1) 一组对边平行而另一组对边不平行的四边形叫梯形，一腰垂直于底的梯形叫做直角梯形；两腰相等的梯形叫做等腰梯形。

(2) 等腰梯形的性质。

(3) 角形中位线定理：三角形中位线平行于第三边，并且等于它的一半。

(4) 在研究梯形的问题时，经常通过辅助线把它转化为三角形或平行四边形的问题。

3. 课堂演练

(1) 教师活动：投影显示“演练题”，巡视、引导，激发学生的求知欲，关注“学困生”；请部分学生上台演示。

(2) 学生活动：先独立完成演练题，再踊跃上台演示与同伴交流，归纳，小结有关知识点。

三、随堂练习，巩固深化

四、布置作业，专题突破

2. 全组老师集体讨论

(1) 教学内容是否合理。

刘平海老师：本节课属于初中几何的一个重点部分，知识点归纳做得比较好，题目设置的难易程度，对中等及中等以上的学生比较合理。

蒋俊老师：这节复习课的内容，可以考虑适当地在针对性方面再加强一下，前面的基础归纳部分着重在B层学生加强，而后面的练习讲解过程则可以针对A层重点说明，并且建议考虑选择一两个过渡性的题，然后把这个复习课内容调整为两个课时。

张敏老师：本节课的知识A层学生应该能够处理得了，但对于B层学生难度较大，可根据学生实际情况，把后面练习题型适当的做一下调整。

李发仙老师：对B层学生只适用于前面归纳总结部分，而且还需要老师们的引导和建议，习题需重新设计并把习题部分单独留到下一节课去处理。

桂云老师：我认为这个部分的内容，让学生归纳的过程中可以考虑加以图形来帮助。

王雪淞老师：这个部分的知识，建议利用图形加以辅助归纳，并且还可以抓住核心的要素，四边形的边、角、线，从这三个要素去入手，这样在复习整理过程中，思路会更顺畅、更清晰，整理得出四边形的性质和判定的过程，也会更加的流畅和完整。

……

(2) 学习目标及重、难点是否合理？

老师们认为这一节内容可以对中等及以上学生注重提升拓展，对中等偏下学生则要注重基础的归纳和整理。

3. 对预计问题交流

因为本节课涉及的知识点和内容较多，很多地方需要注重细节，所以一节课要完成这些教学内容和任务，针对最好的班级，也仅仅只是能处理完，对于其他层次的班级，则需要花上更多的时间。老师们建议A层班级用两节课完成，而B层班级则需要分类、分批指导，同时降低问题难度。

预期效果：通过本节内容的学习，让学生能更好地应用数形结合的数学思想，更准确地掌握好性质与判定，并能合理利用数学方法解决实际问题。

(四) 本次活动反思

通过本次活动，数学学科组找到了一些不足之处，同时也摸索出一些教师主动参与，提高教研效果的方法和模式，这样的活动将有利于以后学科组主题教研活动的有效开展。数学组教师开诚布公的真诚交流，打破了之前的"闭门造车""各自为战"，做到资源共享、思想统一，从而提高了全组教师的授课水平。

三、语文学科研修案例

小说中人物形象的刻画之《孔乙己》人物形象分析主题教研*

(一) 活动背景

小说被认为是一个民族的秘史，这是一个民族的精神史、心灵史和文化史，同时，小说又是跨民族、跨时代的，是世界精神文化的根基。小说是由语言文字营造出的一

* 案例撰稿：田维波

个神奇世界,描绘出人类心灵世界最幽微、最奇妙的景象,这对培养孩子的想象力(包括文字想象力)和感悟力(包括语感)以及创造力都有着不可替代的作用。然而,在平时的教学中,教师在进行人物形象分析时,往往加入了自己的个人偏见,甚至脱离了小说本身具有的时代性。没有准确的把握小说中人物、情节和环境三者之间的联系。导致在教学中对文本的主题出现一些片面的肤浅的理解。因此,对小说教学进行研究就显得异常重要。

我们在教学中,为了充分调动全组教师的积极性,让每位教师都能积极投入教研,充分展示自己的特长,以"教研兴校,教研强师"为宗旨,以真实教研、高效教研为抓手。努力实现"扎实、高效"的教研、教学效果。本着以教师的教育教学实践活动为载体,努力创设教师间互相关爱,互相帮助、互相切磋、互相交流的和谐文化氛围。

(二) 活动方案

1. 活动准备

(1) 备课组组长安排活动主讲人。

(2) 提前告知组员教研主题。

(3) 主题教研主讲人研究并撰写教研成果、制作 PPT。

(4) 组员准备发言稿。

2. 活动设计

本次主题教研活动,由活动主讲人在办公室讲解自己撰写的教研成果。并通过 PPT 展示。主持人展示完毕后,组员针对主持人的讲解,发表自己的看法。

3. 确定主题

语文教学中有许多难点需要突破,全组教师一致认为,在教学中小说阅读是难点,人物形象分析又是难中之难。因此,本次教研活动,我们就选取《孔乙己》一文中的人物形象进行分析。

4. 任务分析

这次活动,虽然有主讲人,但是每位教师都必须认真研究,做好发言准备。积极参与讨论,把自己的研究成果毫无保留的奉献出来。

5. 组织分工

(1) 主持人:李璟。

(2) 主讲人:田维波(负责对《孔乙己》进行总体分析)。

(3) 参与者:语文组教师。

(4) 时间:第十二周星期三下午一、二节课。

(5) 地点:语文学科组办公室。

6. 活动流程

(1) 主持人做动员讲话。

(2) 第一节课由主讲人田老师通过 PPT 展示自己的研究成果。

(3) 第二节课全组教师针对田老师的研究成果,展开讨论。

(4) 最后形成校级研究成果。

(三) 活动实录

1.《孔乙己》人物形象分析的 PPT 展示

《孔乙己》人物形象分析(PPT 大纲简述)

(1) 孔乙己简述(年代、身份、社会地位)

(2) 孔乙己是一个本性善良的人。比如他到酒店喝酒从不拖欠酒钱;没事的时候,诚恳地教小伙计写字;邻居家孩子围住他时,他不是把他们赶走,而是给孩子们分茴香豆吃。这些都表现了孔乙己本性善良、性情温和的一面。

(3) 孔乙己思想里有读书人的追求与理想。他渴望得到科举的功名,渴望进学,渴望成为秀才,成为举人,过上有权有势的生活。虽然没有实现,但是他却把读书人的身份看得很重,这个身份成了他痴心固守的精神支柱,成为他寻求自我安慰的精神幻想。

(4) 孔乙己也染上了知识分子的坏习惯。比如他鄙视劳动,他身材高大,说明了他有干活的能力,但他却固守着"万般皆下品,惟有读书高"的封建思想,不像"短衣帮"一样去干活养活自己,甚至自己乱蓬蓬的胡子不知整理,穿的长衫也不补不洗;他还好喝酒,当他有九文大钱的时候,他会排出钱,要酒要菜,而当他在被打折了腿并且仅有四文钱的这种情况下,他都会用手走着来酒店,从兜里摸出这四文钱,要一碗酒喝。

(5) 作为知识分子,他却思想迂腐,对别人说的话,甚至随口说的都是"之乎者也"之类的话,此外他还沉浸在"回"字的四种写法这种僵化的知识里。更为严重的是,孔乙己的这些坏习惯和他长期为应试科举而埋头苦读的生活使他没有了营生的能力,为了满足自己的口腹之欲,他不得不偶尔做些偷窃的事,所以他的皱纹间时常夹些伤痕,偷了何家的书被吊打,最终他因偷了丁举人家的东西被打折了腿。

(6) 总结:孔乙己虽本心善良,但他不面对现实、鄙视劳动、思想迂腐、总是活在自己的幻想中,这些都注定了他是一个悲剧性人物。

2. 讨论记录

(1) 李璟老师分析"小伙计"在文中的作用。

鲁迅先生的作品,里面时时有着不同的看客,《孔乙己》里的"我"也算是另一种不同的看客吧!通过小说中小伙计的观察我们了解了咸亨酒店的布局,小伙计求职时的人情世故,短衣帮与长衣帮的贫富差距。从他眼中我们知道了孔乙己是站着喝酒又是唯一穿长衫的人。由此交代出"他身材很高大;青白脸色,皱纹间时常夹些伤痕;一部乱蓬蓬的花白的胡子。穿的虽然是长衫,可是又脏又破,似乎十多年没有补,也没有洗。他对人说话,总是满口之乎者也,教人半懂不懂的"等孔乙己的外貌,衣着,爱好以及言行的特点,在此基础上,进一步写出周围的人群对孔乙己的态度。"我"还通过自己的回忆,串联起人们对孔乙己的几次讨论及孔乙己的几次不同的出场。通过小伙计的眼睛,更加近距离的认识孔乙己。

(2) 洪昌惠老师关于“短衣帮”形象分析。

短衣帮和掌柜,他们本是社会的底层,也算是社会中的不幸的一类人,然而这些不幸的人遇到同样不幸的孔乙己却暴露出人性的丑陋(而小伙计也算是其中的一个嘲笑孔乙己的不幸者)。他们以挖苦孔乙己为乐,然后“陶醉”在这“快乐的空气”里。在孔乙己被丁举人打残后,他们只有幸灾乐祸,或许还有一种强烈的渴望,那就是和丁举人“同仇敌忾”,以殴打孔乙己来巴结上层。甚至当孔乙己拖着残腿用手“走”到酒店时,他们脸上依旧是笑容。这种麻木与冷漠让人心寒,也引发读者深思。

(3) 高顺娥老师关于“丁举人”形象分析。

丁举人和孔乙已是相辅相成的,同样具有一定的审美价值,他大大丰富了《孔乙己》的艺术感染力,也极大地丰富了中国现代文学的宝库,为中国现代文学的艺术人物长廊里树立起了一个典型的艺术形象,因此,丁举人同样值得我们仔细揣摩,认真解读。

(4) 共同讨论“孔乙己”人物的社会悲剧性。

当时的社会环境、科举制度、人的麻木和冷漠,以及孔乙己自身的原因等,多方面讨论。对于人物形象的分析,应该多研究原著的思想精髓,同时对于作品中的人物给予更多的人文关怀。

(四) 活动反思

本次教研活动,在老师们的精心准备下,大家畅所欲言,丰富了认识,但也显示了一些不足。

课程研修的形式,可以让老师们积极发言,取长补短,更多听到和学习其他老师的观点,是一种很好的学习模式。而在语文的教学中,老师的文学素养和人文思想的维度直接影响着学生的认识。所以全体语文教研组老师都需要不断学习,丰富和完善自己,提高我们自己的文化认知高度。

四、英语学科研修案例

提高英语学科中考解题规范及技巧之
“2018 年云南英语学科中考题型答题技巧”主题教研活动*

(一) 活动背景

本学期是初三英语教学进入紧张学习的关键时期。如何通过这段时间的学习,做到事半功倍,是摆在我们全体初三学生和教师面前紧张而艰巨的任务,也是值得我们研究和讨论的问题。初中英语三年共六本书,语言知识复杂全面,内容较多,我们应遵循

* 案例撰稿:李立林

课程标准,以课标为本的原则,着重把握中考要求及考试范围,对中考说明进行反复研究、推敲。这些都导致口语教学难以开展。加之很多学生不能明确学习应用英语的语境,没有真正作到应用英文的学习交流,大多数同学没有养成良好的学习习惯,学习没有计划性和策略性,不善于发现和总结语言规律及答题规律,在实战练习训练中常常出错以至丢分。

随着课程改革的不断发展,新课标的出台,针对 2018 年中考,培养学生应对中考的解题技巧和能力,成为此次英语主题教研活动的重要目的,也为英语教师提供中考英语课堂教学思路方案。

(二) 活动方案

1. 活动目标

(1) 对 2018 年以前的中考题型及答题技巧进行归纳。

(2) 研究分析 2018 中考命题的各种题型的答题策略及技巧。

(3) 提高学生在应试中答题的正确率。

(4) 全体英语教师共同参与、讨论教师在教育教学中所遇的问题,提高英语组团队合作的凝聚力。

2. 活动准备

(1) 提前一周让学生以“2017 年云南中考试题”为模式练习。

(2) 英语组教师提前进行理论学习《英语课程标准》和《中考说明》,查找相关资料,并在活动中参与讨论并发言。

(3) 初三教师阅卷后针对学生答题情况进行发言。

3. 任务分析

此次活动的目的是针对中考题型及答题技巧进行学习,各位老师展示自己教学中是怎样给学生展示和讲解的,进行资源共享、相互学习,并对中考题型进行集中性研究。

4. 组织分工

本次主题教研活动组织任务如下:

(1) 主持人:李立林老师。

(2) 中心发言人:实验中学陈红老师。

(3) 参加成员:凤凰中学英语组全体成员。

(4) 活动时间:2018 年 5 月 16 日。

(5) 活动地点:英语组办公室。

5. 活动流程

(1) 由李立林老师主持发言:欢迎实验中学陈红老师的到来。

(2) 陈红老师发言:在教学中怎样进行中考题型解题技巧点拨。

(3) 英语组教师对自己在教学中所遇到的问题进行发言,并对中考答题技巧进行展示，本组教师实行资源共享。

(三) 活动实录

1. 主持人发言

2. 理论学习

全体英语教师学习《英语课程标准》和《中考说明》，对2017云南中考试题进行题型研究与学习。

3. 目标分析

适应2018中考命题的各种题型的答题策略；提高学生的答题正确率，沉着应对中考。

4. 解题技巧点拨分析

(1) 完形填空解题技巧：根据《云南近年中考指导说明》，弄清对完形填空题的考查要求是什么。云南省卷针对完形填空的设空考点主要有名词、形容词、动词、代词、介词、连词、动词短语，考查形式主要为词义辨析，还有固定搭配及用法。

(2) 阅读理解解题技巧：云南卷对阅读理解的考查角度包括细节理解、推理判断、主旨大意，其中细节理解每年会考查4～5道。教会学生全篇连读和跳跃读，结合掌握的意思，看选项，看有没有关键词，把选项放在文中再连读。

阅读理解解题思路四部曲：一、先读问题，弄清考查要点；二、快速浏览全文，掌握全貌；三、细读原文，捕捉相关信息词：抓住四个“W”和一个“H”；抓住连接词和起关键作用的副词、代词、介词、插入语等；注意领会文章的寓意；根据题意，初选答案。四、重读原文，仔细斟酌核对答案。

(3) 七选五做题技巧：先看选项；再看空前空后；注意代词或定冠词；注意一些特殊疑问词；注意一些连词。

(4) 书面表达解题方法与技巧：首先要学会审题，认真审题，明确题目要求后才能确定文章主题、体裁、人称和时态等。然后注意以下几点：

第一，谋篇布局。在草稿纸上罗列要点及所拓展内容并列出提纲，布置好文章结构和段落。罗列过程中不仅要注意时态，人称及短语句型等的正确使用，更要注意拓展内容的准确性。

第二，片段描写。按照规划好的文章结构和罗列的要点组织语言，完成文章，写作过程中要注意书写工整，语言表达流畅连贯，尽量用熟悉的、最有把握的词汇和基本句型，如果遇到不会的词汇，可以找同类词或短语替换。同时要符合地道的英语表达习惯，避免汉式英语，并注意词形和时态语态的变化。

第三，语句提升。巧用连词，使文章行文更加流畅，逻辑更加清晰。

第四，细心检查。在写好短文后，从题目要求上要对全文进行检查和修改。要注意字数是否符合要求，内容要点是否全面，语言表达上是否有错误，大到主谓一致、时态呼应、习惯用法，小到单词拼写、大小写及标点符号，都要细心检查。

5. 全体教师进行讨论与学习

(1) 周世群老师：阅读理解由于都没有生词，大部分同学能读懂意思，所以50%以上的同学都能得到及格分；七选五和书面表达得分相对较低，七选五，主要是不会在语境中进行上下文衔接，所以选上去的答案与短文脱节。

(2) 雷杨老师：同学们不会灵活地进行现在完成时和过去时的转换运用，要么通篇都是过去时态，要么通篇都是现在完成时态。另一方面习惯用汉语思维，但不会用英语翻译出来，导致写出来的句子大部分是汉语式英语，不符合英文表达，所以这部分整体得分率比较低。

(3) 戴唐艳老师：听力部分和选择题的做题有一定的随机性，学生问题不明显，但在后面的写作部分上就体现出大部分学生根本就没有记单词和短语，导致写作时词汇丢分严重；还有部分学生认真复习了，单词也记了，但在词性方面审题不够细心，比如忽略名词单复数，动词的第三人称单数等，整体来说，学生考得不是太理想；词汇题得满分的不多，大多数是零分，表现在单词记忆的不牢固、不稳定，不是添字母，就是减字母，大小写也不分，还是背得不熟，又不会灵活运用的问题。

(4) 杨建萍老师：建议从以下几个方面加强教学。要求学生坚持记单词，这是学习英语及答题的基础；每天听写课文中的单词；对困难生进行专门辅导，布置单独的作业；引导学生掌握正确的学习方法，提高学习效率；每天进行20分钟的听力训练。

6. 总结

本次英语组的主题教研活动"2018云南中考题型解题技巧点拨"圆满结束，通过此次活动让我们再一次学习了《英语课程标准》和《中考说明》，展示出在教学中对中考答题方面的教学与应对措施，达到教师之间的资源共享，充分体现了英语组教师认真学习、努力合作的团队精神。

(四) 反思

此次主题教研活动，为我们初三的复习教学的最后冲刺指明了方向，带来了宝贵的经验，希望通过这次活动对我们英语教师有所帮助并且能运用到教学中去，满怀信心地迎接新一年的中考。此次活动还增进了教师之间的友谊，使本组的教育教学更具有凝聚力，大家团结一心、资源共享，增加了教师的教学信心。这样有益于教师提高与发展的活动应该经常开展，老师们积极参与到其中去，能更好地做好英语教学工作。作为一名教育工作者，我们有信心通过艰苦努力，能够成为更加优秀的英语教师。

五、生物学科研修案例

提高生物学科教学效率的策略之
“七年级上册生物期末复习策略”教研活动*

(一) 活动背景

随着新课程改革的不断深入,新课程教学理念所呈现出的科学性、先进性以及学习理念、学习方式等的不断变化,促使广大教师必须打破传统教学的围栏,努力去实践新理念,探索出适合学生、被学生喜欢的教学方式,让课堂教学绽放出新的光芒,让学生做到想学、会学、善学。复习也是教学中的一个环节,教师要根据学生制定合理的复习策略,为学生创造一个可以自主参与、充分展示的空间,使学生牢固掌握重点学科知识,构建完善的生物学学科知识框架。

七年级生物学与学生的生活联系比较紧密,大多数学生比较感兴趣,课堂气氛比较活跃。但七年级生物学知识点、术语和生物实验技能较多,学生容易混淆和忘记。而且每周只开设两节生物课,课时少,任务重,再除去节假日、阶段性强化训练、试卷讲评等耽搁的一些课时,这样真正有效的教学时间就更少了。

根据初中阶段的第一次生物学检测——期中检测的成绩分析,全校共有 801 位学生参加考试,平均分 50.66 分,及格人数 177 人,及格率 22.0%,可以看出,平均分和及格率都不理想。通过以上分析,为了增强学生学习生物学的信心,我们必须制定一个有效的期末复习策略,于是组织了本次提高教学效率的教研活动。

(二) 活动方案

1. 活动目标

(1) 使教师在复习过程中有据可依,有“法”可循。

(2) 让教师更进一步认识复习的重要性。

(3) 通过各位教师分享复习方法,扬长避短,形成适于自己的复习方法。

2. 活动准备

(1) 认真分析我校七年级学生情况和期中检测试卷及学生答题情况。

(2) 生物组各教师准备自己平时复习的方法,并在活动时交流讨论。

3. 活动设计

本次主题教研活动研讨的是“如何进行七年级生物期末复习”。首先,全组教师分章节理出复习的思路及策略、制作 PPT、写出初稿,进行一次研讨和修改。接着,由郑荣娥

* 案例撰稿:郑荣娥

老师进行展示,最后,对本次活动进行总结和反思。

4. 确定主题

生物组全体确定一个主题,全体教师分工、讨论,然后由一位老师进行展示,检验研讨成效。

5. 组织分工

为了更好地进行本次活动,组长对任务进行了安排:

(1) 文稿及 PPT 制作和展示:郑荣娥。

(2) 主持人:郑荣娥。

(3) 参与人:生物组全体教师。

(4) 时间:星期三上午 8:30～10:00。

(5) 地点:生物学科教研办公室。

6. 流程设计

第一周在生物学科教研办公室进行讨论确定主题及研讨方向,第二周展示、总结和反思。

7. 结果预设

通过这次主题教研,我们应该能找到一个在有限的课时里,行之有效的复习方法和策略,提高学生的主动学习能力及学习效率。

(三) 活动实录

1. 讨论分析生物成绩不好的原因

郑荣娥:七年级上册的教学基本完成,大家也看到,期中检测,共有 801 位学生参加考试,平均分 50.66 分,及格人数 177 人,及格率 22.0%,平均分和及格率都很不理想。我们一起分析,找出原因。

王萍:课时太少,无法进行相应的训练。

孙永芳:学生不重视。

管秀英:学生积极性不高,学习习惯不好。

临近期末了,为增强学生对以后学习生物学信心,我们必须针对以上原因制定一个有效的期末复习策略。

全组教师:赞同。

2. 讨论、收集、整理复习内容

孙永芳:应该以教材为依据,加强基础知识的夯实。

孟文波:利用思维导图把零散的知识点形成一个整体,使学生对知识有整体认识。

崔刚权:找一些典型的题,进行强化训练。

其他教师:一致认同。

郑荣娥:根据刚才讨论的情况,收集整理并制定了一个针对七年级学生的期末复习策略。

3. 成果展示

通过前面的讨论分析,我们总结梳理出:

(1) 基础知识的复习策略:针对基础知识方面,我们编制、完善了“凤凰中学七年级期末复习资料”,供教师和学生使用。

(2) 知识点整体性的复习策略:根据基础知识复习策略绘制思维导图,边绘制边讲解。

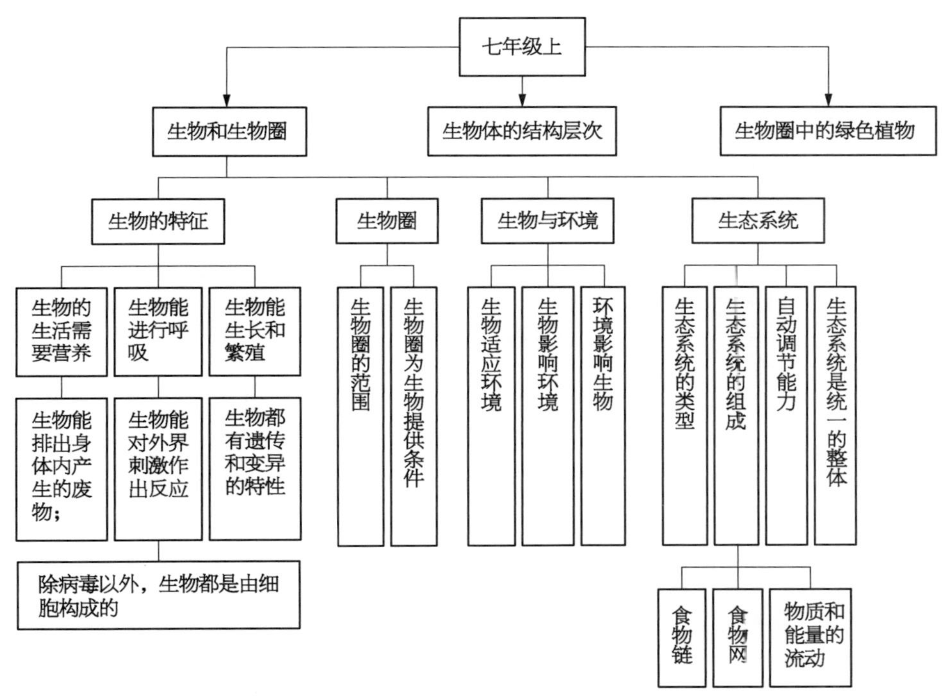

第一单元复习思维导图

思维导图只给出了第一单元的示范,后面的单元、章节学生自主在课后绘制,上课请学生上台展示并讲解。(其他教师一致认同这种方法)

(3) 巩固训练的复习策略:首先准备典型例题,展示于白板,留时间给学生思考,之后请学生展示,老师再补充归纳。然后,用近两年的期末试卷进行整体系统的知识复习,让学生认识本册书考查的要点。通过讲评试卷还可以提高学生读题审题的能力、掌握答题技巧。最后,注意强调答题时的书写及注意事项。

(4) 总结:我们从基础知识、知识的整体性和训练巩固三方面出发,找到了相应的复习策略。

(四) 活动成效分析

(1) 全组教师互研互讨,集思广进,找出相应的复习策略提高学生的学习效率。

(2) 以教材为依据,并以灵活应用知识为主,培养学生的思考能力。

(3) 提高学生能力为重点,加强识记环节的安排与督促,主要采用了列出复习提纲,让学生利用复习提纲进行复习,课后识记,最终扎实掌握生物学基础知识和基本原理。

(五) 主题教研活动的反思

(1) 我们所传授的知识大多数是不需要我们去研究它的正确性的,但我们要研究获得这些知识的方法,并传授给学生,培养学生的研究性,做到"授人以鱼,不如授人以渔",这就是我们常说的要教给学生学习方法,使他们做到举一反三。而主题教研就像医生的会诊一样,取长补短,改进我们的教学方法,迅速提高自己的教学水平,提高教学效率,促进学生的学习效率。

(2) 通过主题教研活动增强了我组教师的合作意识。这种教研活动能够使组内的每个老师都被分配到一些任务。由于最后的成果是以教研组为单位进行展示,所以每个教师的任务就都显得极为重要,增强了老师们的责任感,更推动着每一位老师去完美地完成任务。这个过程为我们创设了一个平等、和谐的研讨情境。以教材为载体的集体讨论不仅仅是专业的切磋,更重要的是在合作中互相理解、互相欣赏,体悟一种集体劳动后的幸福和愉快。通过这次活动,我们的教研组也变得更加的和谐有默契,有利于更好地完成我们的工作。在以后的工作中,将继续这种活动方式。

(3) 通过本次主题教研,全体教师毫无保留地将自己的教学经验、方法分享给大家,从而制定出七年级上册期末复习策略,在有限的时间里,帮助学生养成良好的复习习惯、掌握有效的复习方法,增强学习信心、提高学习效率。

第三节　课 程 故 事

一、兴趣是最好的老师*

"兴趣是最好的老师",这是我一贯的教学主张。孔子说过"知之者不如好之者,好之者不如乐之者。"在我的学习生活中,我一直努力实践着这一教育理念,这一理念对我产生了无穷的动力,让我去思考、去探究、去努力学习,从而达到自我发展与提高。在我的教育生涯中,我也不断地实践着这一理念,努力成长,不断的自我完善。

我们都知道,最基本的师生关系是教育关系,也就是教育教学中的社会关系。它作为构成教育的一种基本条件和重要的教学变量,对教育、教学活动能否顺利进行及教学效果的优劣产生重要影响。师生关系融洽往往有利于学生知识的获得和接受,这也就是"亲其

* 作者:高普红

师，信其道！”否则，师生关系因矛盾导致学生对教师的反感而影响知识的获得和接受。和谐良好的师生关系应当是尊师爱生、教学相长的关系，应当是一种民主、平等、互尊、互爱的亲密的关系。

十多年的教育生涯，让我明白一个道理，教师要形成自己独特的人格魅力，才能让学生真正信服，并“爱屋及乌”。所以，为了实现这一目标，我不断学习，不断地进行自我完善。兴趣是人们活动强有力的动机，它能调动起人的生命力，使大家热衷于自己的事业而乐此不疲。人对自然产生兴趣，就能引发出对周围事物的体验，对问题的思索；人对生活产生兴趣，就能引发因好奇而实践，因验证而发现。古往今来，许多成就辉煌的成功人士，他们的事业往往萌生于青少年时代的兴趣中，沿着开拓兴趣的道路走下去，找到了自己事业成功的路径。我们有必要对学生进行榜样示范教育，帮助学生找到自己的兴趣爱好。

我平常喜欢做一点研究工作，也曾有一个目标就是能出一本自己的书，故而天天坚持写日记，笔耕不辍。天道酬勤，这是一句亘古不变的真理。从 2012 年的“归纳与测评”开始，我迈出了前进的第一步。2014 年我和出版社签订了一个合同，出版《中考档案》一书。“世上无难事，只怕有心人。”我用了半年时间，基本上是利用晚上和周末进行写作。当然，这个过程中，我也遇到了很多困难，但我没有放弃，我喜欢这键盘上敲敲打打的感觉。于我而言，这声音简直就是一个美妙的乐章，我沉醉于此。到了暑假，我一个人关在家里进行编写，几十万字的工作，乐此不疲。拿到成书那一刻，我体验到一种前所未有的成功的喜悦。我越来越喜欢我的研究工作，几年时间，先后出版了《火线 100 天》《名校课堂》《3 年中考 2 年模拟》。我慢慢地成长，取得了各种各样的荣誉，这一切的成就皆源于我对教育、研究和文字工作的热爱。

从 2011 年进入凤凰中学，我就开始围绕“课改”，思考教学方法，也对课堂进行探究、改革。我能胜任传统意义上“优秀教师”的职能，即“传道、授业、解惑”，但对于新课改下的“好老师”，我最初还是不得要领，只能慢慢进行着摸索。记得 2013 年，到山东杜郎口中学学习，一进大门就看到了一句很有道理的话“教师的优秀是通过学生的卓越来体现。”一周的体验，颠覆了根深蒂固的传统理念。原来，教师还可以这样放手，原来学生的表现能如此优秀，我被深深地震撼了！

我自己以身作则、身体力行的人格魅力感染了学生，学生们都很喜欢我和我的历史课。我开始进行初步尝试，进行“改革”。我“走进”学生，和学生也进行了一些沟通，了解他们最喜欢的课堂模式，我开始学会“放手”，努力把课堂还给学生。开始时，学生动了，课堂乱了，但学习质量总是不高，我百思不得其解。后来研读了各种理论著作，再经过亲身实践，摸索出一套“读读问问、议议练练、背背写写”的模式，情况有所改变。我努力把课堂还给学生，进行了大胆的课堂教学改革。在上“三大宗教”时，我把学生分成四个小组，一组主持，二到四组分别负责讲述一个宗教。同学们很兴奋，但又怕自己做不好，我鼓励他们勇敢一点。于是他们开始进行准备，查阅了很多资料，也询问了我一些问题，我也给他们一些建设性意见。经过精心准备，他们不负众望，演绎了一堂精彩绝伦的历史课，结果让人叹为观止。一组同学的主持词堪称经典，妙语连珠，滔滔不绝，前后衔接自然，学生居然做到了脱稿主持，远远超出了我的预期。二组同学用《蒙娜丽莎》《最后的晚餐》引入内容，精彩纷呈的讲述了基督教及其教义，让人耳目一新。三组同学从《西游记》的情节讲到了佛教教义，深入浅出，大家深有体会。四组同学从一个穆斯林的日常讲到了伊斯兰教，最后，还分别用回文和阿文诵了一段《古兰经》。那一刻，掌声雷动，"兴趣创造了奇迹"，教学相长这朴素的真理就蕴含在这样的课堂中。"三人行，必有我师焉，择其善者而从之，其不善者而改之。"我清晰地记得，自己当时是激动万分。我因为对课改有兴趣，不断进行尝试。学生因为对新模式感兴趣而不懈努力，最终成就了经典的一幕。此后，学生对历史学科的学习兴趣越来越浓，学习由被动变为主动，教学效果显著。学生的思维能力、表达能力、组织能力等得到了很好的锻炼，历史学科素养也得到培养，中考也取得了优异的成绩。

2013 年 9 月，伴随着凤凰中学"课改"如火如荼的进程，教科室也对学校"三分"中的"分类指导"进行了初步尝试。我们也是通过兴趣激趣法，逐渐扩大尝试，形成课程体系。我们从组建兴趣小组开始，慢慢发展为特长课，特长课程超市，最后形成了"助行广场"。凤凰中学的"助行课程"理念"让课程适应每一个学生的特长发展，让课程点亮每一个学生的正行人生。"让课程就像一盏明灯，照亮学生前行，应对复杂多变的社会环境与生活，为学生未来发展基础，使学生成为一名具有担当的身正令行的快乐阳光少年。我们坚持"课程强调生活体验、课程关注潜能激发、课程着眼学生未来"。我们学校的足球特色课，一直是学校的一道亮丽的风景线。每天下午第四节，风雨无阻，师生们都坚持训练，我问孩子们"觉不觉得苦？"孩子们告诉我"不苦，因为是自己喜欢的事，自己的选择，所以再苦也不觉得累"。学生在兴趣中学习，在快乐中成长。"助行课程"成就了一大批师生，他们在各种比赛中，取得了优异的成绩。

罗素曾说过"幸福的秘诀是让你的兴趣尽量地扩大，让你对人对物的反应，尽量地倾向于友善。"人的成功需要正确的引导，那最好的老师就是兴趣，推动着人们主动地去开拓进取，促使我们满怀兴趣去发掘其中的道理！

二、润物本应细无声*

苏霍姆林斯基说过："在教育过程中，儿童越是觉察不到教师的教育意图，教育效果就越好。"

不错，语文教师就更需要这种"润物细无声"式的不露痕迹的教育方式和智慧。在教学工作中，我们经常公开教育意图或教育目的，惟恐学生不知道自己的良苦用心，殊不知这种有意图的说教不仅降低了学生的兴趣及期望值，还会引起学生的反感。因此，把教育

* 作者：解天翠

意图隐藏起来，才会收到事半功倍的效果。

作为一名语文教师，就一定要做一个有心人。在工作中要注意发现并抓住打开学生心灵之门的契机，让班级中的每一个学生在老师无微不至的关怀下，切实地感受到教师的爱，以无批评的形式让学生接受批评，不产生心理压力，不强求学生接受，而最终能产生积极的、主动的影响，起到潜移默化的作用。让学生在老师给予的爱中不断地感受到自己的努力是有效的，坚持下去并健康快乐地成长。

切记，中等生更需要赞美！在我所教的班级中，总有一部分学生，他们各方面表现都处于“中等”水平，他们按时完成作业，上课默默无闻，几乎不违反纪律，成绩也很平凡。这是一个最容易被忽视的群体，但是这个群体却是班级的中坚力量。一旦这样一个群体发生改变，将会促进整个班级发生质的改变。这个年纪的孩子，由于人生阅历和思维能力发展的局限，他们对客观事物的认识往往停留在较浅的层面，头脑中更多的是感性的、直观的、形象化的东西。针对这部分学生这样的特点，要触动孩子的心灵，首先要贴近孩子的心灵，了解他们最需要什么？有什么烦恼，帮助他们解决生活中的种种困惑。如果在教学工作中，教师多去关注他们，为他们创设多个表现自我的舞台，让他们在班级学习中感受到自己的努力是有效的，能够体现自己的价值，发挥自己的潜力，他们将发挥巨大的作用，从而促进班集体发生质的改变。

在班里小秋是个很“平凡”的中等生。他个子矮小，瘦瘦的，他上课从未主动回答过问题，平日里总是沉默寡言，从不迟到、早退，作业也按时完成，几乎不违反纪律，成绩也一般。因此，他既不会因为成绩的优秀而被赞赏，也不会因为不做作业或者违反学校纪律而受批评。我开始对小秋关注起来是因为，有一次课间我在教室为前排一位女生辅导作业时，女生后排的一位较胖的男生正在大口地吃着一个很大的苹果，女生很生气地说：“小胖你不能小声一点吃吗?”男生扯高嗓门说：“你管得着吗，这是我老爸今天给我的超级大苹果。我爸对我可好了……”让我诧异的不是这两个学生的争吵，而是旁边的小秋这时伤心地哭了起来。我走过去对他说：“小男子汉，怎么哭了，男儿有泪不亲弹的。”不说还好，我越说，他哭的越伤心了。直至上课铃声响了，下一堂课的老师都进了教室，他仍然还在哭泣，没办法我只能先离开教室。之后我单独问过小秋几次，但他都是以沉默来回答，我始终都未弄清他哭泣的原因，而且小秋的学习成绩也出现了下滑的趋势。

在一次家长会后，他的妈妈留到很晚，与我谈了很多关于小秋的情况。小秋在家里是最小的孩子，有两个姐姐，父亲是一个手艺很好的木匠，在村里很能挣钱，家里经济条件还好，对小秋特别宠爱。但在半年前因交通意外去世了。这时我才明白，那次小秋哭泣的原因。因为小胖的言谈勾起了小秋对爸爸的怀念，而这也正是他学习成绩下降的原因所在。这样的学生通常都比较敏感。见到老师有一种天生的恐惧，老师的一句不经意的话或者一个微小的动作，他都有可能会在心中回味很久。因此对这样的学生言行要特别谨慎。

面对这样的学生，作为教师不应该因为他们的“平凡”而忽略了他们的存在。所以此后我特别注意增加与小秋的对话次数。尽管很多时候小秋的回答都是十分简单，经常是用摇头或点头来回答我的问题甚至仍然沉默不语。除非是我问他一些诸如“小秋，你好像有作业没有做”或“小秋，有同学说你昨天欺负女同学了”，这样有刺激的问题，他才会很激动的分辨“没有，谁说的！”除此之外，我很难让他多说一句。

多次之后我发现，既然他不爱说话，我也不能勉强他，交流不仅仅是通过语言来进行的。上课的时候我会有意的点名提问小秋一些并不十分困难的问题，小秋答对了我会及时地号召全班同学一起表扬他；课堂上做练习，我会特地走到小秋面前给他一个肯定、鼓励的眼神；考试试卷发下来了，我会用手拍拍他的脑袋说“不错，有进步，继续加油”；课间我会有意地让小秋帮我到办公室拿粉笔、水杯、抱作业本……

渐渐的，小秋上语文课变得很专注，偶尔还会主动回答问题了。慢慢得，小秋的语文成绩进步了，我便鼓励他课后自己多去看一些课外书籍，并推荐了几本书让他去看。令我惊喜的是小秋不仅能认真去看，遇到不懂的地方还会来问我。还会跟同学分享他读到的优秀书籍。小秋对语文的兴趣越来越浓，对一个内向的人来说，这种兴趣是稳定而持久的，从那以后，上语文课小秋主动回答问题的次数越来越多，语文成绩也越来越好了。

苏霍姆林斯基说过：“不了解孩子，不了解他们的思想、兴趣、爱好、才能、禀赋、倾向就谈不上教育。”

每个学生都有自己的性格、兴趣、爱好和经历，每个学生都渴望受到教师的表扬、同伴的认可，都希望自己在各方面比别人做得好，而且不断超越自己。这就需要教师走近学生，了解关心学生，从学生的兴趣爱好中捕捉闪光点，不失时机地加以鼓励，并给以机会充分发挥他们的潜能，为他们找到不断进步的支点。成功的教育需要心灵与心灵的碰撞，感情与感情的共鸣。只有诉诸情感，从内心深处生发的情感才会有生命力。只有触动孩子的心灵，教师才会有丰盈的收获。教育的成功不是教师发令，学生受令的结果。只有学生的主体地位和主观能动作用被尊重，才能使学生的发展得到动力性的支持和坚持。

经过小秋这件事后，我深刻地体会到，在我们的语文教学活动中，教师不能简单地进行有意图的说教，而应该把教育意图隐藏起来对学生进行润物无声式的智慧教育。在教学活动中教师一定要善于抓住教育的契机，前提是要深入学生生活，细心观察；要面向全体，一视同仁，捕捉孩子身上的每一个闪光点，及时把赞美送给每一个学生，想方设法地走近学生去了解他们的性格、兴趣、爱好和生活，不再吝啬对学生的肯定、表扬和激励。因为我越来越体会到，希望得到别人的肯定是每个学生的天性。一个肯定的眼神、一个激励的动作、一句积极的评价就是鼓舞学生奋发向上的强大动力，学生建立了信心，对待各种事物的态度就会越加积极。给学生足够的时间与空间，不急于求成地去挤压孩子们敏感的心灵，以尊重为前提，双轨道去处理问题；从不同学生的兴趣和需求出发，在轻松与平和之中更好地寻求教育智慧，在春风化雨中做到智慧育人，让学生在无声春雨的滋润下茁壮成长。

三、不可遗失的课堂“错误”资源*

苏联著名教育家苏霍姆林斯基说过:“教育的技巧并不在于能预见到课堂的所有细节,而是在于根据当时的具体情况,巧妙地在学生不知不觉中做出相应的变动”。在我校“助行教育”的新课堂中,“助行课堂”教学过程中,师生之间的交流更加地频繁,不是简单地问答关系,也不是照本宣科、墨守成规、一成不变的。它是一个动态的过程,有较多的留白空间。在这个动态过程中,生生之间小组讨论时中学生本身所获得的思维启迪、师生之间的对话交流及教师突发的灵感等多方面的因素会产生新的思维碰撞,面对这些极易出现的理论与实际不符合而导致的“错误”,我们不能将它“一棍子打死”;相反地,如果教师能及时捕捉到这些稍纵即逝的“错误”资源,善于捕捉这些即时生成的课程资源,用自己的机智去整合,会成为提高课堂教学效率不可或缺的优质资源。

“错误”可能成为不可多得的机会。《数学课程标准》中指出:“在数学教学活动中,‘错误’往往是教师在教学中和学生在学习过程中,反映在各方面,出现违反教学结论或数学方法的现象。”英国心理学家贝恩布里奇说“错误人皆有之,作为教师不利用是不可原谅的。”出现错误时要淡定,不要慌张,紧紧抓住这种课堂上生成的资源,把错误变成宝贵的教学资源,想想怎么样充分的利用错误从而有效达到自己的教学目标。

在讲一元一次方程的解法时,补充了当分母中含有小数的这种一元一次方程的解法,并给出了如下例题 $\frac{1.5x}{0.6}-\frac{1.5x-x}{2}=0.5$。之后带学生一起在黑板上板演,利用分数的基本性质把分母化为整数,再根据解方程的步骤开始去分母、去括号、移项、合并同类项、系数化为 1,得到方程的解。但是尴尬的事发生了,这个结果和自己备课时解得答案不一样,怎么会这样呢?难道是自己备课时解错了?这不可能啊!哦!原来犯了一个经典错误,去分母时 0.5 忘记乘各分母的最小公倍数 12 了。灵光一闪,觉得这是一个机会,让学生来找出问题,错在哪里,并把正确的过程重新写在黑板上,总结这类问题下次遇到时要怎么处理。后来在后面听到学生说“老师‘太阴险’了,居然故意做错,让我们上当”“让我们掉陷阱”……孩子们七嘴八舌的和同桌们交流刚刚的体会,听到这些,我觉得这个“错”很值得!

在课堂中,教师一定要随时关注即时生成,把握稍纵即逝的机会,充分合理利用即时“错误”资源,使课堂因错误的生成而精彩万分,这样可以起到事半功倍、一举多得的效果,水到渠成达到目标。

19 世纪德国著名民主主义教育家第斯多惠说过,“成功教育的艺术就在于使学生对你所教的东西感兴趣”。看着孩子们激昂的热情,乘胜追击,再次给出备课时准备的另一

---

* 作者:赵春燕

个方程 $\frac{2x-1}{0.5}-\frac{x+3}{0.6}=0.5x+2$，求解。而这次“错误”再次发挥了奇效，让学生体会一题多解的思维方法。

同学们通过小组讨论之后四个小组的同学把结果展示在黑板上，共有三种不同的方法，其中第一组、第二组方法一样，另外两个小组的过程和第一组、第二组的不一样，但结果也各不相同，第三小组的结果和前边两组结果是一样，第四组的结果是另外一个。看到这里的时候，同学们小声讨论了起来，“一元一次方程的结果是唯一的，肯定有一个不对”“我的和第一组的一样”“第二种方法答案和我们的一样，但过程不一样，怕也是错的”“第三种方法肯定不对”。听到这里，第三组、第四小组的同学不干了，大声反驳道“我们的是正确，难道你们不知道真理是掌握在少数人手中吗?”其他同学听到这里不由地笑了起来，说“少数服从多数，你们的就是错的”，顿时教室里像炸了锅一样，第三组、第四组的同学在努力辩解，公说公有理婆说婆有理……最后得到了四种解法。

方法一：利用分数基本性质将各个小数分母逐个化为整数，然后再去分母。

解：由分数性质得：$\frac{(2x-1)\times 10}{0.5\times 10}-\frac{(x+3)\times 10}{0.6\times 10}=0.5x+2$

方法二：利用等式性质 2 将各个小数分母同时化为整数，然后再去分母。

解：根据等式性质 2，得：$\frac{2x-1}{0.5\times 10}-\frac{x+3}{0.6\times 10}=\frac{0.5x+2}{1\times 10}$

方法三：利用等式性质 2 同时乘以 0.5 和 0.6 的一个合适的倍数直接去分母。

解：方程两边同时乘以 3，得：$3\left(\frac{2x-1}{0.5}\right)-3\left(\frac{x+3}{0.6}\right)=3(0.5x+2)$

方法四：利用分数线的意义(分数线相当于除号)改写成带括号的形式。

解：方程直接化为：$\frac{1}{0.5}(2x-1)-\frac{1}{0.6}(x+3)=0.5x+2$

化简，得：$2(2x-1)-\frac{5}{3}(x+3)=0.5x+2$

成尚荣老师在《教室，出错的地方》一文中谈到，“既然如此，我们的教学不要刻意去求顺、求纯、求完美。其实，出错了，课程才能生成。就是在‘出错’和‘改错’的探究过程中，课堂才是最活的，教学才是最美的……”这个内容之前自己是打算一节课完成的，最后却用了整整两节课的时间，到底值不值得呢？答案是肯定的，这样的机会可不是随时都有的，允许、包容、接纳学生的错误，并引领学生学会正视错误，科学地解读错误，让学习释放出最强劲的活力，也成为新的学习探索的力量之源。数学的解题方法并不是唯一的，充分利用学生的“错误”，掌握一题多解的思路更有助于提高学生的数学素养。

苏霍姆林斯基说过，“教师知道的东西要比教学大纲要求的多十倍至二十倍”“教师进行劳动和创造劳动的时间好比一条大河，要靠许多小的溪流来滋养它，教师要时常读书，平时积累的知识越多，上课就越轻松”。这节课因为刚开始的“错误”导致最后整堂课完全没有按照之前的教学设计进行，感谢之前的认真备课，而得到了那么大的收获。仅仅因为教师一个无意间的“错误”引发了这么大的变化，利用错误趋势利导，让学生自己发现问题，自主反思、从错误中吸取教训，掉进“陷阱”，又从“陷阱”里面走了出来，最后得到了意想不到的结果。

教师要勇于正视错误，不要逃避，在错误的引领下创设思考的空间，引导学生努力探索，多角度、多方位的分析整理归纳，在否定或修正得出的结论，找出其中的内在联系，从而在不知不觉中培养学生的质疑和独立思考的能力。充分利用课堂中的“最佳作用时机”，帮助学生更有效的强化感知态度，如沐春风，快速进入一种美妙体验的境界。

通过这一节课，自己更加深刻明白了苏霍姆林斯基这句话的意思：“对每一节课，都要用终生的时间来准备，怎样进行这种准备呢？就是读书，每天不间断地读书，跟书籍结下终生的友谊，潺潺小溪，每日不断注入思想的大河。读书不是为了应付明天的课，而是出自内心的需要和对知识的渴求。”[1]

四、始终幸福着这一份坚守*

杨绛女士曾经说过“每个人都会有一段异常艰难的时光，生活的窘迫、工作的失意、爱的惶惶不可终日……挺过来的，人生就豁然开朗；挺不过来的，时间也会教会你怎样与他们握手言和，所以你都不必害怕！”诗人余秀华也说“为了理想和那份守候而坚守，人生何尝没有幸福？”守着心中那份坚持与信念，幸福一定近在咫尺。

我出生于一个极其偏远的小山村，小时候根本没听说工作的种类有哪些，只听父母说好好读书才能有好工作，才能跳龙门。虽然糊里糊涂走上了三尺讲台，但是，当分配到贫困地区教书，看见孩子们那渴求知识的眼神时，我觉得必须为这份职业而努力。后来辗转于乡里、镇里、县里、市里教书，一转眼过去了 22 个春秋。一路走来，虽然风雨兼程，却幸福、快乐和知足。

除了任语文学科外，学校还鼓励我担任全校书法特长生的辅导工作。书法方面，自己不是科班出身，从来没有参加过专业培训，仅仅是从读书时起，产生对书法的一点点喜好而已，如何指导好学生，又如何不辜负学校领导的信任和一片厚爱？现在回想起 5 年以前接受这一任务时，的确有些焦头烂额，找不到合适的方法，力不从心、爱莫能助，真的有些胆怯。但是转念一想，矛盾都是在激烈的斗争中化解的，并且每一次矛盾的化解都会带来意想不到的喜悦。不经历风雨又怎能见彩虹！

曾记得上学时老师对我们说过一句话“待人做事，不做则已，要做就要做出一个样子来，与其怨天尤人，不如全力以赴！”话虽如此，但是我该如何去做呢？学生能不能坚持住？

---

[1] 苏霍姆林斯基.给教师的建议[M].杜殿坤，编译.教育科学出版社.

* 作者：陈文友

能否得到家长的支持？能让学生在繁忙的学习之外，有限的训练时间里看到希望吗？我怎样才能让学生喜欢书法这门课程并且学有所获呢？

围绕可能会出现的问题，我们展开了走访调研，调查结果给了我很大的鼓舞。一半以上的学生认为，在学校学习期间，参加学校组织的书法培训，不会影响其他文化科学习，并且希望能长期办班；八成以上的家长认为学校能办这样的辅导非常好，不但省了费用，而且很安全，让孩子学到技能，效果也比外边的培训机构好，很支持这一做法；希望能参加书法业余培训的学生，绝大多数都是学习相当刻苦，行为习惯优秀，整天很忙碌、成绩相对好的学生。

带着可能引发的问题与调查结果，我们开始了前期准备。"要给学生一滴水，自己要有长流水。"于是我自己开始查阅资料，收集资料，阅读书法理论方面的书籍，特别是中国历代书法名家大师作品的价值和影响力等。同时，自己加强书法练习。这门课程有着它的特殊性，如同学习游泳一样，光懂得理论远远不够，还必须实战，所以我下决心每天抽时间练习两个小时左右。

经过精心的准备，书法课余辅导班终于开课了。报名参加学习的学生每次都超过百人。为了让他们都能参加训练，我每周开设两个班，周一、三为一个班训练，周二、四为另一个班训练。虽然上课累一点，却很开心。

每天学生来之前，我就在黑板上写好当天练习的范字，并把写好的一些作品挂在教室里，让学生产生好奇心，毕竟"兴趣是最好的老师"。然后再讲解书法理论，之后进行练习并指导。

从 2017 年开始，一直坚持这样做，授课纪律非常好，学生的积极性相当高，除了正常时间练习以外，他们还会争取其他课余时间练习。看到同学们的努力与进步，以及他们对我的那份信任与尊重，我的心里涌现出一种难以言表的激动和幸福。这是大家一起努力探索、用心用情坚守的结果！

刚刚练习书法时，遇到学生没有信心，非常气馁，看不到进步，甚至想放弃。怎么办？"邹忌讽齐王纳谏"的方法可以一试，用自己的经历去与学生分享，让学生找到自信，将他们智慧的火花点燃。美好的未来靠劳动创造。多伸大拇指，不做驯兽师，不做魔鬼训练，让每个孩子都有信心，有目标，"有思想即便如风中的芦苇，虽不断摇摆，但不易被折断"。勇于重新开始，才有可能走向成功之路。优秀学生不需要老师操心，但要让有难度的孩子都看到希望，需要一番思考。在这一点上，与其锦上添花，不如雪中送炭。多表扬，少打击。让学生感觉到老师就是他的榜样，从而潜移默化地影响他，感染他，达到教育的目的。不能因为怕而不做，有些伤痛是必须受的，多一些自信，少几分自卑，凡事尽力就好。用李嘉诚的话"抱最大的希望，尽最大的努力，做最坏的打算。"是啊！只要路走对了，还怕远吗？

以身示范，比说大道理强。孔子说"其身正不令而行，其身不正虽令不从。"的确，作为老师，不需说铮铮誓言，不用谈高深理论。与其说是教学生怎么做，不如说怎么做来给学生看。拿自己的经历去与学生分享,拉近了与学生之间的距离,学生会“敬而近之,不畏而远之”。“学校是出卷人,老师是答卷人,学生是阅卷人。”老师正确认识和评价自己,站稳脚跟,注意师表,关爱学生,教育他们遇顺境不骄傲,遇逆境不消沉,乐观开朗;在学生面前表现出对人生的热爱,对事业的追求,乐观向上、心胸豁达,用自己的人格风范去感染学生,比什么做法都强。

“万事从来贵有恒”。心动就要行动,行动贵在坚持。“最慢的脚步不是跬步,而是徘徊;最快的脚步不是冲刺,而是坚持。”自己也如此,教学生也是如此。世界上没有一蹴而就的成功,更没有从天而降的神力。只有不急不躁,朝着既定目标持之以恒,循序渐进,砥砺前行,还要对自己、对学生充分信任,满怀期望,穿越绝望,找回属于该有的自我,才能到达理想的彼岸。方向明确,步履再慢也能抵达。即使慢,即使遭遇挫折,只要驰而不息、久久为功,终能遇到美好风景。

五、寂静世界中的歌声*

宇宙中,有一个世界叫心灵的世界,成长中有一种缺失叫心灵滋养的缺失。正如大作家雨果说的:“世界上最广阔的是海洋,比海洋更广阔的是天空,比天空更广阔的是人的心灵。”心灵的成长有多重要? 关系人一生的幸福。心灵的缺失有多可怕? 影响一个人一生的成败。而残疾儿童因为身体的残疾,更容易造成他们心灵的残缺。所以我们教育工作者更要关心随班就读的残疾孩子,尽力去充实他们的心灵,使他们在心灵的世界中成为富有者。

学校把一个残疾儿童安排到我班随班就读,我深刻地感受到作为班主任,不仅要注重对他们进行知识的传授和技能的培养,更重要的是关注他们的心灵,清除他们的心理障碍。让他们长大后,进入高压力、高竞争的社会环境中时,具有高于普通人的优良的心理素质。

小丽 3 岁时因链霉素药物中毒造成双耳失聪,左耳 90 分贝,右耳 85 分贝,为一级聋儿。在特殊小学就读时,小丽各科都很优秀,所以她以前的老师和校长把她推荐到我们学校读中学,到我们班随其他正常学生一起学习。入学的第一天,外公和外婆送她来校,外婆用很大的声音和她交流,她好像什么也听不见。当时我和其他家长都感到吃惊,难以想象这个生活在无声的寂静世界中的孩子怎么听课学习。分坐位时,我就把她安排在离讲台最近的位置,方便她能听清老师讲课。新学期第一周,班上要做的工作多得令人应接不暇,我就忘记班上还有个需要特殊照顾的孩子。周五放学之后,突然接到电话,说小丽找不到回家的路,在他家商店那里哭。小丽的家在离学校近 20 里的乡镇,第一次独自回家,她不知道怎么走。别人讲话她听不见,她只能发出很小的声音,别人也听不懂她讲话。还

* 作者:肖顺艳

好她还记住了我的电话号码,把电话号码写给那个好心人。我接到电话赶紧找到电话里说的商店,一看到她孤零零的身影无助地站在那里,面对一个全然陌生的世界,想到她的害怕和惶恐,那一刻,心疼、自责、愧疚紧紧揪住了我的心,眼泪忍不住落下来。从那以后,如果学校有补课或是提前放假,我都会提前打电话通知他的家长,方便接她。或是有什么特殊事时,都要安排几个同学帮助她,班上的同学也很懂事,他们都尽力地帮助小丽。

为进一步多了解一些小丽的情况,我进行了家访,还多次和小丽小学的班主任联系沟通。小丽失聪后,家里为了给她治疗,欠了很多外债。后来,父母离异,妈妈为了挣钱治疗她的耳朵和还债,又外出打工,在打工的过程中重新组合了家庭。小丽现在只能和外公外婆生活。尽管如此,她在特殊学校是一个相当出色的孩子。

来我们班后,班上的同学不会用手语,和小丽交流也很困难。小丽也不明白别人在说什么,总是带着一种迷茫的神情独自站在旁边,我看在眼里急在心上,担心她在自己无声的世界里更加孤独。我首先做班上其他同学的思想工作,让同学们多和她一起锻炼、进餐,一起学习,同学们都主动的接近他、帮助她、关心她。上学放学和她顺路的同学带着她。我也鼓励小丽多和同学们大胆地用语言交流。学习上有困难,同学们会真诚地帮助她,看到她的进步,老师、同学们一起赞美表扬她,为她加油。小丽能够感受到我们对她的关爱,她很爱学习,也喜欢和同学们交往,并且在学校活动中也有竞争的勇气,脸上也露出了笑容。看着她的进步我也很有成就感。

一开始同学用书写的方式和她交流,我觉得这种方式对小丽的听力没有帮助,于是就鼓励其他同学多用语言和小丽交流,少用书写的方式,这样好帮助她练习发音,还安排了同学每天休息时间带她读词语,读课文。刚开始她还是很怕,不敢讲,我时常鼓励她要勇敢,和同学交流时不要怕。初中的教学内容在难度和深度上都比小学加重了很多,我也没有教授特殊学生的经验。在上课时,我尽量提高声音讲课,并确保面对小丽时,让她看到我的口型和表情,甚至不惜做出比较夸张的动作,只希望能帮助她理解所讲的内容。同时,有很多本来可以一讲而过的东西怕她不懂总要写在黑板上,这样上一堂课下来比在其他班累很多。但是一看到她那双泉水般纯净的眼睛和认真的求知态度我就觉得一切都是值得的。每次下课后总要走到她桌前,问问她有没有听不懂的,给她连画带写重新讲解一遍。有时为了帮助她发音,我一遍又一遍重复读某个词语,让她注意看发音的口型并摸着我的喉咙感受声音的震动。一天,我又来到她的桌旁,她的同桌兴奋地说:"老师,小丽能发声和我们讲话了!""是吗?太好了!"我赶紧翻开课本让她读几个词语给我听。她发的音并不太准,但是这已经是一个很大的进步了!我的眼睛热热的,不能讲出更多的话,感觉比第一次听到我的孩子喊妈妈还激动。

慢慢地,她和同学有了更多的交流,读书也比刚来这个班时读的清楚了。她这个转变令同学和老师都很欣喜,一度成为我们班的一大喜讯!

课堂上,小丽听课很认真,看着她学习上的进步,我觉得心血没白费,要使她能够跟上普通学生的学习进度,取得优良成绩,十分需要学校和家庭的密切配合。平时上课时,老师们都知道小丽的情况,都会尽量多在小丽的旁边指点她,让她知道老师讲到哪个地方了,好让小丽听不清时,能通过老师的手势和发音的口型,以及写在黑板上的内容来弄清楚所学的知识。

小丽在老师和同学的帮助下,靠着她坚强的意志力,各科都取得了优异的成绩,对于一个残疾孩子来讲,这是相当不错的成绩了。小丽转到我们班,她以前的校长和班主任都很关心她,也多次与我通电话了解小丽的学习情况,曾有几次都派了几个领导和小丽以前的班主任来到我们班上探望小丽,听到小丽有这样好的成绩,他们都激动得落泪,都为小丽感到高兴。

经过几年的努力,小丽在班级中成绩名列前茅,德智体全面发展,在充满和谐关爱的班集体中和同学们愉快相处,对未来充满了期望和奋进的勇气,春花般笑容常常在她脸上绽放,我们都为小丽感到高兴,觉得我们的努力都是值得的。这个孩子的笑容在带给我欣慰之余也常常带给我对生活更多的思考和勇气。同时她努力学习的态度,乐观坚强的精神也悄悄影响着班上其他孩子,成为他们身边最励志的榜样,甚至其他班的学生都把她当作学习楷模。我们班的学习风气、精神面貌、集体的凝聚力越来越强,每年都被评为先进班集体!

突然有一天中午,班上一位女同学神神秘秘地来到我的办公室,喊我去教室,他们要给我一个惊喜,我很好奇,会有什么惊喜呢? 在我猜想会有什么事的时候,她已经把我拽到了教室,还让我坐在了小丽的对面,我不知道他们葫芦里装的什么,只见同学们都围在了小丽的周围。这时,来叫我的这位同学说了一声“准备好了吗?”小丽很自信地点了点头,然后对着我大声地说:“肖老师,您辛苦了,我爱您!”。听到这个清脆的声音,我的眼泪止不住流了出来! 这就是对一个平凡的老师最大的回报,也是我十多年教学工作中感到最有价值的时刻。那一刻,我似乎看到一条温暖的小溪汩汩地流过沉寂已久的冰封大地,欢唱着奔向远方。

后　　记

我们校“助行课程”的建设与实践，就是要落实“助行课程”理念，对国家课程进行校本化的实施，建立一种校本化的育人模式。凤凰中学的课程改革，得到了昭通市教育体育局、昭阳区教育体育局的大力关怀，得到了全国著名课程专家韩立芬教授的倾力指导与无私的帮助。在韩教授的指导下，学校构建了特色的“助行课程”体系，教师们的课程建设与开发能力明显得到提高，课程纲要的编写成果丰硕，学校课程领导力显著提高。

“一分汗水，一分收获；种豆得豆，种瓜得瓜”。历经无数个日夜的努力与期待，学校提升课程领导力实践成果《“助行课程”建设与实践》一书终于编排完毕，就要付梓印刷出版了，作为凤凰中学“助行课程”建设与实践的引领者，我们经历了课程建设与实践过程的艰辛，也体验了收获成果的喜悦。

本书在韩立芬教授的指导下，从策划到出版，历时近三年，我校很多一线教师参与了本书的撰写，副主编孔凡春老师参与了本书的撰写与校对工作，特别是副主编高普红老师在本书编写、统稿过程中，做了大量工作。2020 年 8 月完成了全部编辑工作，我作为本书的主编，倍感欣慰。

最后，感谢参与本书编写的全体教师和编委成员，感谢上海科学技术出版社编辑为本书出版给予的支持。

主编　彭泽刚

2020 年 8 月